KB151088

여성은 어떻게 살아남을까

노력만으로 살아갈 수 있을까?

ONNA-TACHI NO SURVIVAL SAKUSEN by UENO Chizuko
ⓒ UENO Chizuko 2013
All rights reserved.

Original Japanese edition published by Bungeishunju Ltd., in 2013.
Korean translation rights in Korea reserved by Chapterhouse under the license
granted by UENO Chizuko, Japan arranged with Bungeishunju Ltd., Japan
through BC Agency, Korea.

이 책의 한국어판 저작권은 BC 에이전시를 통한 저작권자와의 독점 계약으로
챕터하우스에 있습니다. 저작권법에 의해 한국 내에서 보호를 받는 저작물이므로
무단 전재와 복제를 금합니다.

여성은 어떻게 살아남을까

펴낸날 2018년 7월 20일 초판 1쇄

지은이 우에노 지즈코 옮긴이 박미옥
펴낸이 김광자 북디자인 구민재 page9 펴낸곳 챕터하우스
출판신고 2007년 8월 29일 제315-2007-000038호
주소 서울시 강서구 화곡로68길 47, 601호
전화 070-8842-2168 팩스 02-2659-2168
블로그 blog.naver.com/chapterhouse 이메일 chapterhouse@naver.com

ISBN 978-89-6994-023-0 03330
책값은 뒤표지에 있습니다. 잘못된 책은 구입하신 곳에서 바꾸어 드립니다.

이 도서의 국립중앙도서관 출판시도서목록(CIP)은
서지정보유통지원시스템 홈페이지(http://seoji.nl.go.kr)와
국가자료공동목록시스템(http://www.nl.go.kr/kolisnet)에서 이용하실 수 있습니다.
(CIP제어번호 : CIP2018021247)

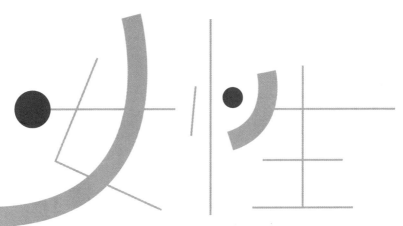

『여성 혐오를 혐오한다』의 세계적 권위의 사회학자

우에노 지즈코의 여성 생존전략서

여성은 어떻게 살아남을까

우에노 지즈코 지음 • 박미옥 옮김

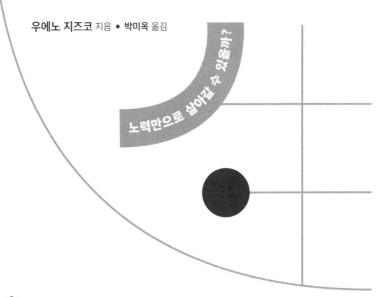

노력만으로 살아갈 수 있을까?

CHAPTER
HOUSE
챕터하우스

일러두기

1. 본서는 2013년 일본에서 출간된 우에노 지즈코의 『女たちのサバイバル作戦』(여자들의 서바이벌 작전)을 번역한 것입니다.

2. 원서의 장 제목과 소제목이 한국어판에서는 일부 수정되었습니다.

3. 저자 주와 옮긴이 주는 각주로 표시하였으며, '옮긴이' 주는 따로 표시해두었습니다.

여성들은 싸워왔습니다!

이 책은 1970년대 일본의 여성해방운동이 태동하고 약 반세기 동안 일어난 일본 여성의 변화를 논한 글입니다. 그 기간에 저는 20대에서 60대까지의 삶을 살았습니다. 그때그때의 정치사회적 변화를 직접 체험했고 그때그때의 사건들 앞에서 분노하고 기뻐해온 시간들이었습니다. 저는 단순한 관찰자나 연구자가 아니라 시대와 함께해온 동반자였습니다. 그래서 이 책에는 지난 시간을 반추하면서 그때 그랬었구나 하는 감개무량함과 그때 우리가 그렇게 당했었구나 하는 분노가 함께 담겨 있습니다.

1970년대부터 지금까지 약 반세기는 세계적으로 국제화와 신자유주의의 시대였습니다. 대부분의 선진국에 휘몰아친 파도 앞에서 각나라들은 독자적인 방식으로 그에 대응했습니다. 그렇다면 일본의 대응은 어땠는가? 신자유주의 개혁이라 이름 붙은 대응 방식에 여성들은 어떤 영향을 받았는가? 그리고 그 결과 우리들은 어떤 시대를 살았는가?

1970년대 한국은 군사정권 아래에 놓여 있었습니다. 1980년대 민주화 투쟁이 일어나고 1991년 소비에트 연방의 붕괴와 함께 동서냉전 체제가 무너진 후에 한국은 급격한 국제화와 신자유주의 개혁이라는 파도에 휩쓸려갔습니다. 시작이 늦었다고 변화마저 늦어지는 것은 아니듯 한국은 오히려 '압축근대'라 할 만한 급격한 변화를 겪었습니다. 그러한 급격한 변화는 세대 간의 단절도 가져왔습니다.

한국과 일본은 매우 닮았습니다. 인구 추세도 공통점이 있습니다. 급속한 고령화와 극단적인 저출생률, 만혼과 비혼 현상 등이 그렇습니다. 또한 그 상황에 놓인 여성의 입장도 매우 유사합니다. 강력한 가부장제하의 가족, 딸과 며느리의 낮은 지위, 주변화된 여성의 노동. UN의 남녀평등지수(Gender Gap Index)에서도 다른 선진국과 달리 일본이 100위대로 순위가 떨어졌을 때 마치 어깨동무하듯이 한국의 GGI도 비슷한 움직임을 보였습니다.

저의 책들이 벌써 여러 권 한국어로 번역된 까닭은 일본의 경험이 한국의 독자들에게 매우 친숙하게 여겨지기 때문이 아닐까 싶습니다. 1980년대 저의 저작물인『스커트 밑의 극장』이 한국에서(1991년) 간행되었을 때 한국어 번역을 검토한 이가 "시기상조"라고 충고했다는 이야기를 들었습니다. 그러나 후에『독신의 노후』[1]를 간행했을 때는 거의 시차 없이 한국어로 번역되었고, 한국에서 2012년에 출판된『여성 혐오를 혐오한다』라는 책은 2016년에 일어났던 강남역 여성 살인사건 때문에 베스트셀러까지 되었습니다. 일본의 현상을 설명하는 이론이 한국의 여성혐오 현상까지 설명하게 되어버린 현실이 어이

---

1 한국에서는 2009년『화려한 싱글, 돌아온 싱글, 언젠간 싱글』로 출간, 2011년에 개정판『싱글, 행복하면 그만이다』출간—옮긴이.

없습니다만. 그리고 최근에는 『비혼입니다만, 그게 어쨌다구요?!』[2]라는 대담을 엮은 책이 번역되어 출간되었는데 제목에서 고스란히 드러나듯 비혼 싱글이 한국의 뿌리 깊은 가부장 사회에서도 무시할 수 없을 만큼 증가했다는 현실을 반영하고 있다고 생각됩니다.

하지만 한국과 일본 사이에는 공유하기 어려운 민감한 차이도 존재합니다. 무엇보다 한반도는 여전히 동서냉전 체제하에서 이루어진 분단국가이고, 냉전이라기보다 오히려 '열전'인 상태를 유리세공 같은 휴전협정으로 겨우 안정을 유지하고 있습니다. 한국에는 일본에 없는 징병제가 존재하고 이른바 '남자다움을 위한 학교'인 군대를 경험한 남자들이 '군사화된 남성성'을 익히면서 젠더 격차가 더 크다는 이야기도 듣습니다. 병역특권을 둘러싼 소송에서 보이듯이 남녀 사이의 대립이 더욱 첨예화하는 모습을 바다 건너에서 바라보며 놀라곤 했습니다. 그리고 패전으로 점령군에 의해 민주주의를 얻게 된 일본과는 달리 군사정권에 대한 민주화 투쟁으로 민주주의를 획득해낸 한국 국민이 박근혜 대통령의 퇴진을 요구하는 집회로 쏟아져 나오는 모습을 눈부시게 바라보았습니다. 여성 정책에서도 한국은 정부에 '여성가족부'를 설치하고 재빨리 성폭력 금지법을 제정하는 등 일본보다 한 발, 아니 두 발 앞서가고 있습니다.

---

2 같은 제목으로 한국에서 2017년 출간―옮긴이.

모든 변화에는 그때까지 그 사회가 어떠한 경험을 해왔느냐에 따른 경로의존성이라는 것이 있습니다. 그렇게 보면 일본 사회가 경험한 것은 한국 사회에서도 일어날 개연성이 높고 당연히 그 반대의 상황도 일어나겠지요. 이 책은 일본을 본보기로 삼아주길 바라는 책이 아닙니다. 오히려 한국의 독자들이 신자유주의 개혁의 결과 이토록 피해를 입은 일본 여성들의 현 상황을 반면교사로 삼아주길 바라는 책일 것입니다.

'후기'에도 썼지만 저는 젊은 시절 "이런 세상을 누가 만들었나?" 하면서 이른바 '꼰대' 세대들에게 이의를 제기해왔습니다. 그러나 삶의 절반 이상이 지난 지금 "이런 사회를 누가 만들었나?" 하면서 젊은 세대가 따져묻는다면 변명할 여지가 없는 입장에 놓이게 되었습니다. 이렇게 될 거라 생각지 못했는데… 선배 세대로서의 무력감이 무겁게 마음을 짓누릅니다.

그러나 일본에 여성운동이 없었다면 현 상황은 지금보다 훨씬 나빴을 것입니다. 설령 사마귀가 수레를 막는다는 당랑지부(螳螂之斧)라 할지라도 없는 것보다 있는 편이 훨씬 나았다고 할 수 있습니다.

일본에서도 한국에서도 여성들은 싸워왔습니다. 만일 그 역사를 알고 싶다면 한국의 페미니스트 조한혜정 씨와 주고받은 서신을 양국에서 동시에 책으로 간행한 『경계에서 말한다』를 참고하시기 바랍니다. 조한혜정 씨도 저도 여성학·젠더 연구의 개척 세대입니다. 두 사회에서 어떤 투쟁을 했는지, 그리고 이웃나라이면서도 '가깝고도 먼 나라'가 서로를 이해하기 위해서는 얼마나 많은 노력을 필요로 하는지를 이해할 수 있을 것입니다.

한국과 일본 사이에는 식민지 지배라는 불행한 과거가 있습니다. 지금도 여전히 '위안부' 문제나 독도 문제 등 양국 사이에는 뽑아내기 힘든 가시가 박혀 있습니다. 하지만 분명 우리는 서로를 배울 수도 있고 때로 공동의 적과 함께 투쟁할 수도 있다…는 것을 믿고 이책을 한국의 독자들에게 전하고 싶습니다.

2017년 이른 봄에
우에노 지즈코

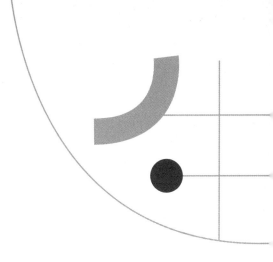

1장

누구도 시대를 선택할 수 없다

여성의 삶, 나아졌습니까

일본에서 여성해방운동이 시작된 지 40년. 세계사에서 두 번째로 일었던 페미니즘의 물결이 어느덧 '불혹'을 맞이했고 내 자신도 환갑이 지나 이제 고령자의 일원이 되었다.

"지난 40년 동안 일본 여성의 삶은 나아졌습니까?" 해외 미디어나 젊은 기자들의 질문을 받을 때마다 나는 고민하게 된다.

굳이 답을 한다면 Yes or No.

어느 면에서는 좋아졌지만 또 어느 면에서는 힘든 상황이다. 아니, 예전과 다른 의미에서 지금이 더 어려운 상황일지도 모른다고 생각하기 때문이다.

이 책에서 나는 그렇게 생각하는 이유를, 왜 그렇게 되었는지 무엇이 문제인지 그러면 앞으로 어떻게 해야 하는지(거기까지 제시할 수 있을지 자신은 없으나)를 분석해보고 싶다.

또한 여성해방운동이 탄생하고 페미니즘이 성장한 지난 40년이 어떤 시대였는지 되짚어보려고 한다. 누구도 시대를 선택할 수는 없다. 40대 이전의 여성들에게는 그간의 40년이 삶의 전부일 수 있겠지만 나에게는 성년이 된 후의 40년이다. 나는 그 시대의 변화에 발을 내딛고 힘을 보태면서 온몸으로 살아왔다. 그 시대의 산증인으로 관찰하고 경험한 것들을 데이터에 근거해서 세계사에서 일본이 자리하는 위치가 어디인지 살펴보려고 한다. 그리고 일본 여성들이 시대의 파도에 휩쓸리며 어떻게 변모해왔는지, 또 앞으로 거친 파도를 어떻게 뛰어넘어야 하는지에 대해 이야기하고 싶다.

신자유주와 여성 리더

지금까지의 40년을 한마디로 정의한다면 '신자유주의 개혁의 시대'라 할 수 있을 것이다. 네오리버럴리즘(neoliberalism). 신자유주의나 시장원리주의라고 불린다. 시장을 통한 자유경쟁을 가장 효율적인 자원의 교환과 분배 구조라고 보고 경쟁을 제한하는 규제들을 지속적으로 완화하려는 입장이다. 시장의 공정한 경쟁을 통해 승자와 패자가 결정되고 승자는 보수를 받고 패자는 퇴장하는 것이 신자유주의 경쟁의 규칙이다.

신자유주의 개혁(일본에서는 '구조개혁'이라고 불림)을 정책적으로 내세운 일본의 정권은 2001년부터의 고이즈미 준이치로 내각이지만 그때가 처음은 아니었다. 그 이전부터 일본은 신자유주의 개혁하에서 규제 완화 정책을 유지해왔고, 그보다 훨씬 전부터 고이즈미 정권이 모범으로 삼을 만한 대상이 있었다. 그것은 1980년대 영국의 대처 개혁과 미국의 레이거노믹스다. 그래서 고이즈미 정권의 개혁은

'20년 늦은 보수혁명'이라고 회자되었다.

고이즈미가 총리에서 물러난 후 고이즈미 개혁의 '마이너스 유산'은 격차의 확대였다는 비판을 받았지만 실제로 개혁을 추진했던 세력들은 신자유주의 개혁이 잘못이었다고는 추호도 생각하지 않는 듯하다. 그들의 발언들 속에는 개혁이 완료되지 않은 상황에서 정권에서 물러나 개혁의 목표가 완성되지 못했을 뿐 조금만 더 지속할 수 있었더라면 지금과 같은 상황에는 이르지 않았을 것이라는 아쉬움이 배어 있다. 그리고 당시 구조개혁을 주도했던 세력의 한 사람인 다케나카 헤이조가 또다시 아베 정권의 핵심 인물로 복귀했다. 이른바 아베노믹스라는 것도 동일한 노선의 연장인 셈이다.

그런데 여기서 말하는 '개혁'이란 과연 무엇일까?

신자유주의가 전 세계를 휩쓸게 된 것은 1973년의 오일쇼크가 그 계기다. 국제적인 민간단체인 로마클럽(The Club of Rome)에서 〈성장의 한계〉라는 보고서를 낸 것이 1972년. 놀랍지 않은가? 당시의 세계 지도자들과 석학들은 이미 지구의 자원과 에너지, 환경까지도 유한하다는 인식을 공유하고 있었던 것이다.

제2차 세계대전 후 수많은 파괴로부터 회복되면서 오로지 경제적 성장만을 위해 치닫던 선진공업국들이 산유국의 수출규제와 가격인상으로 에너지공급이 차단되자 엄청난 혼란에 빠졌던 사건이 1973년의 오일쇼크다. 당시 일본은 세계적인 자동차 대국으로, 석유를 거의 생산해내지 못하는 극동의 섬나라에서 석유공급이 차단된다면 자동차는 처치 곤란한 대형 쓰레기가 될 뿐이었다. 또한 전력 면에서도 중유를 연소시키는 화력발전에 의존하던 상태였다. 만약 석유가 끊긴다면! 일본의 모든 경제가 스톱하고 말 것이란 생각에 많은 사람들이 두려움에 떨었다. 제2차 세계대전 후 일본은 이토록 대외의존도가 높은 취약한 사회를 만들어왔던 것이다.

석유공급이 차단되면 경제활동 전반에 영향을 끼쳐서 일용품마저 품귀현상을 빚을 것이라는 예측 때문에 슈퍼에서는 두루마리 화장지가 동이 나는 소동까지 벌어졌다. 모든 사람들이 앞다퉈 사재기를 한 것이다. 당시 공동주택에 거주하던 많은 사람들에게 두루마리 화장지가 없다는 것은 사활이 걸린 문제였다. 재래식 화장실도 거의 사라진 상태에서 대다수 일본인들은 옛날처럼 신문지로 대용할(그런 시절도 있었다!) 수도 없는 생활을 하고 있었다.

이 시기에 원자력발전이 강력한 국책사업으로 추진되었다는 사실을 최근에서야 새삼 떠올려보지만, 당시 원자력 정책은 석유를 대체하는 에너지를 안정적으로 확보하겠다는 의도가 강했다.

리버럴리즘, 이른바 자유주의는 시장경제를 지탱하는 하나의 원리였다. 그러나 시장경제가 불황이나 실업과 같은 한계를 드러내면서, 국가가 온갖 수단을 동원해 시장에 쏟아부은 재정의 투융자를 통해 시장을 통제하는 케인즈 정책 등의 수정자본주의가 이어지던 상황에 자유주의는 포장을 바꾸고 다시 등장했다. 이른바 신자유주다.

1973년의 오일쇼크는 세계경제 질서에 변화를 가져왔다. '강력한 경제'를 만들기 위해서 시장을 선택할 필요성이 대두된 것이다. 채산성이 낮은 비효율 산업은 시장에서 퇴출시키고 이익률이 높은 산업은 더욱 성장시켜야 했다. 구조개혁, 이른바 산업구조의 조정이 요구되었다. 일본을 포함한 선진공업국들은 뒤따라오는 개발도상국에게 채산성이 낮은 부문을 모두 떠넘기고 부가가치가 높은 분야에만 중

점적으로 투자할 필요가 있었다. 그것을 위해서는 과거와 같은 산업 보호 정책은 폐지하고 새로이 경쟁에 참여하는 사람들에 대한 규제를 완화시켜줄 필요가 있었다. 동시에 효율성이 떨어지는 공공사업을 민영화(철도 민영화, 우체국 민영화 등)로 전환하고 복지의 확대를 줄이는 것이 정책 패키지로서 등장했다.

이러한 신자유주의 개혁을 추진한 사람이 철의 여인이라 불렸던 영국의 마가렛 대처 총리이다. 이것만 보아도 일본의 우체국 민영화를 주장했던 고이즈미 개혁은 전혀 새로운 것이 아니라는 것을 알 수 있다. 고이즈미 정권에 앞서 국철의 민영화를 주도한 것은 1982년에서 1987년까지 총리를 역임했던 나카소네 야스히로 정권이다. 그때부터 일본에서도 신자유주의 개혁이 사실상 시작되고 있었다.

대처는 '강력한 경제'를 만드는 데 '강력한 정치 지도자'였다. 대처가 영국 경제를 재건하는 데 성공하면서 파운드의 가치가 회복되자 만성적인 '영국병'에 시달렸던 영국은 생명을 연장할 수 있었다. 그것만으로도 대처는 높이 평가될 만한 정치가였지만 실제로는 너무나 인기가 없었다.

여든이 넘어 치매에 걸린 대처를 주인공으로 한 〈철의 여인〉이라는 영화가 영국에서 만들어졌는데, 이 영화에서는 대처가 영국 국민들에게 얼마나 인기가 없었는지를 보여주고 있다. 대처가 총리로 취임한 것은 1979년. 이후 영국에서는 실업수당과 공공복지가 지속적으로 줄어들었다. 약자를 과감히 잘라버리는 신자유주의 개혁의 부정적 영향이 대부분 여성과 청년층으로 집중되는 현상은 동서양을 막론하고 같은 모양이다. 영국의 페미니스트들은 여성 총리가 등장하더라도 여성 친화적인 정치를 하지 않는다는 사실을 뼈저리게 깨달았다.

미국에서는 1981년에 로널드 레이건이 대통령에 당선되면서 영국과 유사한 신자유주의 개혁이 추진되었다. 이것을 '보수혁명'이라고 부른다.

'보수'와 '혁명'의 결합이 이상하게 보일 것이다. 일반적으로 보수 대 진보라는 구도 속에서 혁명이라는 말은 진보에 훨씬 친밀한 단어였다. 그러나 이 시기부터 새로운 세계 질서 속에서 개혁의 깃발을 틀어쥔 쪽은 소위 '진보'가 아니라 '보수'였다. 공격과 수비가 바뀌면서 오히려 보수가 개혁을 리드하고 진보가 "지켜라"를 외치는 수구적인 입장으로 내몰리게 된 것이다. 그것이 어떤 것이든 수비태세로 들어가게 되면 사람들을 끌어당기는 힘을 잃게 된다. 이때부터 '진보'파는 순식간에 매력을 상실해가기 시작했다.

정치라는 인적 재난이 만들어낸 빚

신자유주의 개혁은 세계화와 함께 국제 질서의 재편 과정에서 여러 국가들이 공통적으로 수용한 대응 전략이었다. 그러나 일본에서 신자유주의 개혁이 본격적으로 시작된 것은 1990년대 이후다. 다른 선진국들이 고통스럽게 추진했던 구조개혁을 일본은 오일쇼크 이후로 연기하는 데 성공했기 때문이다.

노사 간의 협력을 통해 고도성장기를 질주해온 일본 사회는 안정된 고용을 보장하면서 기업 내의 배치전환 같은 방법으로 구조개혁이라는 어려운 시기를 극복할 수 있었다. 일본의 기업은 원래부터 다각경영이라고 하는 아메바 같은 특징을 지니고 있다. 말하자면 기업이 어떤 업종에 손을 뻗더라도 운명공동체로서 전 사원이 함께 기업을 지켜낸다는 공존공영의 전략이다. 기업은 사원들에게 높은 전문성보다는 올라운드 플레이어로서의 조직형 인간을 요구하고 사내에서도 그런 인재를 육성하는 데 힘을 기울인다. 파이가 지속적으로 커지는 상황에서는 분배의 방식을 문제 삼지 않아도 좋았다.

'기업 사회주의'라는 이름으로 불리는 일본의 기업복지와 근대가족의 결합…. 고도경제성장기에 성립한 이 결합은 구조조정의 시기에도 그 생명을 연장하는 데 성공하고 말았다. 1980년대의 일본의 거품경제는 그 결합이 마지막으로 터뜨린 덧없는 꽃이었다. 다른 선진국들이 산업구조의 조정에 고심하면서 고통을 당하던 시기에 일본은 '일본적 경영(종신고용·연공서열·기업노조라는 삼종세트)'의 성과를 자랑하고 성혁명과 가족붕괴에 직면한 다른 나라들을 여유롭게 곁눈질하면서 '일본적 가족제도'의 안정성을 맹신했다. 전업주부 우대 정책으로 연금제도 '3호 피보험자'가 제도화된 것이 1986년이었다는 것을 떠올려보면 알 수 있다. 그때까지 정치는 명백하게 여성들을 '샐러리맨의 전업주부 아내'가 되도록 유도하고 있었다.

그리고 하버드대 명예교수 에즈라 보겔이 속삭이는 『일등국가 일본』(1979)이라는 달콤한 찬가에 도취해 있었다.

그러나 일본 사회는 다른 선진국에 비해 20년 뒤늦게 찾아온 구조개혁이 요구하는 고통을 아프게 겪어야 했다.

1991년 일본을 뒤흔든 세 가지 사건이 있었다. 첫 번째가 거품경제의 붕괴, 두 번째는 소련의 해체에 따른 동서냉전 질서의 붕괴, 그리고 세 번째는 후일 '위안부' 문제로 오랫동안 보수파와 쟁점이 된 전후처리 문제이다.

1990년대 일본은 가속화하는 세계화의 파도 속으로 이 세 문제들을 안고 휩쓸려갔다. 그 후로 일본은 장기화된 구조적 불황과 디플레이션의 악순환에 빠졌다. 게다가 고령화, 저출산, 그리고 인구감소라는 인구구조의 변화와 함께 이 시기를 맞이해야 했다. 어떤 것도 해결되지 못한 채로 현재를 맞이했다.

이 시기에 시작된 신자유주의 개혁은 일본에서 '행정개혁'이라는

도표 1-1 1990년대 이후의 내각

1991~1993년	미야자키 기이치 (자민당 정권)
1993~1994년	호소카와 모리히로 (반 자민당 연립정권)
1994년	하타 쓰토무 (반 자민당 연립정권)
1994~1996년	무라야마 도미이치 (자사사 연립정권)(자민당+사민당+신당 사키가케)
1996~1998년	하시모토 류타로 (자사사 연립정권)
1998~2000년	오부치 케이조 (자자공 연립정권)(자민당+자유당+공명당)
2000~2001년	모리 요시로 (자공보 연립정권)(자민당+공명당+보수당)
2001~2006년	고이즈미 준이치로 (자공보 연립정권)
2006~2007년	아베 신조 (자공 연립정권)(자민당+공명당)
2007~2008년	후쿠다 야스오 (자공 연립정권)
2008~2009년	아소 타로 (자공 연립정권)
2009~2010년	하토야마 유키오 (민국사 연립정권)(민주당+국민신당+사민당)
2010~2011년	간 나오토 (민국 연립정권)(민주당+국민신당)
2011~2012년	노다 요시히코 (민국 연립정권)
2012~2013년 현재	아베 신조 (자공 연립정권)(자민당+공명당)

이름으로 본격화되었다. 불경기가 시작되던 초기에는 경기를 자극하는 강심제 역할로서 기존의 행정수법, 이른바 공공사업에 대한 투자를 지속적으로 시행했지만 머지않아 그럴 여유마저 상실하고 일본은 체질적인 부채국가가 되어갔다. 1980년대 재정수지와 무역수지의 '쌍둥이 적자'로 어려움을 겪었던 미국이 어느덧 재정을 회복한 것과는 대조적으로 그 시기에 건전한 재정을 자랑하던 일본은 세계적으로 손꼽히는 부채대국이 되어버린 것이다. 고작 20년 사이에 우리는 정치라는 인적 재난이 쌓아올린 빚더미에 올라앉게 된 것이다.

1990년대 이후 일본에서는 정권이 수차례 교체되었다.(도표 1-1) 너무나도 단명으로 끝나는 바람에 총리의 이름을 기억하기도 쉽지 않다. 그러나 어느 정당 어떤 정치가의 시대에 무슨 일이 일어났는지 기억해둘 필요가 있다. 무능한 정치 지도자를 가졌던 국민의 고통을 기억하기 위해서다.

일본의 젠더 평등법은 어떻게 만들어졌나

신자유주의 정권, 내셔널리즘, 남녀공동참여 정책 사이에는 기이한 관계가 있다. 신자유주의가 진행되면서 내셔널리즘이 강화되며 한편으로는 젠더 평등정책도 추진되는 경향이 있기 때문이다. 하나의 예를 들어보자.

1999년, 전문에서 '남녀공동참여사회 실현을 21세기 우리 사회를 결정하는 가장 중요한 과제'라고 선언한 남녀공동참여사회 기본법이 만들어졌다. 그리고 이 기본법이 만장일치로 가결된 같은 국회에서 '기미가요·일장기'법, 소위 국기국가법도 야당의 반대를 물리치고 정권 여당의 다수결로 결정되었다. 보수파 정치가들은 같은 국회에서 남녀공동참여사회 기본법과 '기미가요·일장기'법을 동시에 통과시킨 것이다.

이 해에 통과된 '기미가요·일장기'법은 지금까지 이어온 반발의 법적 근거가 되었다. '국기는 일장기로 한다. 국가는 기미가요로 한다.'는 단 두 줄의 짧은 조문으로 이루어진 이 법률은 위반이나 처벌에 관련된 규정을 적시하지 않고 있다. 이 법률을 추진했던 자민당의 매파 정치가 노나카 히로무는 "강제하려는 의도는 없었다"(그래서 벌칙 규정이 없다)고 증언했다. 천황의 "강요는 하지 않도록"이라는 말도 있었다고 한다.

그러나 이후 2000년대부터 이 법률을 근거로 도쿄도에서는 공립학교의 공식행사(졸업식과 입학식)에서 국기게양과 국가제창을 의무화했다.[1] 이와 같은 도쿄도 교육위원회의 통지를 위반한 공립학교 교사들은 훈고(訓告)나 계고(戒告), 정직과 같은 징계 처분의 대상이 되었고 횟수가 거듭될 때마다 무거운 처분을 받게 되었다. 이 통지가 시작되고 나서 교육 현장에서는 봄마다 긴장감이 흐르고 해마다 세 자릿수의 교직원들이 처분 대상이 되고 있다. 도쿄 도지사가 이시하라 신타로에서 이노세 나오키로 교체된 후에도 위반자에 대한 처분은

---

1 2003년 도쿄도 교육위원회는 학교의 식전행사에 '국기국가 실시통지'를 보내고 이것을 근거로 '직무명령위반'자를 처분했다. 처분을 받은 교사들은 법원에 소송을 제기했고 도쿄도가 일부 패소한 경우도 있으나 지금도 통지는 계속되고 있다. 오사카부(府)와 오사카시에서 계획하는 교육기본조례 내용도 국기국가의 강요를 포함한다.

계속되고 있다.

'도대체 머릿속에 뭐가 들었나?' 하는 것이 정치가에 대한 나의 솔직한 의문이었다. 1985년 국회에서도 당시의 자민당 정권은 UN의 여성차별철폐 조약에 비준했다. '여성을 차별하는 기존의 법률, 규칙, 관습 및 관행을 수정 또는 폐지한다.'고 하는 여성차별철폐 조약을, 게이샤 하나쯤은 애인으로 두고 있을 법한 일본의 '꼰대' 정치가들이 지지했다고는 도저히 믿을 수 없었다. 게다가 조문에 명시된 목표와 일본의 현실 사이의 눈앞이 캄캄해지는 격차에 가슴이 먹먹했던 심정을 기억한다.

남녀공동참여사회 기본법이 제정되던 시기에 젠더 연구가인 오사와 마리가 정부의 심의회 전문위원으로서 활약했던 사실은 잘 알려져 있다. 나는 오사와 마리와의 대담[2]에서 도발적으로 이런 질문을 던졌다. "도대체 어떻게 이런 법률을 통과시킬 수 있었어요? 도대체 무슨 속임수를 쓴 거예요?" 이후 남녀공동참여사회 기본법에 반발하는 사람들은 나의 이 발언을 물고 늘어지며 오랫동안 공격의 대상으로 삼아왔다. 사실 이 대담에서 내 발언 직후 오사와는 "속임수라니요? 정식 토론을 통해서 심의회 전체가 합의한 사항이에요."라고 대답했지만 그 발언이 인용되는 법이 없다. 사실 그때의 내 발언은 웃자고 했던 개그였건만 개그를 개그로 받아들이지 못하는 무미건조한

2 오사와 마리 · 우에노 지즈코 '대담 남녀공동참여사회 기본법이 지향하는 것-제정까지의 겉과 속' 『우에노 지즈코 대담집 래디컬하게 말하자면…』(헤이본샤 2001) 수록. 첫 출전은 〈여성시설 저널5〉(편집: 재단법인 요코하마시 여성협회, 가쿠요서방 1999).

사람들이 반발파들이다.

남녀공동참여사회 기본법이 통과된 같은 국회에서 만들어진 국기 국가법에 대해서 오사와는 '꼰대들 달래는 법'이라고 부른다. 오랜 불황으로 자신감을 완전히 상실한 꼰대들에게 최소한의 연대감을 맛 보게 해주는 것이 내셔널리즘의 정체이기 때문이다.

신자유주의와 내셔널리즘의 유착관계

신자유주의와 내셔널리즘 사이에는 기묘한 관련이 있다. 신자유주 의 개혁을 추진하는 정권들은 무슨 까닭인지 내셔널리즘의 색채가 강하기 때문이다.

일본의 대표적 신자유주의의 기수 고이즈미 준이치로를 떠올려보라.

고이즈미는 2006년 8월 15일에 예복 차림으로 야스쿠니신사를 참 배했던, 전후 최초이자 2013년까지 단 한 명의 총리이다. 또 다른 해 에는 전통예복 차림으로 야스쿠니를 참배하는 '코스프레'까지 해치 웠다. 일본에서는 새로 총리에 취임할 때마다 과연 야스쿠니신사를 참배할 것인지, 간다면 공인으로서 가는 것인지 아니면 개인으로서 가는 것인지가 사람들의 관심을 모았다. 침략전쟁이었다는 것이 명 백한 과거의 전쟁에 대한 그 정치가의 역사인식이 야스쿠니신사의 참배라고 하는 행동에 상징적으로 드러난다고 생각되었기 때문이다. 뿐만 아니라 그 같은 행동은 침략전쟁의 피해 당사국이었던 아시아 의 이웃나라들을 도발시켜 외교관계를 냉각시키는 원인이 되기도 했 다. 예상대로 고이즈미의 화려한 퍼포먼스에 한국과 중국 정부는 불쾌감을 표시했고 그 덕분에 고이즈미 정권은 중국과의 관계를 5년 동안 동결시켰다는 평가까지 받았다.

고이즈미의 아시아 외교에 관련된 업적 가운데에는 북한의 방문과 납치 피해자의 귀국이 있다. 북한의 최고 권력자인 김정일이 납치에 대한 국가적 책임을 인정했던 9·17은 일본 입장에서는 9·11보다도 중요한 날짜가 되었다. 9·11로 '미국의 적'이 정해졌듯이 9·17로 일본의 적인 '무뢰배 국가'가 어디인지 명백해졌기 때문이다. 이후로 자민당 정권이 북한의 납치 문제를 철저히 정치적으로 이용했다는 것은 모두가 아는 바다. 북한이 납치 피해자의 인권을 짓밟은 '악'이라는 것에는 변명의 여지가 없었고, 이 하나의 사실에 국민의 여론이 모아졌기 때문이다.

오페라를 좋아하는 문화인 총리, 퍼스트레이디 없이도 관저 생활이 가능한 이혼남, 긴 머리의 마른 몸매. 보수 정치가의 지금까지의 이미지를 뒤엎은 고이즈미가 전통예복 차림으로 야스쿠니신사를 참배하는… 뭔가 어울리지 않다고? 그러나 나는 그렇게 한 이유를 정확히 꿰뚫고 있다.

자민당을 깨부수겠다며 개혁의 깃발을 내건 후 자민당의 지방 하부조직에까지 관여해 실질적으로 '와해시키고' 말았던 고이즈미는 자신이 보수의 지반에 균열을 가했다는 사실을 자각하고 있었다. 그래서 한 손으로 과거의 세력에 가한 균열을 다른 손으로 복구하겠다고 하는 두 가지 묘술을 동시에 수행해야 했다. 물론 이 두 가지는 상호모순적이다. 그러나 한쪽에서 행했던 일을 다른 쪽에서 배반하는 이중 퍼포먼스를 절묘하게 성공시키는 것도 '뛰어난 정치가'의 자질일 터. 고이즈미는 전통예복을 입고 야스쿠니로 향하는 등 뒤로 "잘

했어, 준이치로!"라고 하는 보수파들의 박수갈채를 들었을 것이다.

고이즈미가 후계자로 지명한 아베 신조가 정권을 발족했을 당시 어딘가에서 이렇게 발언한 것을 발견했다. "보수의 균열을 복구하는 일이 나의 정치적 역할이다." 그의 발언을 듣고 '오호, 상황을 잘 알고 있군!' 하는 생각을 했었다. 이와 같은 균열의 '복구', 말하자면 이해관계가 서로 다른 사람들에게 공통된 일체감을 만들어주기 위해서 가장 쉽게 동원되는 것이 바로 내셔널리즘이다. 북한의 납치 문제뿐만 아니라 한국과 일본이 공동으로 개최했던 2002년 월드컵에서 "닛뽄, 차차차!"라고 외치던 구호도 그런 수단으로 동원되었다. 예상대로 아베는 '기미가요·일장기'의 강요를 적극적으로 추진하면서 교육기준법을 '개악'하고, 현행 헌법을 미국이 억지로 강요한 헌법이라고 간주하고 '개정'하는 것을 자신의 정치적 목표로 삼았다. 단명한 정권으로 종지부를 찍은 것처럼 보였건만, 2012년 총선거에서 부활하고 말았다. 정계복귀가 불가능한 중도포기의 정권퇴진이었음에도 '재도전'에 성공하고 만 아베 정권을, 그래서 나는 '좀비가 부활한 내각'이라 부른다.

여성 관료, 페모크라트는 어떻게 생겨났는가

이상하게도 신자유주의 정권은 내셔널리즘만이 아니라 남녀공동참여 정책과도 친화적이다.

1985년 국회에서 UN여성차별철폐조약에 비준한 후로 일본의 남녀공동참여 정책의 달성과정을 연표로 정리했다.(도표 1-2)

도표 1-2 남녀평등 정책의 달성과정

1985년	UN여성차별철폐조약 비준 남녀고용기회균등법
1991년	육아휴직법
1995년	제4회 세계여성회의(베이징회의) ILO 156호 조약 비준
1997년	간병보험법 제정(→ 2000년 시행)
1999년	남녀공동참여사회 기본법 개정 남녀고용기회균등법
2001년	성청(省廳)의 재편→ 내각의 남녀공동참여국으로 승격 가정폭력방지법
2003년	저출산사회대책 기본법

UN비준과 동시에 남녀고용기회균등법이 만들어지고 국적법 개
정 등 국내법이 연달아 정비되면서 그 완결판으로서 1999년에 남녀
공동참여사회 기본법이 만들어졌다. 같은 해에 개정된 남녀고용기회
균등법은 직장 내 성희롱 방지와 대응을 '사용자의 책임'으로 규정했
다. 그리고 2001년 가정폭력방지법에서는 남편의 폭력이 위법 행위
로 규정되었다. 법률의 정비만을 보자면 UN조약에 비준한 이래 일
본의 남녀공동참여 정책은 다른 선진국들과 견주어 결코 뒤처지지는
않았다.

그런데 참여인지 참치인지 '남녀공동참여'라는 용어를 여기서는
사용하지 않으려고 한다. 일본 정부가 사용하는 '남녀공동참여'라는

용어는 영어로 gender equality라 할 수 있다. 그것을 다시 번역하면 '남녀평등'이 된다. 그런데 이 용어 대신에 사전에도 실리지 않은 남녀공동참여라는 난해한 용어를 선택한 것은 당시 자민당 정권의 보수 정치가들의 눈치를 살핀 관료들이었다. 보수파 꼰대 정치가들이 '평등'이라는 단어를 끔찍이도 싫어했기 때문이라고 한다. 그에 비해 '남녀평등'은 국제적으로나 역사적으로나 정착된 용어다. 그래서 나는 완곡한 어법 때문에 오히려 모호해진 행정용어를 사용하지 않고 '남녀평등'이라는 용어를 사용하고자 한다. 최근에는 '남녀'보다 넓은 개념으로 '젠더'라는 용어도 통용되고 있으니 '젠더 평등'도 나쁘지 않다.

'남녀공동참여' 같은 도무지 이해하기 힘든 신조어 탓에 정부에서는 특별히 용어에 대한 정의를 내려야 했는데, 거기에는 '젠더 평등'이 최종목표이며 '남녀공동참여'는 그에 도달하는 과정이라고 정의하는 학자도 있었다. 하지만 들을수록 이해하기 어렵다. 그럼에도 이 불명확한 용어는 확산되어 각지의 여성센터들은 '남녀공동참여센터'라는 영문을 알 수 없는 명칭을 달게 되었다. 간명하게 여성센터라고 하는 편이 설립과정이나 목표를 보더라도 훨씬 이해하기 쉬운데도 말이다. UN의 여성차별철폐조약이 상위법으로 존재하기 때문에 오히려 '여성차별철폐센터'라고 이름 붙였더라면 센터의 업무내용이나 목적이 훨씬 더 분명해졌을 것이다. 센터 직원들은 "이 주변에서 남녀공동참여라고 해봐야 아무도 몰라요."라고 푸념했다. 당연하다. 이렇게 이해하기 어려운 용어를 멋대로 만든 것은 정부이기 때문이다.

그런데 신자유주의 정권들은 대개가 젠더 평등정책을 추진하는 편에 섰다. 하시모토 류타로 정권의 '행정개혁' 노선 때문에 그다지 힘을 발휘할 수 없었던 총리부의 남녀공동참여실은 내각의 남녀공동참여국으로 승격되었고, 남녀공동참여 담당 장관이 임명된 것도 이때였다. 오부치 케이조 정권은 재임 중에 남녀공동참여사회 기본법을 완성시켰다. 고이즈미 준이치로 정권은 여성 장관을 잇달아 임명했고, 이때부터 여성이 장관직에 임명되는 것이 뉴스가 아니게 되었다. 또 고이즈미 정권이 우체국 민영화를 놓고 벌인, 이른바 '우체국 선거'에서 '자객'이라 불린 여성 후보자를 선거구로 내려보낸 것은 유명한 일화다. 이 시기부터 국회의원의 여성 비율도 높아졌다. 우체국 선거를 전후로 해서 중의원 의원의 여성 비율은 6.9%에서 9.0%로 증가했다. 2009년 정권교체 선거에서 11.3%에 달했던 여성 중의원의 비율은 2012년 말 총선거에서 한 번 7.9%로 하락했다.

이들 정권 아래에서 젠더 평등정책에 관여하는 여성 관료들이 활약할 수 있는 공간이 주어졌다. 반도 마리코[3]나 무쿠노 미치코[4]는 마치 여성 관료의 고유명사처럼 유명세를 탔다. (페미니스트feminist와 관료bureaucrat를 결합해서 여성 관료를 페모크라트femocrat라고 부르기도 한다.) 특히 후쿠다 야스오 정권이 페모크라트를 후원한 사실은 잘 알려져 있다. 신자유주의 정권은 페모크라트의 후견인 역할을 했던 것이다.

---

3 일본에서 화제의 책 『여성의 품격』을 쓴 전 쇼와여대 총장―옮긴이.

4 일본 오이타대학 교수―옮긴이.

기득권 집단 패자들의 분노

신자유주의, 남녀공동참여, 내셔널리즘, 셋 가운데 신자유주의와 내셔널리즘, 신자유주의와 남녀공동참여는 각각 친화적인데 내셔널리즘과 남녀공동참여의 관계만은 매우 좋지 않다.

어느 나라에서든 내셔널리즘은 '남자다운 남자, 여자다운 여자'를 좋아하는데, 남녀공동참여 정책의 배경이 된 UN의 남녀차별철폐조약은 '정형화된 남녀 역할에 근거한 편견 및 관습과 기타 모든 관행의 철폐 실현'을 목표로 삼고 있기 때문이다.

신자유주의 개혁은 두 방향에서 양날의 검으로 작용했다. 한쪽으로는 기득권 집단을 둘로 나누는 역할을 했고, 다른 한쪽으로는 기득권에서 배제된 집단을 둘로 나누는 역할을 한 것이다. 이 두 집단 모두 기회균등이라는 경쟁 속에 내던져져 우승열패라는 결과를 받아들여야 했다. 기존의 기득권 집단의 입장에서 보면 자신들의 기득권이 당연한 권리가 아닌, 경우에 따라서는 거기에서 밀려날 수 있다는 것을 의미하는 것이었고, 기득권에서 배제되었던 집단의 입장에서는 지금까지 주어지지 않았던 기회가 도래했음을 의미했다. 여성은 후자에 속했다.

신자유주의 개혁의 과정에서 여성의 기회는 아닌 게 아니라 분명히 확대되었다. 남녀고용기회균등법은 고학력 여성의 고용 기회를 확대시켰고, 의지와 능력만 있다면 남성들과 똑같이 종합직으로 성공할 수도 있었다. 균등법이 만들어지기 전에는 여성에게는 기회조차 주어지지 않았기 때문에 이것은 엄청난 변화였다. 오랫동안 여성은 통솔력이 없기 때문에 지도자가 될 수 없다는 평가를 받아왔지만,

그것은 지금까지 리더십을 발휘할 기회가 주어지지 않았을 뿐 지위만 주어진다면 남성들처럼 지도자가 될 수 있다는 사실이 증명된 것이다. 자리가 사람을 만든다. 지금까지 여성에게 자리가 주어지지 않았을 뿐이다.

신자유주의 개혁은 이처럼 기득권층에게는 불리하게, 비기득권층에게는 상대적으로 유리하게 작용한다. 그 결과 승자와 패자로 나뉜 사람들 중에서 기존의 기득권 집단에서 밀려난 패자들이 비기득권 집단에서 새롭게 태어난 승자들에게 원망과 분노를 표출하는 일이 생겨난다. 일본에서도 똑같은 일이 벌어졌다. 대학을 졸업하고도 취업에 실패한 니트족(청년 무직자)이나 프리터족(프리 아르바이터) 남성들이 승자가 된 여성들을 '가상의 적'으로 간주하는 경향이 나타난 것이다. 터무니없게 그들은 여성 승자들을 싸잡아 '페미니스트'라고 착각하면서 페미니즘이 남자들을 곤란에 빠트리고 여자들을 설치게 하는 원흉이라고 매도한다. 그들은 자신들을 패자로 몰아넣은 신자유주의 개혁을 적으로 삼는 대신 훨씬 더 공격하기 쉬운 여자라는 약자에게 화살을 돌렸다.

강한 여성이나 엘리트 여성이 모두 페미니스트는 아니라는 사실은 차차 설명을 통해 밝혀지겠지만, 만일 강한 여성이 모두 페미니스트라면 경제 평론가인 가츠마 가즈요나 소설가 하야시 마리코 같은 여성들도 '페미니스트'라 할 수 있을 것이다. 그녀들을 페미니스트라고 부르면 과연 어떤 반응을 보일까? 신자유주의 개혁은 내셔널리즘과 남녀공동참여라는 서로 친밀해질 수 없는 두 분야에 양다리를 걸치고 그 사이를 교묘히 오가며 개혁을 추진해나갔다.

젠더 평등정책을 추진했던 이유

신자유주의 개혁이 젠더 평등정책을 추진했던 이유는 무엇이었을까? 답은 간단하다. 여성들에게 일을 시키고 싶었기 때문이다.

그리고 그 이유는 저출산 때문이다. 계속해서 이렇게 출생률이 떨어진다면 머지않은 미래의 노동력 부족은 쉽게 예견된다. 부족한 노동력을 여성의 노동력으로 메꾸려고 하는 것이 신자유주의의 근본 목적인 것이다.

1989년에 출생률 '1.57쇼크'가 있었다. 1966년 병오년에 출생률이 일시적으로 1.58까지 떨어진 적은 있었다. 십간십이지 조합으로 60년에 한 번 돌아오는 병오년에 태어난 여자아이는 나중에 남편을 죽게 한다는 중국의 전설이 있다고 한다. 그 때문인지 병오년이었던 1966년에 출생률이 일시적으로 급락했다. 20세기 일본에서 젊은 남녀가 설마 이런 미신에 현혹되었을까 의심스럽지만 이듬해의 출생률이 원래대로 돌아온 것을 보면 1.58은 인위적인 출산 회피의 결과라고 볼 수 있었다.

그러나 그 후로도 출생률은 서서히 떨어지다가 1989년에는 급기야 1966년의 병오년을 밑도는 1.57을 기록해서 전후 최저치를 찍었다. 이 숫자가 정계는 물론 관료계나 재계에도 엄청난 충격을 주었기 때문에 이때의 출생률을 '1.57쇼크'라고 부른다.(도표1-3)

경제단체에서는 즉시 우려를 표명했고 얼마 후인 1991년에 육아·간병휴직법이 만들어졌다. 노동기준법에서 보장하는 산전·산후 휴가는 14개월까지다. 그때까지 1년간의 육아휴직은 일부 공무원에게만 보장된 특권이었다. 그것을 모든 민간 기업에 고용된 사람들에

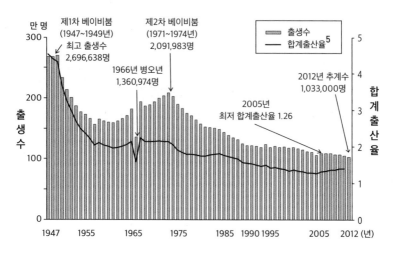

도표 1-3 출생수 및 합계출산율의 연도별 추이

출처: 후생노동성 <인구동태 통계월보>

게도 1년간의 육아휴직을 취득할 권리를 보장한 것이다.

육아휴직제도는 오랫동안 여성 노동자들의 숙원이기도 했다. 아이가 태어난 후 1년 정도는 수유가 계속되는 기간이다. '수유하는 동안만 어떻게 버텨낼 수 있다면 직장을 그만두지 않아도 되는데'라는 생각을 품으면서 수많은 여성들이 눈물을 삼키며 직장을 떠났을 것이다. 그토록 오랫동안 여성 노동자들이 육아휴직제도를 만들어줄 것을 요구했건만 그저 귓등으로 흘려듣던 경제단체들이 눈앞에서

---

5 한 명의 여성이 15~49세의 가임기에 낳을 것으로 예상되는 평균 출생아 수―옮긴이.

'1.57쇼크'를 당하자 부랴부랴 육아휴직법 제정을 서두른 것이다. 이것만 봐도 그들의 쇼크가 얼마나 컸는지를 짐작할 수 있다.

육아휴직법이 제정될 당시 다양한 논의가 이루어졌다. 처음에는 휴직은 보장하되 완전 무급으로 하자는 것이 법안의 내용이었다. '무노동 무임금(일하지 않는 자, 월급을 받지 말 것)'이 경영자 쪽의 주장이었기 때문이다. 그러다가 과혹하다는 분위기가 조성되면서 고용보험에서 30%의 급여를 내어주기로 결정했다. (그 후에 50%로 조정되었다.) 같은 시기 스웨덴 같은 복지 선진국에서는 육아휴직 전의 월급 80%를 보장하는 부모보험제도가 있었으니 급여 수준은 비교할 수도 없을 만큼 낮았지만, 그럼에도 육아를 이유로 직장을 그만두지 않아도 되는 상황은 여성 노동자들에게 더없이 기쁜 소식이었다. 갓난아이를 키우는 숨 막히는 시간도 1년만 지나면 직장으로 복귀할 수 있다는 전망이 있을 경우에는 훨씬 더 안심하고 보낼 수 있었기 때문이다

또 한 가지 쟁점은 남성에게도 육아휴직을 취득할 권리를 줄 것인가 말 것인가 하는 것이었다. 본래 목적이 수유기간 중의 휴직 보장이었기 때문에 모유수유를 하지 않는 남성에게 육아휴직을 줄 이유가 없다는 것이 경영자 쪽의 주장이었다. 그러나 수유를 할 수 없는 여성이 있을 수 있고, 인공 수유로 키워지는 아이도 있을 수 있다. 남성이 할 수 없는 것은 출산과 모유수유 말고는 거의 없기 때문에 남성 부모에게도 육아휴직을 취득할 권리를 주어야 한다는 것이 노동자 쪽의 주장이었다. 육아휴직의 권리를 부여하더라도 실제로 권리를 행사하려는 남성은 거의 없을 것이라고 예측한 경영자 쪽에서는 노동자 측의 요구에 동의했다. 실제로 이 법률이 실시된 첫해에 육아휴직을 받은 남성은 일본 전국에서 단 두 명뿐이었다. 두 사람은 순

식간에 그 지역의 유명인이 되었다. 지금도 민간 기업의 남성이 육아 휴직을 취득하는 비율은 2.63%(2011년)라고 한다. 경영자들이 예측한 대로 기우였던 것이다.

거품경제가 붕괴된 1991년부터 장기화된 경제 불황으로 여성의 노동 압력은 강도가 세지고 있다. 최근에는 육아기간이 끝난 후 직장으로 복귀하겠다는 여성들의 비율도 높아지고 있을 뿐만 아니라 복귀를 희망하는 시기도 빨라지고 있다. 이 같은 현실과 함께 늘어나고 있는 것이 보육시설에 들어갈 수 없는, 이른바 '대기 아동'의 수다.

태어나는 아이들이 감소하고 있는데 보육시설이 부족하다는 것이 이상하게 들릴지도 모른다. 하지만 아이들의 수는 감소하더라도 일하고자 하는 엄마의 수가 늘어나면 보육시설의 수요는 증가하기 마련이다. 유치원은 길어야 한나절 정도 아이를 맡아주기 때문에 일하고 싶은 여성의 요구에는 적합하지 않다. 이러한 '대기 아동'을 수용하기 위해 정부는 지속적으로 보육시설의 규제를 완화하고 있다. 지금까지 어린이집의 설치 기준을 인가로 하고 있던 것을 인정으로 완화하고, 주식회사가 보육시설 사업에 뛰어드는 것을 허용했다. 최근에는 어린이집과 유치원을 통합해서 장시간 아이들을 맡아주는 '어린이원'에 대한 구상이 나오고 있는 실정이다.

여기서 어린이집이라는 것이 정말로 '아이들을 위한' 시책인지 살펴볼 필요가 있다. 유치원은 조기교육의 장으로 문부과학성 관할이지만, 어린이집은 복지시설로 후생노동성 관할이고 각각의 설립 목적이 다르다. 어린이집은 부모의 사정으로 '보육이 부족한 아이'를 보호하기 위해 낮 동안 아이를 맡아주는 시설로 안전 확보와 식사, 수면 같은 보살핌이 중심을 이루고 있고, 교육은 어린이집의 목적에 들어가 있지 않다. 그렇기 때문에 지금도 어린이집에 들어가기 위한 심사에는 '엄마의 취업증명서'가 필요하다. 본래 육아에 전념해야 할 엄마가 피치 못할 경제적 사정으로 직장에 나가 일하고 있다는 것을 증명할 필요가 있기 때문이다. 그래서 어린이집에 온 아이는 엄마의 보살핌을 받지 못하는 가엾은 아이라는 낙인이 오랫동안 엄마와 아이를 따라다녔다. 이와 대조적으로 유치원 교사는 교육 전문가로서 자존심이 높기 때문에 '어린이원'으로 통합되는 것을 반대한다.

일본에서 어린이집의 시작은 전신전화공사(지금의 NTT)의 직장 탁아에서 비롯된다. 전화 교환원이라는 숙련된 노동자가 출산과 함께 직장을 그만두는 것을 막기 위해서 직장 안에 탁아시설을 마련하고 쉬는 시간 틈틈이 수유를 하게 했다는 것이 탁아시설의 유래다. 이렇듯 설립과정을 보더라도 어린이집은 원래부터 여성의 노동력을 확보하기 위한 노동 정책의 일환이었다. 아이들을 위한 복지정책은 그다음의 문제였던 것이다.

여성들에게 일도 하고 아이도 낳아주길 바라는 일본의 가족정책은 전업주부 대책에서 '일하는 엄마' 대책으로 완전히 이동했다. 그것을 상징하는 것이 '일과 삶의 균형(Work Life Balance)' 정책이다. 그런데 이것은 과연 여성 친화적인 정책일까 아니면 아이들 친화적인 정책일까? 직장과 육아의 '양립지원'을 강조하는 일과 삶의 균형 정책은 그 동기에서 보자면 노동 정책이고 저출산 대책이라 할 수 있을 것이다. 그조차 제대로 실현되지 않고 있지만 말이다.

미래의 노동력 부족을 보충하는 방법으로 인구의 자연적 증가 외에도 사회적 증가라는 것이 있다. 전자는 출생률을 높여서 아이의 수를 늘리는 것이고, 후자는 외국에서 사람들을 데려오는 것이다. 일본 정부가 여성의 노동력화와 저출산 대책에 온갖 힘을 쏟은 이유 중의 하나는 후자의 선택지를 정부·관료·재계에서 수용할 생각이 없었기 때문이다. 외국인을 들여오는 대신에 여성에게 일도 시키고 아이도 낳게 하겠다…는 것이 그들의 시나리오였다.

그 배경에는 일본의 여성들이 다른 선진국의 외국인 노동자들이 주로 맡아하는 직종에서 일을 해왔다는 현실이 존재한다. 1990년대 이후의 세계화 흐름 속에서 이민 노동자의 유입이 증가한 대부분의 선진국과 비교했을 때, 일본에서는 노동시장에서 젠더가 인종과 동일한 효력을 지녔다는 사실을 마지막으로 지적해두고 싶다.

2장

고용기회균등법이란

'외압'으로 발효된 UN여성차별철폐조약

남녀공동참여가 '국책'이 된 것은 1985년 6월 UN여성차별철폐조약이 만장일치로 국회에서 가결된 이후의 일이다. 이후 정부의 시행계획이 정해지고 지자체는 책임을 지고 심의회를 설치해 각지에서는 그에 따른 조례와 여성센터가 연달아 만들어졌다.

참고로 국제조약이 정식으로 발효되기 위해서는 정부 서명 후 국회 비준이라는 절차를 거쳐야 한다. 국제관계에는 긴급을 요하는 것이 있기 때문에 정부의 대표가 전권을 위임받아 일단 서명을 하는데, 그것을 뒷받침하기 위해서 5년 이내에 국회의 승인이 필요하다는 절차다. 만일 국회 비준이 이루어지지 않는다면 정부는 국민의 신임을 얻지 못한 것이 되기 때문에 국제사회에서 신용을 잃게 된다.

UN여성차별철폐조약에 일본 정부가 서명을 한 것은 1980년 코펜하겐에서 개최된 세계여성대회에서였다. 당시 덴마크 대사였던 다카하시 노부코가 정부의 대표로 서명했는데 일본 정부는 직전까지도 서명을 주저했던 듯하다. 현지 상황을 보도하던 〈아사히신문〉의 특파원 마츠이 야요리 씨가 서명을 하지 않는다면 일본은 국제사회에서 신용을 잃게 될 것이라며 위기감을 부추기는 기사를 써보내 일본 정부를 압박했다는 일화가 있다. 당시 많은 사람들이 일본 정부는 '외압'이라도 없다면 여성차별철폐에 앞장서지 않을 것이라는 인식을 공유하고 있었다.

하지만 일본은 지금까지도 국내에서 일어난 조약 위반이 국내법에 의해 구제받지 못할 경우 UN 등에 고소하는 개인통보제도를 보장하는 '선택의정서'에는 비준하지 않은 상태다. 일본만이 아니라 미국도 마찬가지다. 이 두 나라에는 국제사회에 드러나서는 좋지 않을 어떤 것을 가지고 있는 모양이다.

황실전범도 개정하면 좋았을까

조약의 비준 시기에 맞추어 한 해 전인 1984년 5월에는 개정 국적법을, 비준한 해의 1985년 5월에는 남녀고용기회균등법을 국회에서 통과시켰다. 고용기회균등법에 대해서는 나중에 꼼꼼하게 설명할 것이다. 먼저 국적법의 개정에 대해서 살펴보겠다.

그때까지의 국적법은 완전한 부계주의였다. 일본인 남편과 타국적의 아내 사이에서 태어난 아이는 일본국적을 취득할 수 있지만, 반대로 타국적의 남편과 일본인 아내 사이에서 태어난 아이는 아버지의 국적이 되는 것이 기본 전제였다. 이 경우 이중국적을 인정하지 않는 일본에서는 아이가 일본국적을 취득하는 것은 불가능했다. 가부장적 가족제도 그 자체였다. 여자는 출가외인, 아이는 아버지의 가계에 소속된다는 사고방식을 국적법에 고스란히 적용시킨 것이다. 일본국적의 부모가 여성인가 남성인가에 따라서 태어난 아이의 국적 취득 권리에 차이가 있는 것은 명백한 성차별이라는 이유로 새 국적법에서는 부모양계주의로 개정되었다.

이때 왕위 계승방식을 규정한 법률인 황실전범도 부모양계주의로 개정했으면 좋았을 텐데 당시에는 아무도 황실전범이 조약에 위배된다는 말을 하지 않은 모양이다.

지금의 황실전범은 메이지[1] 정부가 만들어낸 작품으로 그때까지의 황실 전통을 부계라는 단계주의로 왜곡했다는 사실은 다양한 연구를 통해 밝혀졌다. 메이지시대 이전에는 고대에도, 그리고 직전의 에도시대에도 여성 천황이 존재했다는 사실을 모두가 알고 있기 때문이다.

만일 당시 황실전범도 개정했었다면 지금의 '여성 천황'에 대한 갑론을박도 불필요했을 것이다. 그러나 생각해보면 일본은 1994년에 UN의 '어린이 권리선언'에도 비준을 했다. 황실에 태어난 아이의 성별에 따라 황위상속권이 달라진다는 것은 어떻게 태어나든 아이의 권리는 평등하다는 '어린이 권리선언'의 사고에 반하는 것이고 성차별을 금지한 여성차별철폐조약에도 위배된다.

국제조약은 헌법보다도, 그리고 모든 국내법보다도 상위법이기 때문에 국내법의 하나인 황실전범도 그에 따라야 할 것이다. 불만이 있

---

1 일본 천황 시대 연호, 1867~1912 — 옮긴이.

다면 국제조약을 따를 당시의 국회에 물어야 할 것이다. 이 조약에 비준한 것은 다름 아닌 당시 국회의 '꼰대님'들이었으니 말이다. 하기야 천황은 '국민'에 포함되지도 않으니 '인권'이라는 것도 없는지 모르겠다.

남녀고용기회균등법이 만들어지기까지

여성차별철폐조약의 비준이 가져온 또 하나의 결과물은 남녀고용기회균등법(이후 '균등법'으로 약칭)이었다. 그런데 이 법률이 만들어질 때 대부분의 민간 여성단체가 반대했다는 사실을 기억해두길 바란다. 왜 그런지 이해하기 힘들다고? 설명해보자.

균등법이 만들어질 때 담당 부서는 당시의 노동성 부인소년국이었다. 국장은 아카마츠 료코. 말하자면 아카마츠가 균등법 제정의 최선봉에 서 있었던 것이다.

NHK의 〈프로젝트 X〉라는 다큐멘터리 프로그램이 있었다. 나카지마 미유키의 드라마틱한 주제가와 함께 '남자들은 싸웠다…'는 내레이션이 들어가는, 놀랄 만큼 시청률이 높았던 프로그램이다. 프로그램이 시작된 이후 오랫동안 '남자들은…'만 나오고 여자들은 전혀 등장하지 않아서 여자는 왜 나오지 않느냐는 압력이 있었는지는 모르지만 처음으로 이 프로그램에 등장한 여성이 바로 아카마츠 료코다. 방송에서는 하마터면 어둠 속으로 사라질 뻔했던 이 법률을 필사적으로 지켜내고 국회를 통과시켰다는 식의 영웅담으로 그려졌다.

이 방송을 녹화해서 수업 중에 학생들에게 보여주었다는 사람도 있다. 물론 지금의 대학생들이 태어나기도 전인 1985년의 일이기 때문에 과거의 역사에 속하는 사건이다. 하지만 이왕 할 거라면 하나의 사건에 대해 반대파의 주장도 확실히 전달해주었으면 좋겠다는 생각이 들었다. 어떤 사건이든 공과의 양면이 있기 때문에 한쪽만을 '역사'로 남기는 것은 옳지 않다. 이 법률의 제정을 둘러싸고도 '이런 법안이라면 차라리 없는 게 낫다'는 입장과 '이런 법안이라도 없는 것보다는 있는 게 낫다'는 입장 사이에 엄청난 격론이 쏟아져 나왔다.

그렇다면 수많은 여성단체, 특히 여성노동단체는 어째서 이 균등법에 반대했을까?

1975년 멕시코에서 열린 UN여성회의에서 여성차별철폐조약이 체결된 후, 이 조약을 비준하기 위해서는 머지않아 일본에서도 국내법을 정비할 필요성이 예견되었다. 이에 힘입은 국내 여성단체들은 자신들이 원하는 법안으로 만들고자 각지에서 연구 모임과 법안 준비 모임을 구성했다. 1979년에는 '우리들의 남녀고용평등법을 만드는 모임'이 결성되었고 거기서 나온 법안의 명칭은 '남녀고용평등법'이었다.

남녀고용평등법과 남녀고용기회균등법이라는 두 명칭을 비교해보자. 용어는 '평등'이라는 말이 '기회균등'이라는 말로 바뀌었다. '고용평등'과 '고용기회균등'의 차이를 쉽게 설명하면 '결과의 평등'과 '기회평등'의 차이라고 바꾸어 말할 수 있을 것이다.[2] 직장에서 여성차별을 결과적으로 제거한다는 것과 남자와 같은 기회를 균등하게 줄 테니 남자와 대등하게 싸워서 이겨보라고 하는 것은 법률의 취지가 완전히 다르다. '결과의 평등'은 보장할 수 없지만 '기회의 균등'이라면 인정하겠다고 한 것은 경영자단체였다. '기회균등'이라는 경쟁에서는 반드시 승자와 패자가 나오기 마련이다. 기회평등과 그에 따른 결과의 불평등을 받아들이라는 것이 이 법률의 취지라면 신자유주의의 원리는 벌써 이때부터 시작되었다고 볼 수 있다.

당초 남녀고용평등법의 정책이념은 교섭 과정에서 노동자 쪽은 사용자 쪽으로부터 양보에 양보를 강요받고 후퇴에 후퇴를 거듭했다. 다시 말해서 남녀고용기회균등법은 노동자 측의 양보의 산물이라고 할 수 있다. 대부분의 여성단체들은 법안이 제출될 때부터 이미 '이런 법률을 원한 것이 아니었다. 이런 법률이라면 필요 없다'라는 실망감을 안고 있었다.

여성들이 이 법안에 반대하는 데에는 다음과 같은 타당한 이유가 있었다.

첫째, 법안의 내용이 너무나 허점투성이어서 시행 전부터 실효성이 의심되었기 때문이다. 둘째는 경영자 쪽에서 실효성이 없는 '명목상의 평등'과 그때까지의 '여성보호'를 교환 조건으로 요구해왔기 때문이다. '보호 없는 평등', 다시 말하면 평등을 원한다면 '보호'를 버리라는 것이 그들의 주장이었던 것이다.

'명목상의 평등'과 '실질적인 보호'의 교환은 수지가 안 맞는 거래였다.

나는 당시 영어 강연에서 이것을 'unfair trade(불공정한 거래)'라고 한 적이 있다. 그러나 그것을 받아들이지 않으면 경영자 쪽에서 법안

---

2 '결과의 평등'과 '기회평등'의 차이에 대해서는 다케나가 에미코 편 『여성노동론-'기회균등'에서 '결과의 평등'으로』(유히카쿠 1983, 한국어판은 1996년 출간) 참조.

제정에 합의하지 않을 것이 예상되었기 때문에 법안 추진파들은 눈물을 머금고 요구를 받아들였다. 그리고 아카마츠 료코는 추진파의 입장에 서 있었다. 법안에 수많은 문제점이 있다는 것을 잘 알고 있었지만 이 기회를 놓치면 앞으로 오랫동안 똑같은 법률을 만들지 못할 것이라는 조바심과 사명감 때문에 법률 제정에 참여한 당사자였다.

균등법을 제정하는 과정에서 경영자 쪽은 '보호 아니면 평등'이라는 양자택일을 제시한 것과 대조적으로 노동자 쪽은 '보호도 평등도'라는 주장을 내세웠다. 그러나 결과는 노동자 쪽의 패배였다.

이 법률을 받아들이면서 여성 노동자가 양보한 것 중에는 노동기준법의 '여자보호 규정'이라는 것이 있었다. 거기에는 야근 제한, 심야근무 금지, 위험·유해 업무 제한, 그리고 생리휴가의 권리가 있었다. 생리휴가라니 독자들은 깜짝 놀랄지도 모르겠다. 그러나 이 모두가 혹독한 장시간 노동을 강요받던 여성 노동자들이 오랜 노동운동의 과정에서 투쟁으로 얻어낸 권리였다는 것은 잊지 말아야 할 것이다.

1985년까지 일본에는 여성 노동자에게 한 달에 한 번 유급 생리휴가를 취득할 권리가 있었다. '모성 보호'가 명분이었다. 실제로 생리통이나 출혈량이 많아서 누워 있어야 할 정도로 신체적 부담을 느끼는 여성도 있었기 때문에 여성들은 생리휴가를 환영했다. 그러나 반대로 생리와 관련된 편견이 여성차별을 조장하는 부분도 있었다. 생리 중의 여성은 판단력이나 집중력이 떨어진다거나 남성에 비해서 자연에 지배당하기 쉽다는 식의 편견이었다. 호르몬 주기에 좌우되는 여성에게는 중요한 일을 맡길 수 없으며, 한 달에 한 번 판단력이 흐려지는 여성에게 핵폭탄 발사 버튼이 놓인 대통령 집무실의 주인이 될 수 없다는 식의 편견도 마찬가지였다.

또한 생리휴가를 받은 여성을 영화관에서 본 적이 있다는 식의 소문이 돌면서 생리휴가가 멋대로 쉬고 싶을 때 이용되고 있다는 네거티브 캠페인도 있었다. 출혈로 우울할 때 기분전환 삼아 영화관에 가는 게 뭐가 잘못이란 말인가. 거기에는 생리휴가를 받지 못하는 남성 노동자들의 시기심도 작용했을 것이다.

그때는 아직 주5일제가 시행되기 이전이었다. 일주일에 6일 48시간의 노동, 휴일에 세탁과 집안일을 한꺼번에 해치우는 것 말고는 부족한 잠자기에 바쁜 여성 노동자에게 한 달에 고작 하루라 할지라도 유급휴가는 매우 소중한 권리였다.

생리휴가권을 지키려는 일본 여성들이 외국의 페미니스트들 눈에는 이상하게 비쳤다. 그들의 생각은 이렇다. 어쨌든 생리주기라는 것은 사생활에 속하는 것이고 매달 받는 생리휴가 때문에 회사가 여성의 신체주기를 파악하게 되고 생리가 늦어지거나 생리휴가를 받아야 할 때 받지 않을 경우에는 임신을 의심받는 일도 성가신 일이다. 더욱이 생리통에는 개인차가 있고 쉬지 않으면 안 될 정도의 생리통이라면 '월경곤란증'이라는 병명이 붙을 정도니 병가를 받으면 될 일이다.

1964년 도쿄 올림픽에서 '동양의 마녀'라 불렸던 유니티카 여자 배구팀의 감독 다이마츠 히로부미가 선수들이 생리 중일 때도 훈련을 쉬지 않았다는 일화가 큰 화제가 된 적이 있다. 생리 중인 여자도 그렇게 심한 훈련을 견딜 수 있다는 것을 증명해보였기 때문이다.

생리휴가권은 전후의 여성 노동운동이 이루어낸 성과 중의 하나였지만 그것을 포기하는 것에 여성들은 합의할 수밖에 없었다. 평등을 원한다면 보호를 버리라고, 남자와 대등해지고 싶다면 연약한 태도를 버리라고 강요받았기 때문이었다.

'여자들의 응석' 정도로 간주되던 여자보호 규정에는 그 밖에도 심야근무 금지와 야근 제한이라는 것이 있었다. 심야근무란 오후 10시부터 오전 5시까지 하는 노동을 말한다. (간호사나 의사 등의 의료직은 여기에 포함되지 않고 자영업도 마찬가지다.) 그러나 매스컴 관련 노동자들은 밤 10시에 "여자니까 집에 가라"는 말을 듣는다면 더 이상 일을 할 수 없다는 생각을 했을 것이다. 관리직에 있던 여성들도 주변에서는 다들 야근을 하는데 혼자만 귀가한다면 일을 제대로 해나갈 수 없었을 것이다. 그래서 매스컴 관련 노조나 관리직 여성들은 여성보호 규정의 철폐를 환영했다.

신문사에도 야간근무가 있고 텔레비전 방송국에도 심야 프로그램이라는 것이 있다. 여성이라는 이유로 밤 10시 이후에 일을 할 수 없다면, 맡을 수 있는 직책은 한정되어 버리고 여성을 위한다는 이름의 '게토'에 갇히게 된다. 텔레비전의 심야 프로그램에는 방송국 여직원이 일을 할 수 없었기 때문에 그를 대신해서 프리랜서 여성 탤런트들이 출연하는 경우가 많았다. 그런 탓에 심야의 브라운관에서는 젊음과 저속한 내용들만이 소비되었다.

신문사도 사정은 마찬가지였다. 그때도 여기자의 채용은 있었지만 이들은 야근이 필요 없는 '부인과(주부)' 영역, 이른바 문화부나 생활부 같은 제한된 분야에 배속되었다. 일시키기 힘든 기자는 필요 없다…. 그래서 여기자는 존재했지만 마치 회사의 손님처럼 취급받았다.

여기자가 야근을 하는 지방지국에 근무할 수 있게 된 것은 균등법이 만들어진 이후의 일이다. 그렇게 해서 마침내 '남성과 대등'한 경쟁에 여성도 참가할 수 있게 되었다. 밤낮을 가리지 않고 사건현장에 달려갈 수 있었고 경찰 출입도 가능하게 되었다.

균등법 1기생이었던 모 신문사의 신참 여기자가 신입사원 연수에서 겪었던 일을 우스갯소리 삼아 들려준 일화가 있다. 강사인 남자 선배기자가 때에 따라서는 형사들을 술자리에 불러서 이야기를 듣는 것도 취재의 일부라고 해서, 여기자가 "저도 불러내도 됩니까?"라고 물었다고 한다. 남자가 남자를 불러내는 것만 생각했던 강사는 아무 대답도 하지 못하더라는 것이다. 그들은 사건현장에 여기자가 미니스커트에 구두 차림으로 달려오는 시대를 상상도 하지 않았을 것이다.

균등법은 매스컴 관련 여성 노동자나 여성 관리직에게는 출세의 방해가 되는 '보호'라는 이름의 족쇄를 풀어주는 효과가 있었다. 균등법 이후로 신문사의 여성 채용률은 상승일로를 걸었는데, 신규채용 중 여성의 비율이 20%를 넘었을 때부터 상승 경향이 멈추더니 30% 전후에서 정체된 상태다. 20%까지는 순조로운 상승을 보였기 때문에 이 정체 상태에는 '뭔가가 있다'고 생각하는 것이 자연스러울 것이다. 다른 기업의 여성 채용률을 보더라도 '30%의 벽'이라는 것이 있는 게 아닐까 하는 의심을 갖게 한다. 근거는 없으나 여성 사원이 전체 사원의 30%를 넘으면 기업문화가 바뀐다고 '꼰대'들이 경계하고 있다고 의심되는 대목이 있기 때문이다. 경영학자 로자베스 모스 캔터의 이론에 '30%의 황금 비율'이라는 법칙이 있다는 사실을 알고 나서는 "역시나!" 하고 무릎을 쳤다. 한 조직에서 어떤 집단이 차지하는 비율이 30%를 넘으면 마이너리티는 마이너리티가 아니게 되면서 조직 전체가 변화한다는 것이다. 경영자 쪽에서는 그것이 싫었던 것이다.

그러나 잠시 생각을 해보자. 매스컴 관련 노동자나 일부 관리직 여성들, 그리고 남자와 똑같이 일하고 싶은 엘리트 여성들에게 균등법은 정말로 좋기만 한 소식이었을까?

그녀들이 참가하기를 소망했던 직장에는 건강음료의 광고카피처럼 '24시간 싸울 수 있습니까?'라고 투지를 불태우는 격렬한 기업전사들이 자리 잡고 있었다. 그들 뒤에는 아내와 아이가 있으며, 집에 들어가면 바로 '먹고 썻고 자는' 것이 가능한 생활이 기다리고 있었다. 반대로 여성 노동자들을 기다리고 있는 것은 집안일과 육아였다. 주부라는 조력자가 있는 남성 노동자들과 달리 여성들은 처음부터 핸디캡을 안고 경쟁에 뛰어들어야 하는 상황이었다. 그래서 일하는 여성들의 외침은 "우리에게도 주부가 필요해!"라는 것이었다.

가정에 대한 책임에서 벗어날 수 있는 남성 노동자들, 그리고 한 걸음만 집 밖을 나서면 '혼자'가 될 수 있는 남성들과 '대등한' 경쟁에 참가한다는 것은, 처음부터 여성들의 패배가 예정된 싸움이었다. 가정 갖는 것을 포기하거나, 다른 누군가(친정어머니 혹은 시어머니)에게 가정의 책임을 떠맡기거나, 그것도 안 되면 혼자서 이리저리 뛰어다니다 결국 건강을 해칠 것이다. 요컨대 '남자와 같은 경쟁'을 한다는 것은 애초부터 남성에게 유리한 룰 아래에서 하는 경쟁을 의미하는 것이었다. 그런 불리한 경쟁 속으로 기꺼이 들어가는 여성들의 모습은 그래서 비장해 보이기도 하고 어리석게도 보인다. 이런 '기회균등'을 누가 원했단 말인가? 이렇게 외치고 싶은 여성들의 심정을 이해할 수 있을 것이다.

균등법은 여성 노동자들을 엘리트 노동자와 그 밖의 다수의 노동자로 양극화했다는 평가를 받는다. 그래서 이 법률은 일부의 여성들에게 환영받았지만 대다수의 여성들은 반대했다. 그러나 그 '일부의

여성'도 실제로는 극히 소수에 지나지 않았고 그 극소수의 '엘리트
여성'조차 불공정한 경쟁에 던져졌다.

그렇다면 엘리트가 아닌 대다수의 여성 노동자들에게 균등법은 어
떤 효과가 있었을까?

균등법에 반대했던 여성노동단체들은 보호 규정이 폐지되면 심야
근무나 야근에 고스란히 노출될 것이고 노동 조건은 개선되지 않은
채 노동의 강도만 강화될 것이라고 예측했다. 결과는 예측대로였다.
균등법이 만들어진 후로 사용자 쪽에서는 더욱 당당하게 '이제 당신
들도 여자라는 이유로 응석 같은 거 부리지 말고 일하라'고 말할 수
있게 되었기 때문이다.

균등법의 효과

일본 여성에게 균등법은 분명히 커다란 변화였다.

그래서 균등법을 기점으로 그 이전에 일을 시작한 여성을 균등법
이전 세대, 그 이후에 일을 시작한 여성을 균등법 이후 세대로 구분
한다. 균등법이 시행된 이후에 채용된 여성들은 균등법 1기생, 2기생
이라 불리며 그들의 대우나 행동들이 큰 주목을 받았다.

실제로 균등법이 어떤 효과가 있었는지를 살펴보기 전에 균등법에
반대했던 여성단체가 '실효성이 없다'고 예측한 근거를 균등법의 내
용을 토대로 검토해보자.

균등법에는 네 기둥이 있다. 모집과 채용, 배치와 승진, 교육훈련,
복지의 남녀평등을 강조하고 있는데, 실상 앞의 둘은 사용자 쪽의

'노력 의무' 규정이고 뒤의 둘은 '금지' 규정에 해당한다.

이것들과 함께 정년과 퇴직 및 해고에 관한 여성차별을 금하고 있는데 이에 대한 금지는 과거 여성 노동자들이 주도했던 재판을 통해서 이미 위법임이 확정되었기 때문에 균등법은 현실을 그대로 인정한 것에 지나지 않았다.

균등법 이전에는 결혼 퇴직제, 출산 퇴직제, 30세 정년제, 차별 정년제와 같은 온갖 구실을 동원해 사용자들은 여성 노동자를 조기에 퇴직시키려고 애썼다. 그러나 그것들은 이미 판례들을 통해 위법임이 확실해졌다. 아니, 고작 서른 살에 정년이라니 말이나 되는가? 어느 TV방송국에서는 여자 아나운서가 서른 살을 넘기면 화면 업무에서 제외시키는데 그 이유를 '외모의 쇠퇴' 때문이라고 했다고 한다.[3] 또 어느 항공사에서는 서른 살이 되면 객실 승무원에서 지상 근무로 이동시켰다고 한다. 그리고 차별 정년제라는 것은 남성 사원의 정년이 55세였을 때 여성 사원의 정년이 50세였던 것을 말하는데, 이러한 차별 정년제의 이유를 사용자 쪽에서는 법정에서 "여자는 빨리 늙기 때문"이라고 증언했다고 한다. 지금이라면 생각할 수도 없는 성희롱 관행이 당시에 만연해 있었다.

그것들을 폐지하기 위해 선배 여성 노동자들이 벌였던 눈물 어린 법정 투쟁을 잊어서는 안 될 것이다.

---

3 일본의 언론인 다하라 소이치로의 아내 다하라 세츠코는 니혼TV에 아나운서로 입사했으나 결혼과 출산 후에 '외모가 쇠퇴했다'는 이유로 아나운서로 나서지 못하게 한 것에 소송을 제기했다. 법정 싸움에서 승소한 당사자이기도 하다.

결혼 퇴직제 역시 여성들의 노력으로 이 시기에 이미 위법 사항이 되었다. 가령 채용 시에 '결혼과 함께 퇴직하겠다'는 서약서를 쓸 수밖에 없었다 하더라도 그것은 사문서이기 때문에 법률적인 강제력은 없었다. 당시에는 채용 면접에서 으레 "결혼은 어떻게 할 건가요?"라고 묻곤 했는데 그런 질문은 지금은 성희롱에 해당한다. 여성들이 회사에 오래 근무하게 되는 것을 원하지 않는 사용자 쪽의 속내를 눈치채고 적당히 "좋은 사람 만나서 결혼하면 회사를 그만두겠습니다."고 둘러댄 다음에 나중에 "제가 그런 말을 했나요?" 하면서 시치미를 떼면 그만이었다.

균등법은 사용자 쪽에 유리했다

누구나 금방 알아채겠지만 고용에서 가장 중요한 성차별은 '모집과 채용', '배치와 승진' 두 분야다. 나머지 '교육훈련'이나 '복지'는 주변부에 해당한다. 물론 '교육훈련'에서의 여성차별이 금지된 덕분에 그때까지 여성 사원들에게만 요구되었던 인사예법이나 다과 준비법 등의 예절 강좌를 수강할 의무는 사라졌다. 또 '복지'에서 여성차별이 금지된 덕분에 기혼 여성도 세대주로서 자녀부양 수당이나 주택 수당을 받을 수 있게도 되었다.[4]

---

4 일반적으로 부부 중에 수입이 더 많은 쪽이 부양 수당이나 주택 수당을 받도록 운용되고 있다.

그러나 가장 중요한 '모집과 채용' '배치와 승진'을 노력 의무로만 규정할 경우 사용자 쪽에서는 '노력은 하고 있다'라고 하면 그만인 것이다. 이 법률이 유명무실하다는 결정적 근거는 벌칙 규정을 가지고 있지 않다는 점이다. 어떤 법률이든 위반을 상정하고 그에 따른 벌칙 규정을 정하기 마련이다. 경범죄에 관한 법률조차 벌칙 규정이 있어서 노상 방뇨를 하면 구류나 과태료를 부과한다. 처음부터 벌칙 규정을 마련하지 않은 균등법은 애초에 성실하게 준수될 것을 기대하지 않았다고 할 수도 있다.

이 법률은 또 다른 커다란 결함을 가지고 있다. 법률이 시행되면 노동자와 사용자 사이에 분쟁이 일어나리라는 것은 예상하기 어렵지 않다. 그래서인지 균등법에는 벌칙 규정은 없지만 분쟁처리 조항은 있다. 분쟁이 발생했을 때는 해당 노동국에 설치된 기회균등조정위원회(2001년 분쟁조정위원회로 개정)에 조정을 요구한다는 것이다. 그런데 조정 절차의 개시 조건으로 노동자와 사용자 쌍방의 합의신청이 필요하다고 정한 것이다. 일반적으로 고려했을 때 조정을 요구하는 쪽은 사용자 쪽보다는 노동자 쪽이 더 많을 것이 분명하다. 그러나 사용자 쪽이 분쟁으로 인정하지 않고 협상테이블에 나오지 않을 것이라는 것도 쉽게 예상된다. 누가 보더라도 결함이 있는, 더 확실히 말하면 사용자 쪽에 유리한 규정이었기 때문에 분쟁처리 절차가 제대로 작동하지 않으리라는 것은 처음부터 예측되었다. 실제로도 그랬다. (1997년 개정을 통해 한쪽의 요구만으로도 승인이 인정되었다.)

'남자만'은 안 되고 '여자만'은 OK

균등법으로 인해 큰 변화가 나타난 것은 모집 채용 시 '남자만'이라는 제한적인 구인이 금지된 것이었다. 만일 1985년 이전의 신문 구인광고를 볼 기회가 있다면 쉽게 발견할 수 있을 것이다. 한 면을 가득 채운 구인광고는 '남자만' '여자만' '남녀 모두'로 분류되어 있었다. 그중에서 '남자만' 모집하는 경우는 전체의 80% 정도를 차지했고, 나머지 '여자만'의 업무내용은 '경리사무 담당, 경험자 우대, 주산 3급 이상'이거나 '호스티스 급구'와 같은 것들이 주를 이루었다. '남녀 모두'일 경우에는 '파친코 입주, 부부 가능' 같은 것들에 한정되어 있었다. 대학 졸업예정자의 경우 당시에는 학생과의 구인 벽보를 참고했는데 거기에도 '남자만' 모집한다는 경우가 압도적으로 많았다. 간혹 '여자도 가능, 약간 명'이라는 구인광고를 발견하면 정말인지 의심하는 여학생들도 적지 않았다. 왜냐하면 여자 구인의 대부분은 돈과 연줄로 결정된다는 것이 당시의 통념이었기 때문이다. 채용 면접에서 면접관들은 아무렇지도 않게 여자들에게 부모의 집에서 출퇴근하는지를 물었다. 당시 기업들이 여성 사원을 대하는 태도는 '여자 아이'를 결혼 전까지만 '맡아준다'는 식이었다. 그래서 자신들의 예상보다 오랫동안 회사를 다니는 여사원은 대우가 곤란한 '왕언니 사원'이나 불량 채권처럼 취급하기도 했다.

균등법이 시행되면서 표면적으로는 '남자만' 모집하는 사례는 사라졌지만 실제 모집과 채용에서는 태연하게 차별이 횡행하고 있음을 여성 구직자들은 피부로 느꼈다. 자택 출퇴근을 조건으로 하거나 결혼 퇴직에 관한 성희롱에 가까운 면접 방식, 아무리 채용 시험에서 성적이 좋아도 최종 합격자는 남자라는 여성 할당제의 존재를 의심케 하는 채용 결과 등등. 와세다대학의 여학생들이 만든 〈우리들의 취직 수첩〉에는 그런 성차별 사례가 셀 수 없을 만큼 실려 있다. 그러나 벌칙 규정이 없는 한 고발도 불가능하다. 당시 노동성에서는 균등법을 위반한 기업을 실명과 함께 공표하겠다고 선언했지만 실시된 사례는 단 한 번도 없다.

그러나 균등법은 '남자만' 모집하는 것을 금지했지만 '여자만' 모집하는 것은 문제가 없다고 적시했다. 그 이유로 내세운 것이 균등법의 주목적은 여성차별의 금지이고 여성이 취직할 수 있는 영역을 확대하는 것이므로 '남자만' 모집한다고 하는 제한적 구직은 법률적으로 위배되지만 '여자만'의 영역을 확보하는 것은 법 취지에 반하지 않는다는 것이었다. 균등법이 만들어지고 반년 만에 '여자만' 모집하는 것은 문제가 없다는 노동성의 통지가 하달되었다. 이 같은 법의 편파성, 다시 말하면 실질적으로는 여성용 직종을 온존시키는 정부의 통지는 '눈 가리고 아웅'이라는 비판의 목소리가 나왔지만 그 소리는 더 커지지 못했다. 6개월 전 균등법이 만들어질 때 맛보았던 여성단체들의 패배감이 컸기 때문에 정부의 통지에 대한 반대 운동을 조직할 여력이 없었다.

여성 관리직이 늘지 않는 이유

'모집과 채용'에 성공한 후에도 다음 단계인 '배치와 승진'에서 여성차별이 기다리고 있다.

'배치와 승진'에서 성차별의 존재는 관리직 여성의 비율을 보면 알 수 있다. 상급직으로 갈수록 여성 비율은 떨어지면서 부장급이나 임원으로 가면 거의 '남성 클럽'이 되는 것은 일본 기업의 특징이었다. 간혹 여성 관리직을 발탁하는 기업도 있었지만, '교육훈련'에서 제왕적 코스를 밟지 못한 균등법 이전 세대의 여성 사원이 준비도 없이 관리직이 되면 동료들에게 민폐를 끼치거나 자멸로 이어져 결국 '그럴 줄 알았다'는 식의 비난을 듣기 십상이었다.

실제로 관리직 여성의 비율은 균등법 이후에도 미미한 상승에 그쳤다.(도표 2-1) 계장급까지의 하급 관리직 여성 비율은 증가했지만 과장급 이상일 경우는 급감한다. 부장급이나 임원직일 경우에는 지금도 희귀한 동물 취급을 받는 상황이다. 특히 종업원 5백 명 이상의 대기업일수록 그 같은 경향은 뚜렷하다.

도표 2-1 직무별 관리직에서 차지하는 여성 비율의 추이

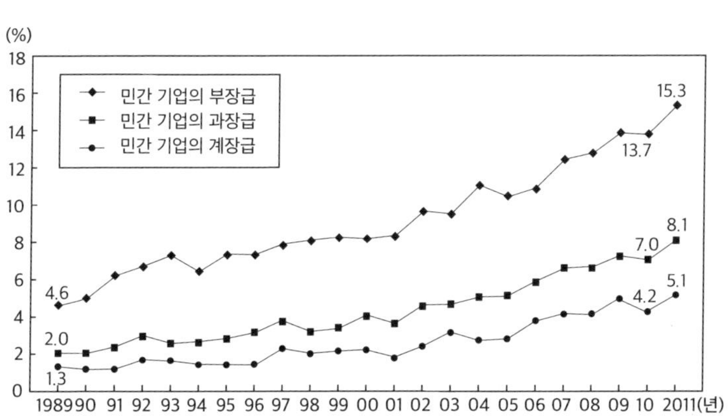
(%)
18
16
14
12
10
8
6
4
2
0
민간 기업의 부장급
민간 기업의 과장급
민간 기업의 계장급
15.3
13.7
8.1
7.0
5.1
4.2
4.6
2.0
1.3
1989
90
91
92
93
94
95
96
97
98
99
00
01
02
03
04
05
06
07
08
09
10
2011(년)

출처: 후생노동성 <임금구조 기본통계 조사>

그들은 여성을 "차별하지 않았다"고 말한다. 관리직으로 발탁하고 싶어도 후보 모집단에 여성이 없기 때문이라고 말한다. 대체로 대기업에서 과장급 이상으로 승진하려면 20년 정도의 기간을 요한다. 그동안 전근이나 이동을 포함한 올라운드플레이의 제왕학 훈련 코스를 밟아야 한다. 균등법 이전 세대에는 애초에 20년을 근속하는 여성 사원이 없었을 뿐만 아니라 혹여 있다 하더라도 제왕학 훈련 코스를 밟지 못하는, 예컨대 창구업무와 같은 단순 보조업무만 해왔기 때문에 적당한 관리직 후보자가 될 수 없었다.[5] 기업은 처음부터 여성 사원을 제구실을 할 기업전사라고 생각하지도 않았고 관리직으로 성장시킬 마음도 없었다.

기업은 (승진에서) 여성을 차별하지 않았다고 주장한다. 다만 승진시킬 만한 여성이 없기 때문에, 여성은 회사를 일찍 관두기 때문에 어쩔 수 없다고 한다. 채용에서 차별을 두는 이유도 조기에 퇴사하는 여성을 채용할 리스크를 감당하기 어렵기 때문이라며 기업은 철저히 '합리적'으로 행동하고 있을 뿐이라고 주장한다. 만일 여성이 정말로 남성과 대등한 대우를 받고 싶다면…, 여자라는 '어리광'을 버리고 남자와 똑같은 조건으로 경쟁 게임에 들어오라는 것이 그들의 주장이었다.

---

5 일본의 기업에서 처음으로 정년퇴직을 맞이한 여성 노동자는 전후의 '독신부인 연맹' 세대다. 결혼적령기에 전쟁으로 결혼 상대가 될 동세대의 남성을 잃어버리고 어쩔 수 없이 평생을 독신으로 살아온 세대의 여성들이다. 그들은 은행원이나 회사원으로 일을 했지만 평생 사무보조나 창구업무 같은 여성 전용 보조업무로 정년을 맞이했다.

균등법이 빠져나간 샛길

그뿐이 아니다. 일본 기업들은 균등법이 시행되기 전에 교묘한 샛 길을 만들어두었다. 그것은 종합직과 일반직 코스별 인사관리제도 다. 종합직은 이동과 전근, 출장을 포함한 지금까지와 다름없는 관리 직 코스이고, 일반직은 종합직의 보조적인 업무를 하면서 지역적 제 한을 두고 이동이나 전근을 필요로 하지 않는 코스다. 지금까지의 남 성용 코스와 여성용 코스를 종합직과 일반직으로 용어만 바꾼 것처 럼 보이지만 표면적으로 모집과 채용에서 '남자만'이라는 제한이 부 가되어 있지 않기 때문에 여성차별에 해당하지 않는다고 주장하는 제도다.

코스별 인사관리제도라는 것은 균등법이 미칠 영향을 최소한으로 줄이기 위해서 기업 쪽에서 발명해낸 교활한 아이디어였다. 이 제도 의 존재 덕분에 기업은 균등법의 효력을 마비시키면서 마치 그런 법 률은 제정되지도 않았다는 듯이 무시할 수 있었다. 이것을 보더라도 신자유주의하에서 이루어지는 노사교섭에서는 사용자 쪽이 언제나 한 수 위라는 것을 알 수 있다.

고용에서 성차별을 고발하기 위해서는 일단 채용 조건이 동일해야 한다. 동일한 조건으로 채용되었는데 성별에 따라 차별적인 대우를 받았을 때 부당한 차별이라 주장할 수 있게 되는 것이다. 그러나 처 음부터 채용 구분이 다를 경우에는 직종이 다르기 때문에 대우도 다 른 것은 당연하다고 주장하면 그만이다.

나는 균등법이 국회에서 만들어졌을 때를 기억하고 있다. 너무나 씁쓸한 기억이다. 그때 나는 단기여자대학에 재직하고 있었다. 당시

맡고 있던 여성학 수업에서 "여러분, 어제 국회에서 남녀고용기회균등법이라는 법률이 만들어졌답니다."라고 전하면서 덧붙여야 했던 말이 "하지만 여러분에게는 상관없는 일이죠."

학력과 채용 구분이 동일한 경우에는 동일한 대우를 요구할 수 있지만 단기대학 졸업자라는 학력 조건이 다르면 남성과 동일한 대우를 요구할 수 없었다. 단기대학 학력을 가진 학생들의 대부분은 여성이었다. 그들은 4년제 대학을 졸업한 남성이 종합직으로 채용된 직장에 처음부터 보조업무를 하는 일반직으로 채용되었다.

당시 친구 중에 단기대학을 졸업하고 대기업 상사에서 10년을 근속한 여성이 있었다. 새 업무에 의욕을 불태우며 남성 사원에게만 부과되던 교육연수를 자비로라도 받고 싶다고 상사에게 말했더니 그 남성 상사는 그녀에게 이렇게 말했다고 한다. "자네는 어떻게 생각하는지 모르겠지만 우리 회사에서는 자네에게 지금 하는 이상의 업무를 기대하지 않는다네." 이런 말을 듣고 나서도 의욕이 사라지지 않고 절망적이 되지 않는 사람이 있을까?

균등법이 실시되고 나서 1년째 뚜껑을 열어봤더니 남성 대부분은 종합직이었고 극히 일부의 여성만이 종합직이었다. 그리고 대부분의 여성들은 일반직으로 채용되었다는 결과가 드러났다. 그럼에도 '차별이 아니'라고 주장할 수 있었던 것은 응모자가 자발적으로 채용 구분이 다른 직종을 선택했기 때문이라는 것이다. 균등법이 실시되고 1년, 전근을 꺼렸던 남성이 '지역 한정'이라는 이점 때문에 일반직에 응모했다고 한다. 그런데 채용하는 쪽에서 "자네의 희망에 맞게 배려하겠네"라는 말로 회유하면서 종합직으로 이동할 것을 권유했다고 한다. 그렇게 하지 않으면 '기강이 무너진다'고 생각했기 때문이다.

균등법이 시행된 후 유력 매스컴들은 어깨동무를 하듯 종합직으로 취직한 여성들을 추켜세웠다. 현실의 채용 상황에 비하면 극히 예외적인 존재들이었던 그들을 실태 이상으로 과대포장한 책임은 미디어에 있다. 종합직으로 입사한 여성들은 4년제 대졸 출신이었다. 똑같이 4년제 대졸 출신인 매스컴의 여성 노동자들이 자신들과 같은 엘리트 여성들을 과도하게 주목했다는 생각이 든다. 엄청난 크기로 지면을 할애해서 마치 모든 여성들이 종합직이 된 것처럼 소개했다. 그들의 일거수일투족, 심지어 도시락 반찬까지 기삿거리가 될 정도였다.

그들 뒤에는 대다수의 여성들이 예전과 다름없이 남성 사원의 보조업무를 하면서 나이가 몇이 되어도 '여자아이' 취급을 받는 일반직에 취직해 있다는 사실은 은폐되었고, 자발적으로 일반직 코스를 선택했으니 차별적인 대우를 받더라도 '여성차별'이라고 고발할 수도 없는 현실에도 미디어는 무관심했다.

코스별 인사관리제도는 여성차별을 고정된 것으로 만들었다. 이 제도가 부당하다고 고발하는 여성 노동자들이 준거로 삼을 법으로서 균등법은 거의 도움이 되지 않았다. 균등법 이전 세대의 여성이 균등법이 만들어진 뒤로도 계속되는 직장의 성차별적 대우에 맞서 여성을 구제하는 소송을 제기했다. 유명한 스미토모 금속공업 재판이다. 변호인단의 여성 변호사들은 균등법이 법정 투쟁에서 힘을 지닌 무기가 되지 못한다고 분개했다. 결국 변호인단이 근거로 삼은 것은 노동기준법과 헌법이었다. 균등법의 실효성 없음이 현실로 증명된 것이다.

그렇다면 과연 기업의 입장에서도 코스별 인사관리제도가 유리한 제도였을까? 이 제도를 도입하고 5년 정도 지났을 때 모 기업의 인사 담당자에게 들었던 이야기다. 결론은 실패라는 것이었다.

종합직과 일반직의 채용 구분은 응모자의 능력과 적성에 비례하는 것은 아니다. 실제로 일을 해보고 나서 그 사람의 능력과 적성을 알게 된다. 그리고 일을 하면서 개발되는 능력이라는 것도 있다. 처음부터 채용 구분을 하지 않고 3년이나 5년 정도 체크포인트를 두고서 그 사람의 능력과 적성을 알아본 다음 업무에 배치하고 승진시키는 편이 훨씬 더 효율적인 인재 활용이라는 것이 그 담당자의 견해였다. 지당한 의견이다.

실제로 많은 기업에서 '여성 최초'라는 영역을 개척한 여성들은 자격과 채용 조건에 개의치 않고 도전한 사람들이었다. 일본 최대 광고 회사인 덴츠는 균등법 제정 이전에는 오랫동안 여성은 고졸자나 단기대학 졸업자만 채용해온 기업이다. 그런 기업에서 와키타 나오에나 사이토 요코와 같은 뛰어난 여성 인재들이 배출되었다. 와키타는 사내 벤처에서 일할 때 상사에게 "나에게 일을 달라"며 일대일로 담판에 나설 정도였다고 한다. 처음부터 채용 구분으로 업무 영역을 한정해 버리면 꽃 피울 재능도 개발되지 않을 것이다.

그런 사실을 깨달은 일부 기업들은 코스 전환제도라는 것을 도입했다. 근속이 몇 년 지나면 희망하는 사람에 한해서 일반직에서 종합직으로 코스 전환을 받아들이겠다는 것이다. 그러나 조건이 매우 까다로워서 상사의 추천 같은 인사평가는 물론이고 코스 전환 시험에 통과해야 한다. 결국 기업에 도움이 된다는 것이 확인된 인재만을 예외적으로 발탁하겠다는 제도였을 뿐 아주 작은 바람구멍 정도에 지나지 않았다.

코스별 인사관리제도는 위법성이 의심되는데도 현재까지 지속되고 있는 시스템이다. 그리고 고용의 파이가 현저히 작아진 작금의 현실에서 일반직 고용은 붕괴하고 있는 중이다. 말하자면 고등학교나 단기대학을 졸업하고 나서 '결혼할 때까지 잠시' 일반직으로 일하다가 사내연애로 결혼과 함께 퇴사하는 것이 꿈이었던 여성들의 대표적인 메뉴가 사라진 것이다. 그와 반대로 여성의 종합직 채용은 아주 조금이지만 확대하고 있다. 이 상황을 정리하면 누구나 할 수 있는 정형적인 비숙련 업무는 파트직이나 파견직과 같은 비정규직으로 이동시킬 수 있지만, 남자든 여자든 써먹을 수 있는 인재는 철저히 이용하겠다는 이른바 '합리성'을 기업이 더욱 강화하고 있다는 것을 알 수 있다. 장기적인 불황 속에서 기업들은 접수처 같은 보조업무를 하는 여성을 굳이 정규직으로 채용할 만한 이유도 여유도 잃어버린 것이다.

기업의 신자유주의 전략은 계속 강화되어 종합직과 일반직, 정규직과 비정규직 어느 쪽을 선택하더라도(실제 '선택의 자유'도 거의 없지만) '자기결정과 자기책임'이라는 원칙이 기다리고 있다. 이런 제도 아래에서 고용의 성차별을 고발한다는 것은 한층 힘겨운 일이 되었다.

균등법이 여성을 보호했다고

균등법은 여성의 고용에 어떤 영향을 미쳤을까?

균등법은 1985년에 만들어져 1986년부터 시행되었다. 그때는 마침 거품경제가 시작되어 경기가 상승세를 타던 시기였다. 균등법 이후 세대는 곧 거품경제 세대이기도 하다. 1980년대 후반의 노동시장은 구직자에게 유리한 이른바 '구매자시장'이었다. 졸업하기도 전에 이미 내정된 취직자리가 두세 곳이라는 학생들이 적지 않았다.

이 시기에 대졸여성들의 취업률은 확실히 높아졌다. 동시에 만혼 현상이 진행되었기 때문에 졸업과 동시에 결혼한다는 시나리오는 적어졌고, 언젠가 결혼을 하더라도 그때까지 취직을 해서 일하겠다는 것이 당연한 분위기였다. 선택지 속에는 종합직도 포함되어 있었다. 이것을 균등법의 효과라고 해석하는 사람도 있다.

하지만 과연 그렇게 판단하는 게 옳은지는 의심해볼 필요가 있다. 사실 대졸여성들의 취업률은 균등법 이전부터 서서히 상승하고 있었다. 여성의 4년제 대학 진학률 자체가 상승하고 있었다. 선진적인 기업들 중에서는 균등법이 만들어지기 전부터 대졸여성을 신규로 채용하는 곳이 생겨나기 시작했고, 이른바 '여성 시대'라는 파도를 타고 여성을 관리직으로 등용하는 곳도 드물지 않았다. 그래서 균등법의 종합직 코스는 이미 일어난 움직임을 뒤따라간 것일 뿐이라고 말할 수도 있다.

여성의 고용을 지켜주는 법률이 제 역할을 발휘할 때는 경기가 좋을 때가 아니라 불황일 때다. 그러나 1991년에 일본의 거품경제가 막을 내리고 취직 빙하기에 이은 초빙하기에 남성보다는 여성이 더 힘들었다는 것은 모두가 아는 사실이다. 당시 대졸자의 신규채용에서 남녀 모두 취업률이 하락했지만 남녀 간의 격차는 더욱 벌어졌다. 가장 손해를 입은 대상은 단기 대졸여성과 고졸여성이었다.

이 같은 사실을 통해 알 수 있는 것은 명백하다…. 균등법은 불황기의 여성을 지켜주지 않았다. 언뜻 균등법의 효과로 보였던 대졸여성의 고용 확대는 법률의 효과가 아니라 단순히 거품경제의 효과에 지나지 않았다는 증거는 경기가 호황에서 불황으로 바뀌자마자 여성의 취업률이 쪼그라든 것만 보아도 알 수 있다.

균등법은 나를 지켜주지 않았다…. 그것이 수많은 여성 노동자의 실감이 아니었을까?

균등법은 실효성이 없었다. 그것이 수많은 전문가들의 의견이다. 그리고 법률가들은 균등법이 법정투쟁에서 근거법으로조차 사용할 수 없었다고 증언한다.

일본의 여성학 성과를 집대성한 『이와나미 여성학 사전』에서 '균등법' 항목을 집필했던 젠더 법률학자 아사쿠라 무츠코는 다음과 같이 기술하고 있다.

"1985년에 만들어진 남녀고용기회균등법은 고용평등법이라고 하기에는 거리가 너무 먼 법률이고, 1997년에 개정된 균등법 역시 (중략) 여러 외국의 법률과 비교해서 실효성 부분에서 불충분하다."[6]

그렇다면 도대체 균등법은 무엇이었단 말인가?

공공정책 전문가로서 남녀공동참여사회 기본법 제정의 주역이었던 오사와 마리는 균등법을 '남성 맞춤 법률'이라고 불렀다. 균등법을 해설한 오사와의 영문 논문에서 'tailored'라는 표현을 발견했을 때 눈이 번쩍 뜨이던 기분을 나는 잊을 수가 없다. '테일러 메이드', 말하자면 신사복 맞춤, 더 쉽게 의역하면 '남성의 이익에 맞도록 만들어진' 법률이었다는 의미이다. 전적으로 동감한다.

---

6 아사쿠라 무츠코 '남녀고용평등법'. 이노우에 데루코 외 편 『이와나미 여성학 사전』(이와나미서점 2002) p558.

개정 균등법이 만들어졌건만

균등법은 있는 게 더 나았을까, 아니면 없는 게 더 나았을까?

1985년에 균등법이 만들어진 지 벌써 25년. 역사적 검증을 해도 좋을 만큼 시간이 지났다.

균등법은 실효성이 없으며 벌칙 규정도 없고 분쟁을 처리하는 절차에도 결함이 있다는 것은 법을 제정할 당시에도 인지된 사실이었다. 법률 제정을 추진한 쪽의 주장은 설혹 결함투성이 법률이라 하더라도 일단 만들어두는 편이 더 낫다는 것이었다. 시간이 지나면서 개정할 수도 있기 때문이라는 것이다.

예상대로 1997년에 균등법은 개정된다. (1999년부터 시행) 개정 균등법은 두 가지 점에서 눈에 띄는 변화가 있었다. 그 하나는 당시 문제로 여겨졌던 '모집과 채용' '배치와 승진'에서의 성차별을 노력 의무 규정에서 금지 규정으로 바꾼 것이다. 다른 하나는 성희롱의 방지와 대책을 사용자 쪽의 책임으로 규정한 것이다.

첫 번째의 '모집과 채용' '배치와 승진'에서의 성차별을 금지한 것은 시기가 늦긴 했지만 당연한 결과였다. 그러나 벌칙 규정이 마련되지 않은 것은 마찬가지였기 때문에 기업 쪽에서는 문제가 발생했을 때도 무시할 수 있었다. 당시 노동성은 개정된 부분을 위반한 기업의 실명을 공표하겠다고 선언했지만 역시 실행에 옮긴 적은 단 한 번도 없다. 그러는 동안 완전히 정착한 코스별 인사관리제도와 불황으로 인한 취업 경쟁의 격화로 여성차별 금지 규정도 알맹이 없는 빈껍데기 상태가 되었다.

두 번째의 성희롱을 사용자 쪽 책임으로 명문화한 부분은 기업 입장에서는 청천벽력 같은 조항이었을 것이다. 그동안 기업은 성희롱을 개인 간의 사생활에 속한다며 무시해왔다. 여성들이 견딜 수 없어 노조에 고발하면 노조는 개인 간의 사생활에 관여하지 않는다는 이유로 모른 척해왔다. 이른바 하반신 관련한 일은 아무리 부당한 일일지라도 '사생활'이라는 미명하에 공적 영역인 직장에서는 보이지 않는 것으로 치부해온 것이다.

노동성의 정의에 따르면 성희롱이란 '직무상의 지위를 이용해 상대방이 원치 않은 성적행위를 강요하는 것', 다시 말하면 직무상 부여된 권력을 직무가 아닌 상황에서도 행사하는 권력남용이자 일탈행위인 것이다. 이 정의로 성희롱은 '개인 간의 사생활'에서 '직장의 노동재해'의 하나가 되었다. 참고로 '힘희롱(power harassment)'이란 '직무상의 지위를 이용한 일탈된 권력행사'를 말한다. 성희롱은 이 같은 행위에 성적인 행위가 동반된 것이다.

이전부터 성희롱 대책을 위한 연수에서 '성희롱을 당하지 않기 위해'라는 주제로 여성 사원들이 수강하는 것을 나는 이상하게 생각했다. 성희롱은 피해자의 문제가 아니라 가해자의 문제이기 때문이다. 성희롱의 가해자가 될 가능성이 가장 높은 사람은 직장에서 관리직에 있는 남성들이다. 중소기업에서는 사장이 성희롱의 가해자가 되는 경우도 많다. '수장의 범죄'라고 하면 오사카부(府)에서 일어났던 요코야마 노크 지사의 성희롱 사건이 대표적이다. 그렇다면 성희롱 대책을 위한 연수는 고위험군인 남성들이 받아야 한다고 생각한다. 개정 균등법을 통해서 그렇게 되었다.

개정 균등법에 의해 기업의 성희롱 연수는 '어떻게 하면 성희롱을 당하지 않을 것인가'에 대한 것이 아니라 '어떻게 하면 성희롱의 가해자가 되지 않을 것인가'에 대한 것으로 바뀌었다. 그 덕분에 연수 회사의 성희롱 대책 프로그램이 크게 유행하기도 했다. 내가 재직했던 도쿄대학에서도 각 교수회의 전원이 성희롱에 대한 연수를 받는 것이 의무화되어 있었다. 기업의 리스크 관리를 위해서도 가해자가 될 가능성이 가장 높은 집단이 연수를 받는 것이 당연하다. 성희롱은 파렴치한 범죄로 기업의 이미지를 떨어뜨릴 뿐만 아니라 소송에서 배상금도 점점 높아지고 있다. 성희롱에 드는 비용이 높아진 덕분에 가져온 학습 효과는 상당히 컸다. 물론 성희롱 대책에 관해서는 아직도 충분하다고는 할 수 없으나 개정 균등법은 큰 효과를 거두었다.

균등법이 만들어졌다. 앞으로도 개정해나가면 된다. 그렇다면 균등법이 없느니보다 있는 편이 더 낫다고 결론지어도 되는가?

그러나 더 얄궂은 사태가 그와 동시에 진행되었음을 잊어서는 안 된다. 그것은 균등법이 만들어지고 25년 동안 균등법에 적용되지 않은 여성 노동자가 엄청나게 늘어났다는 현실이다. 균등법은 만들어졌지만… "그건 나하고는 상관없어." 이렇게 말하는 여성들이 대량으로 노동시장에 등장한 것이다.

3장

노동의 빅뱅

개정이라는 이름의 개악, 노동규제완화

남녀고용기회균등법이 신자유주의 개혁의 일환이었다고 다시 한 번 해석할 수 있는 데에는 근거가 있다. 균등법이 제정된 1985년에 또 하나의 중요한 노동법인 노동자파견사업법이 만들어졌기 때문이다. 이 법에 대해서는 미디어도 크게 보도하지 않았다.

1980년대 이후 노동법제를 연표로 작성해보면 다음과 같다.(도표 3-1)

노동자파견사업법(이후 파견법이라 약칭)이란, 주선업이나 소개소 등으로 불리는 취업 알선업무를 민간에서도 할 수 있게 풀어준 법률이다. 소개소는 일명 '뼁땅업'이라고도 불린

도표 3-1 **1980년대 이후의 노동법제**(제정 연도)

1985년	고용기회균등법
	노동자파견사업법
1993년	파트타임노동법
1997년	개정 균등법
1999년	개정 파견사업법
	개정 직업안정법
	개정 노동기준법
2000년	기획업무형 재량노동제
2007년	개정 파트타임노동법

다. 이 호칭에는 약간의 멸시의 감정이 들어 있다. 왜냐하면 사람들에게 일자리만 소개해줄 뿐 자신들은 노동을 하지 않고 이익을 챙기는 것이 부당하다고 느끼기 때문일 것이다. 실제로 과거의 직업 알선소에는 악질적인 업자들이 많았고, 그래서 정부는 민간의 소개업을 금하고 취업 알선을 공적인 책임의 업무로 행해왔다. 그것이 바로 공공 직업안정소, 지금의 헬로 워크(hallo work)라 불리는 곳이다. 그랬던 것을 파견법은 민간 기업이 영리를 목적으로 일자리를 소개할 수 있도록 지금까지의 규제를 풀어주었다. 민간의 일자리 소개업무를 법률적으로 허용한 것이다. '노동의 빅뱅', 이른바 노동규제완화를 향한 첫걸음이었다.

파견법이 만들어진 후에 생겨난 것이 인재파견 회사들이다. 경제공유회(Japan Association of Corporate Executives)의 첫 여성 회원이었던 오쿠타니 레이코는 〈더 알(THE R)〉이라는 인재파견 회사의 창립자였다. 또 고이즈미 정권에서 개혁의 브레인 역할을 했던 다케나카 헤이조는 정치를 그만둔 후에 인재파견 대기업인 〈파소나〉의 이사로 들어갔다. 나중에 이야기하겠지만 오쿠타니 레이코는 '여여격차'라는 용어를 처음으로 쓴 사람이고, 다케나카 헤이조는 고이즈미 정권에서 '격차'를 추진한 인물이었다. 신자유주의자들은 격차를 좋아한다고 해도 좋을 것 같다. 격차는 고용의 규제완화가 초래한 산물이었다.

처음 파견은 일부 전문적인 업무에 한정되어 있었다. 직장의 사무자동화가 한창 진행되던 때인 1980년대 후반에 막 나오기 시작한 워드프로세서나 PC 입력업무가 가능한 전문적인 인재들이 시급 1800엔이나 2500엔으로 기업에 파견되고 있었다. 파견 회사의 '삥땅(중간착취)'이 있었다고 하지만 정사원 여직원보다 파견사원 쪽의 시급이 훨씬 좋았다. 거품경제 시기, 일반 여직원보다 파견사원이 월급에서도 능력에서도 자존심도 더 높았던 시절이었다.

그 후로 파견법은 '개정'에 '개정'을 거듭했다.[1] 그때마다 규제가 완화되면서 처음에는 제한적이었던 직종이 확대되어 전문성이 높은 직종에서 비숙련의 정형적인 업무로, 나아가 제조업의 파견에 대한 규제까지 완화되었다. 말하자면 '개정'이라는 이름의 '개악'이었다. 우선 법률을 만들어두면 나중에 '개정'할 수 있으니 괜찮다는 말 속에는 이런 어두운 길도 있기 때문에 방심해서는 안 된다. 규제완화의 방향은 후에 '노동의 빅뱅'이라고 불리는 신자유주의 개혁의 일환이었다. 지금 돌이켜 생각하면 1985년에 만들어진 파견법은 '노동의 빅뱅'으로 향하는 주도면밀한 포석이었다는 생각마저 든다.

현재 노동자 파견은 아주 일부의 예외를 제외하고 거의 대부분의 직종에서 가능해졌다. 파견만이 아니다. 계약직, 기간제, 도급, 파트타임, 아르바이트 등 이른바 비정규직이라 불리는 노동이 엄청나게 증가했다. 눈 깜짝할 사이에 일어난 변화였다.

이와 같은 비정규직에는 공통된 특징이 있다. 그것은 사용자가 노동자에게 책임을 지지 않는다는 것이다. 고용의 보장은 물론 각종 보험이나 보장 및 복지를 제공하지 않아도 된다. 제조업의 파견에 1일 도급이라는 방식이 있다는 것을 알게 되었을 때는 그 악랄함에 벌어진 입을 다물 수 없을 정도였다. 도급에는 십장제도라는 것이 있다.

---

1 파견기간의 연장, 파견대상 업무의 확대, 허가 · 신청 절차의 간소화.

개인사업주인 십장에게 하루 단위로 일을 받는다는 계약으로 파견되는 형태이다. 계약은 하루 단위이기 때문에 지속적으로 일을 한다는 보장도 없다. 언제든 목이 잘릴 수 있다. 그러니 실업보험도 건강보험도 필요 없다. 혹시 파견자에게 산업재해가 생겼을 때도 개인사업주가 자기책임으로 일을 도급한 것이기 때문에 산업재해에 대한 책임을 질 필요도 없다. 교활하기 이를 데 없는 이런 수법을 도대체 누가 고안해냈는지 그저 놀라울 뿐이다.

잘 기억해두어야 한다. 1945년 이후의 노사관계에서 사용자는 항상 노동자들보다 더 교활하고 한 발 앞서가고 있었다는 사실을. 균등법을 비롯한 노동 정책은 노동자들의 패배의 연속이었다.

'새로운 시대의 일본적 경영'

노동의 규제완화에 GO 사인을 내는 계기가 된 보고서가 있다. 1995년 당시 일본경영자단체연맹(일경련, 나중의 경단련)이 내놓은 〈새로운 시대의 일본적 경영─도전 방향과 구제책〉이라는 것이다.

이 보고서는 향후의 경영은 노동자를 세 그룹으로 나누어 관리할 것을 제안하고 있다. 첫 번째는 장기축적능력 활용형, 이른바 간부 후보다. 두 번째는 고도전문능력 활용형, 이른바 전문 분야를 담당한다. 세 번째는 고용유연형으로 여기에는 파견직, 임시직, 계약직, 도급직, 파트타임 등의 비정규직 고용이 포함된다.

첫 번째 장기축적능력 활용형은 신규대졸자를 채용한 다음 사내 연수를 통해 필요한 인재로 육성하고 이동과 전근을 통해 올라운드

플레이어로 키워내는, 지금까지 종합직 코스로 불리던 고용 방식이다. 다시 말하면 취직이 아니라 취사(就社)형 고용 방식이다. 두 번째 고도전문능력 활용형은 법률이나 어학과 같은 고도의 전문성을 필요로 하는 업무를 사내 인재에게 맡기지 않고 가능하면 외부에 맡기려는 고용 방식이다. 이런 방식의 고용은 언제든 탈부착이 가능한 인재인 셈이다. 세 번째 고용유연형은 별칭 고용조정형으로, 다시 말해서 경기의 안전장치라 할 수 있는 유연한 노동력, 더 정확히 말하면 일회용 노동력이다. 여기서 유연함이란 노동자 입장에서 그렇다는 것이 아니라 사용자 입장에서 유연한, 그리고 유리한 방식일 것이다.

이 보고서에는 일본 경영자들의 본심이 고스란히 드러나 있다. 첫 번째의 장기축적능력 활용형을 크게 축소하고, 두 번째의 고도전문능력 활용형은 가능한 한 아웃소싱을 통해 사내 비용을 줄이며, 세 번째의 고용유연형으로 단순 업무나 비숙련 부문을 비정규직으로 교체하려는 인건비 억제 전략인 것이다. 그 결과, 고용이 정규와 비정규라는 양극으로 나뉘게 되었다. 종합직 사원은 중시되는 한편 일반직 사원은 축소되고 비정규직 노동자로 교체되었다. 기업이 완전히 여유를 잃어버렸기 때문이다.

1995년으로 말하자면 거품경제가 끝나고 4년이 지나면서 경기가 바닥을 쳤다고 했지만 끊임없이 내리막길로 치닫던 시기다. 어디까지 가야 바닥이 보이는지 알 수 없는 상태에서 기업들은 디플레이션의 악순환 속으로 빨려 들어가고 있었다. 거품경제 시기에 주력사업 외에 손을 뻗었던 기업들은 불량채권을 떠안고 갈림길 앞에 서 있었다.

이 보고서가 '일본적 경영'이라는 명칭을 달게 된 데에는 이유가 있다. 첫 번째의 장기축적능력 활용형은 지금까지의 종합직 정사원과 전혀 다르지 않다. 기업은 여기서 지금까지의 '일본적 경영'을 바꿀 생각이 전혀 없다는 선언을 한 것이다. 다만 기업은 조직의 체질에서 불필요한 군살을 빼고 효율성을 중시하는 체질로 바꿔가겠다고 결의했을 뿐이다. 이때부터 취직 경쟁에서의 '의자뺏기 게임'[2]이 한층 더 격렬해졌다. 왜냐하면 종신고용제라는 회원제 클럽에 들어갈 멤버를 아주 소수로 엄선해야 했기 때문이다.

기업, 특히 대기업에서의 인사 채용 방식은 고도성장기 때와 거의 다름이 없다. 학력별 신규대졸자 일괄채용, 종신고용, 연공서열 체계를 그대로 유지하고 있다. 바뀐 것은 '의자뺏기 게임'에 놓인 의자의 숫자가 격감했을 뿐이다. 기업이 여유를 잃었기 때문이다. 그래서 몇 안 되는 의자를 차지하기 위한 취직 경쟁은 더욱 격렬해지고, 또 의자를 차지한 남자를 차지하기 위한 결혼 경쟁도 더욱 치열해졌다. 일설에 따르면 기업은 신입사원 한 명당 대략 3백만 엔 정도의 채용 비용을 들인다고 한다. 한 번 고용을 하면 정년까지는 해고를 할 수 없기 때문에 위험부담을 떠안기가 쉽지 않을 것이다. 그렇기 때문에 신중해지는 것은 당연하다. 그 결과 퇴직 리스크가 높은 여성을 기업은 더욱 꺼리게 되었다. 결국 채용에서의 여성차별은 사라지지 않은 것이다.

인사 담당자의 말을 들어보면 성적에서도 면접에서도 여성 쪽이

---

2 유아사 마코토의 『덤벼라, 빈곤』(2009)에서 사용된 말이다.

훨씬 더 수행능력이 높다고 한다. 7대 3 정도로 여성이 우위를 차지하지만 최종결과로 채용되는 쪽은 3대 7로 남성이 더 많다고 한다. 수행능력의 성적만으로 채용한다면 여성이 압도적으로 증가하는 결과가 나오기 때문이다. 표면적으로 드러낼 수는 없으나 각 기업에는 여성을 일정한 비율로 한정하는 제도가 별도로 존재하는 게 아닐까 하고 나는 의심한다.

채용에서 성차별의 존재여부를 판단하는 데 역학증명이라는 방법이 있다. 응모자의 성비와 채용자의 성비를 비교했을 때 유의미한 차이가 존재한다면 차별했을 개연성이 높다고 판정할 수 있다. 물론 하나하나의 개별 인사에는 나름의 이유가 있을 것이고 채용 과정은 밖에서는 보이지 않는 블랙박스이지만, 집단적으로 봤을 때 남성 혹은 여성의 한쪽 집단에게 뚜렷하게 유리하거나 불리하게 작용했다고 할 만한 차별을 직접차별과 구별해서 간접차별이라고 한다.

민간 기업에서는 차별할 자유가 있다고 주장할 수도 있고[3] 또 채용 결과는 알 수 있어도 응시자의 성비는 공개적으로 발표되지 않는다. 그러나 그것이 공무원 채용의 경우라면 문제가 다르다. 공정하게 이루어져야 할 공무원 채용에서 성차별이 있다면 문제가 되기 때문

---

3 사기업의 인사채용에서는 성차별이나 인종차별과 같은 인권침해에 해당하지 않는 한 위법 행위가 아니다. 예를 들어 게이오대학 출신 경영자가 있는 기업이 학연을 이유로 직원을 채용하는 것을 법적으로 비난할 수 없다. 최근 이와나미 출판사에서 응모 자격을 '작가나 직원의 소개가 있는 사람'으로 제한해서 화제가 된 적이 있으나 그것을 위법이라 할 수는 없다.

이다.[4]

현과 시·정·촌의 공무원 시험에서 응시자 성비와 합격자 성비의 비교 데이터를 입수한 적이 있다. 그것을 보고 흥미로운 사실을 알게 되었다. 현·정·촌에서는 남성의 합격자 비율이 남성의 응시자 비율보다 높았고, 반대로 시에서는 여성의 합격자 비율이 여성의 응시자 비율보다 높다는 것이다. 이것을 보면 현·정·촌에서는 남성을 더 우대하는 배려가 있었던 게 아닌가 생각할 수 있다. 그러면 시에서도 여성을 더 우대하는 역차별이 있었을까?

때는 1990년대 후반이었다. 취직빙하기로 취직자리를 잃은 우수한 여학생들이 공무원 채용시험에 몰려들었다. 일반적으로 불황기에는 공무원 시험에 우수한 인재들이 모여든다는 속설이 있다. 왜냐하면 경기가 좋을 때는 민간 기업 쪽이 급여와 기타 조건이 훨씬 좋기 때문에 우수한 인재들이 민간 기업으로 몰려들지만, 불황기에는 민간 기업의 채용이 '좁은 문'이 되기 때문이다. 불경기가 되면서 남녀를 불문하고 우수한 인재들이 공무원 시험에 몰려들었을 뿐만 아니라, 특히 유능한 여성들은 더욱 갈 곳이 없으니 공무원을 지망하게 된 것이다. 이것은 민간 기업의 여성차별의 효과라고 할 수도 있

---

4 1990년대 도쿄도립 고등학교 입시에서 '남학생 비율'이 있었다는 것이 드러나 문제가 된 적이 있다. 시험 성적만으로 합격을 결정했을 때 여학생 비율이 늘어난다는 이유로 학교 측이 임의로 남학생의 성적을 높게 잡아서 남학생의 비율을 일정하게 유지해왔다는 사실이 당시 도쿄의회에서 질의를 통해 드러났다. 이것을 통해 같은 성적의 아이들을 가진 도쿄 도민들은 딸 부모보다 아들 부모가 우대받는다는(도쿄 도민의 세금으로 운영되는 도쿄도립 학교의 특혜를 받는다는) 성차별로 인정되어 시정되었다.

다. 그중에서도 시 공무원을 지망하는 여성들이 많은 이유는 전근하는 범위가 한정적이기 때문일 것이다. 그리고 응시자의 성비와 합격자의 성비를 비교했을 때 현·정·촌과 시가 서로 반대로 나타난 젠더 비율은 지자체 가운데서도 현·정·촌에 비해 시 쪽이 상대적으로 더 공평한 채용을 하고 있다는 증거로 생각할 수 있다. 뒤집어 생각하면 현·정·촌에서는 유력자의 연줄을 통한 채용이나 남성 우대가 있었음을 의심할 수밖에 없는 데이터라 할 수 있다. 지방에서 공무원은 많은 사람들이 선망하는 특권적인 직업이다. 경기에 영향을 받지 않는 안정된 직장이기 때문이다.

또한 성차별뿐만 아니라 학력 차별도 변함이 없다. 변한 것이 있다면 대학진학률이 50%를 넘으면서 학력 차별이 학교 간 차별로 바뀐 정도일 것이다. 한때 '지정교 제도'라는 것이 있어서 비난의 목소리가 높았다. 채용 담당자가 "우리 회사에서는 입사지원서에 학교명을 쓰지 않는다"는 이야기도 이제는 옛말이 되었다. '지정교 제도'라는 단어는 사라졌지만 그렇게 부를 필요도 없이 노골화되었기 때문이다. 지금의 학생들은 대학의 브랜드에 따라 응시하는 단계에서 이미 구별된다는 사실을 잘 알고 있다. 다만 누구도 그것에 불만을 표시하지 않게 되었을 뿐이다.

기업이 인사 채용에서 위험 부담을 피하기 위해 학력 차별, 학교 간 차별, 성차별을 자행하는 이유는 지금까지 그것을 통해 '성공했던 체험'이 있기 때문이다. 그들은 기업의 체질을 바꿀 생각이 없다. 매우 동질적인 인재들을 모아놓고 입사동기들끼리 기업 안에서 출세 경쟁을 시키며 오래오래 회사에 충성하도록 키우는, 이른바 회사의 사축(社畜)[5]을 그만둘 생각이 없는 것이다. 그래서 신규졸업자 일괄채용이라는 인사제도를 유지할 수밖에 없다.

2010년 정부는 신규졸업자 일괄채용의 폐해를 문제 삼아 경제단체 등에 '졸업 후 3년 동안은 신규졸업자로 취급할 것'을 요청했다. 하지만 정부의 이러한 제안을 진심으로 받아들이기 힘든 이유는, 아무리 기한을 연장하더라도 결국은 '신규졸업자 채용'이라는 규정 자체에는 변함이 없기 때문이다. 게다가 '3년 연장'이 될 경우 1년 전, 2년 전의 졸업자도 취직경쟁에 함께 참가하게 되어 신규졸업자 채용시장의 경쟁은 한층 격화되리라는 것이 쉽게 짐작될 수 있기 때문이다. 이런 사실은 취직활동을 하고 있는 청년들이 가장 잘 알고 있을 것이다.

그러면 의자뺏기 게임에서 승리하면 그 후로는 안정이 기다리고 있을까?

불황 이후의 현실은 정사원의 노동시간이 길어졌다고 보고한다. 일주일에 60시간 이상 일하는 노동자(연간 250일 이상 근무)는 1987년에 16.3%였지만 2007년에는 21.1%로 증가했다.((취업구조 기본조사)에 의함) 거품경제기에 노조는 한때 임금인상보다 노동시간의 단축을 요구하려고 했던 적도 있지만 불황이 시작되자 그런 목소리도 순식간에 사라졌다.

정사원이 되고 나서도 그들이 전혀 행복해 보이지 않는 이유는 엄선된 '장기축적능력 활용형' 정사원들은 피로로 지쳐 쓰러질 때까지

---

5 회사의 가축처럼 일하는 직장인이라는 뜻의 신조어로 직장인들의 현실을 자조하는 표현—옮긴이.

혹독한 노동을 요구받기 때문이다. 거기에 남녀차별은 없다. 나는 종합직 취업에 성공한 여성들 중에 심신이 지쳐 앓은 사람들을 얼마나 많이 봐왔는지 모른다. 남성들 역시 우울증과 과로사라는 환경에 내몰려 있다. 정사원으로 취직했다 해도 그것이 조금도 부러워 보이지 않는 것은 이런 이유 때문이다.

정·관·재계와 노동계의 합작 시나리오

일경련의 보고서는 세 번째의 '고용유연형'을 일회용으로 써도 괜찮다는 것이었다. 장기화된 불황과 격화된 국제경쟁에서 살아남기 위해서는 그럴 수밖에 없다는 것이 이유다. 엔고현상으로 이미 일본 노동자의 임금수준은 국제 수준에서 보더라도 상당히 높은 상태이고 제조업은 일본을 벗어나서 고용의 공동화가 시작되고 있었다.

그래봤자 엔화의 강세 덕분에 받는 혜택은 해외에 나갔을 때 정도다. 세계에서 손꼽히는 고임금 국가라 해도 국내 노동자들은 전혀 실감할 수 없다.

이와 같은 경제계의 방침에 동의한 것은 먼저 정치권과 관료계다. 이렇게 정치권과 관료, 경제계가 일체가 되어 '노동의 빅뱅', 이른바 노동시장의 규제완화를 추진했다. 파견법과 그것의 거듭된 개정은 이 같은 노선을 충실하게 따른 것이었다.

결과적으로 손해를 입은 계층은 청년층과 여성들이다. 대학을 갓 졸업했을 때 취직빙하기에 맞닥뜨렸던 청년들(제2차 베이비붐 세대)은 신규졸업자 채용 시장이 꽁꽁 얼어붙은 탓에 어쩔 수 없이 프리터가 된 후로 다시는 신규졸업자로서 노동시장에 들어갈 수 없어, 이른바 '잃어버린 세대'가 되었다. 사실 기업의 인사 채용은 도저히 장기적인 계획이 있다고는 생각할 수 없을 정도로 즉흥적인 부분이 있었다. 2000년대 접어들어 경기가 다소 상승하면서 신규졸업자 채용이 활발해졌을 때 30대의 중간 연령층이 누락된 불균형적 인적 구성이 된 것은 다 이런 이유 때문이다.

여성들은 청년층보다 훨씬 오래전부터 '고용의 유연화'에 처해 있었다. 여성들은 이미 파트직이나 임시직과 같은 비정규직이 대부분이었다. 여성들은 경기가 나빠지면 '가장 나중에 고용되어 가장 먼저 잘리는' 경기의 조절장치 기능을 담당해왔다. 이른바 '노동력 예비군(reserve army of labor)'인 것이다. 제2차 세계대전이 일어나기 전에는 농촌이, 전쟁이 끝난 후에는 가정이 불황의 압력을 흡수하는 완충제 역할을 해온 것이다.

일회용 노동력 노선에 합의한 또 하나의 주역이 있다. 노동조합이다. 그것도 일본 최대 노동조합의 중앙조직인 일본노동조합총연합회(약칭 연합)다. 연합은 정규직을 확보한 남성 정사원의 남성외벌이형 가구를 유지해온 노동자의 이익집단이다.

일경련의 보고서 제목이 '일본적 경영'이 된 것도 이유가 있었다. '일본적 경영'의 삼종세트에는 기업노조가 포함되어 있었다. '일본적 경영'이란 노조와의 공존공영에 의해서 유지된 것이기 때문이다. 일경련의 보고서는 사전에 노조와 합의했음에 틀림없다.

1990년대 후반, 어느 심포지엄에서 연합의 거물급 인사와 스쳐 지나간 적이 있다. 그는 내가 노조에 비판적이라는 사실을 알고 있어서인지, 나를 보더니 겸연쩍은 얼굴로 이렇게 말했다.

"우에노 씨, 당신도 알고 있겠지만 노동조합이 좀 보수적이라서…."

말하지 않아도 잘 안다. 연합은 남성 정규직의 기득권을 지키는 선택을 했다. 불황기에는 여성과 청년층을 잘라버리는 희생을 바탕으로. 이를 노사협조라고 한다.

그러나 노조가 노사협조 노선을 선택한 것은 고도성장기 이후라는 사실을 기억할 필요가 있다. 그 전까지는 '투쟁하는 노동조합'일 때도 있었다. 1989년에 총평, 이른바 일본노동조합총평의회가 연합에 합류하기 위해 해산했을 때 나는 생각했다. 이것으로 일본의 노동조합 운동의 역사는 끝났다고. 그런 연합이 현 민주당의 핵심 지지층이니 민주당의 보수적 성향은 미루어 짐작할 수 있을 것이다.

'새로운 시대의 일본적 경영'은 정치권과 관료, 경제계에 더해서 노동계의 합의까지 얻어낸 정책 시나리오였다. 이후로 노동의 규제 완화가 가속화되었음은 주지의 사실이다.

왜 청년실업률이 높은가

노동계가 경제계에 협조하는 길을 선택한 데에는 역사적인 이유가 있다.

그것을 설명하기 위해서는 마르크스의 예측이 틀렸다는 것을 말해야 한다. 갑자기 마르크스를 언급해서 놀라운가. 마르크스의 이론에는 여전히 유효한 것도 있고 낡아서 설득력을 잃은 것도 있다. 무조건적으로 맹신하기보다는 효율적으로 이용하면 될 것이다.

마르크스는 근대화는 곧 산업화이고, 산업화란 농촌을 벗어난 농민들이 도시의 임금노동자가 되어가는 과정이라고 생각했다. 토지에 얽매이지 않으며 노동력 말고는 팔 것이 없는 이들을 '자유로운 노동자'라고 불렀다. 이들 중에서 한 사람의 임금으로 가족 전부를 부양할 수 있을 만큼의 급여(가족수당: family wage)를 확보할 수 있는 특권적인 고용자가 나타난다. 그것이 한 집안의 가장, 혹은 '빵을 벌어오는 사람(breadwinner)'이다. 이렇게 자신과 가족의 생활을 유지할 만큼의 급여를 받는 고용자를 정규직이라 불러왔다. 그 수준이 어느 정도인지, 일주일에 몇 시간 노동해야 하는지에 대해서는 역사적으로 각 사회의 '건강하고 문화적인' 생활수준과 노사협의를 통해서 결정된다.

마르크스는 산업화가 지속적으로 진행되면 세상의 모든 사람은 임금노동자가 된다고 예측했다. 자신의 시간을 팔아서 임금을 받는 노동자다. 그래서 농업 인구의 비율이 높고 상공업자의 인구가 많은 사회는 산업화에 뒤처진 사회라고 판단했다.

이에 이의를 제기한 이는 마르크스의 후계자를 자임하는 이매뉴얼 월러스틴이라는 사회학자이다. 이매뉴얼은 저서 『근대세계체제』(1974)에서 세계는 국제분업이 이루어지고 있는데 그것을 크게 핵심부, 반주변부, 주변부로 나뉜다고 쓰고 있다. 외벌이로 가정을 유지할 만큼의 급여를 확보할 수 있는 노동자(세대주 노동자)는 핵심부의 특권적 존재이며, 그 고용의 파이는 사회적 희소재로서 앞으로 늘어나지는 않을 것이라고 예측했다. 그 대신에 반주변부와 주변부에는 현물경제와 화폐경제 양쪽에 의존하는 노동자와 시장 바깥의 노동에 종사하는 노동자(주부도 여기에 속한다)가 계속해서 남게 될 것이라고 했다.

그의 예측은 적중했다.

산업화가 진전된 선진국에서는 고용의 파이가 더 이상 확대되지 않거나 축소되었다. 유아사 마코토의 표현을 빌리자면 '의자뺏기 게임'에서 의자의 개수가 줄어든 것이다. 선진국에서 노동조합이 강한 사회에는 일반적으로 노동자에게 '선임자 특권(seniority privileges)'이라는 것이 있다. 마치 선착순처럼, 이미 고용된 나이 많은 노동자를 해고하기가 어렵기 때문에 신규채용을 회피하게 되는 것이다. 그 결과 청년실업률은 높아진다. 구조조정 이후에 장기적으로 유럽의 선진국들이 경험하고 있는 만성적인 높은 청년실업률 사회의 시작이다. 그것이 신자유주의 개혁 때문이라는 것은 두말할 필요도 없다. 유럽의 청년실업률은 두 자릿수를 넘고 일부에서는 30%에 가깝다. 최근의 데이터를 보면 스페인에서는 50.5%까지 높아졌다. (도표 3-2)

국제적으로도 정규직의 파이는 거의 모든 사회에서 축소되는 경향

도표 3-2 **EU 국가들의 청년(25세 이하)실업률(%)**

	2011년 2월	2011년 12월	2012년 1월	2012년 2월
EU 가맹 27개국 평균	21.0	22.1	22.3	22.4
독일	8.9	8.3	8.2	8.2
그리스	39.5	50.4	-	-
스페인	44.4	49.3	49.9	50.5
프랑스	23.5	22.6	22.1	21.7
이탈리아	27.8	30.7	31.0	31.9
포르투갈	26.9	35.0	35.1	35.4
영국	20.1	22.2	-	-

출처: EU 통계국

을 보인다. 그러한 바탕 위에서 노동의 유연화, 바꾸어 말하면 비정
규직화는 지속적으로 강화되었다. 일본도 예외가 아니었을 뿐이다.
그러나 차이는 정치가 비정규직의 증가에 대처하는 사회보장제도를
얼마나 준비했는지에 따라 생겨난다.

'격차, 격차'가 문제라고

일본에서도 신자유주의 개혁을 통해 비정규직의 수가 증가했다.
비정규직 노동자의 비율 데이터를 살펴보자. (도표 3-3)

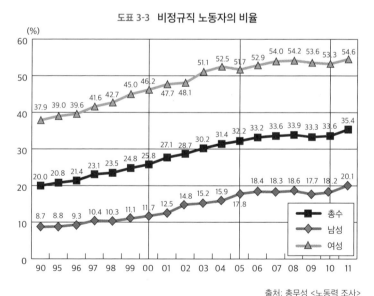

도표 3-3 **비정규직 노동자의 비율**

출처: 총무성 <노동력 조사>

주의: 비정규직 노동자란 임원을 제외한 고용자 중에서 정규직의 직원 및 종업원을 제외한 노동자

노동자 전체에서 비정규직 노동자가 차지하는 비율은 2011년에 35.4%(동일본 대지진의 영향을 받은 이와테현과 미야기현, 후쿠시마현은 제외)로 1990년대부터 거의 일관되게 증가하고 있다. 그중에서도 남성 20.1%에 비해 여성은 대략 2.7배에 해당하는 54.6%로 높은 비율을 보이고 있다. 여성만으로 좁혀서 보면 불황이 시작된 1990년대 초반에는 여성 노동자 중에서 비정규직 노동자의 비율은 대략 셋 중의 한 명꼴이었다. 그랬던 것이 10년이 지나 2000년대가 되면서는 대략 둘 중에 한 명이 비정규직이 되었다. 이 시기에 여성 노동자가 지속적으로 증가하는 추세였는데 그 대부분이 비정규직 노동자였음을 알 수 있다.

불황이 계속된 10년 동안 비정규직 노동자는 수적으로만이 아니라 질적으로도 변화했다. 1990년대 초반의 비정규직 노동자는 대부분 기혼의 중고년 여성이 주류였지만 이후로 증가한 비정규직 노동자는 대부분 미혼의 젊은 여성들이었다. 요컨대 불황이 시작된 이후로 젊은 여성들은 학교를 졸업하고 진입한 노동시장에서 처음부터 비정규직 노동자로 채용된 것이다. 파견직, 계약직, 임시직 같은 일자리가 그것이었다.

일본에서 정규직과 비정규직의 노동 조건에는 큰 격차가 있다는 사실은 잘 알려져 있다. 비정규직의 임금은 정규직 임금의 절반에서 3분의 1 정도라는 말까지 있다. 지금까지는 프리터나 아르바이트 같은 비정규직은 정규직을 얻을 때까지 잠시 거쳐 가는 일자리라고 생각하는 경향이 있었다. 그러나 그것이 일시적인 것이 아니라 고정화되어갔다. 그리고 젊었을 때는 드러나지 않았던 노동 조건의 격차가 연령이 높아지면서 확대되어간다. 35세가 넘으면 '청년층'이라는 말로 불리지도 않는다. 후생성에서 니트족이나 프리터로 인정하는 연령은 34세까지다. 그 시기가 지나면 그냥 단순히 실업자이거나 가난뱅이인 것이다.

신자유주의 개혁이 진행되면서 '격차'의 문제가 도마 위에 올랐다. 먼저 '격차, 격차'가 문제라고 소리치기 시작한 것은 미디어와 정치권이었다. 고이즈미 정권의 개혁이 마치 모든 악의 근원인 것처럼 여겨졌지만, 신자유주의 개혁 자체는 앞서 서술했듯이 고이즈미 정권보다 훨씬 이전부터 시작된 일이었다. 그럼에도 격차를 비판하는 사람들이 신자유주의 개혁과 별반 차이가 없는 정책에 지지를 보낸다는 것은 참으로 기묘하다.

격차 문제가 소리 높여 주장되었을 때 나는 개인적으로 화가 치미는 심정이었다.

그들이 말하는 격차는 도대체 누구와 누구 사이의 격차를 말하는가? 남성들 사이의 격차, 그것도 고학력 남성들 사이의 격차가 생겼기 때문에 비로소 격차가 문제된 것 아닌가? 광고카피처럼 '도쿄대학 출신도 노숙자가 될 수 있는 시대'가 되었기 때문에 미디어와 정치권—이른바 꼰대 사회의 별칭—이 더 큰 소리로 격차가 문제라고 외치기 시작한 것은 아닌가?

미디어나 정치권은 남성들 간에 학력 격차가 있었을 때도 남녀 격차가 존재했을 때도 '격차가 문제'라고 말하지 않았다. 1960년대까지 일본은 학력 격차가 몹시 큰 사회였다. 1968년 연쇄 총기사살 사건으로 세간을 떠들썩하게 했다가 사형판결을 받았던 나가야마 노리오(1997년에 사형 집행)는 1960년대에 중학교를 졸업하고 집단 취직으로 일을 시작한 사람들 중의 한 사람이었다. 이들은 지방에서 중학교를 졸업하고 집단 취직의 열차를 타고 도시의 맨 밑바닥 노동시장에 투입된 뒤에 여러 직업을 전전하다가 어떻게 살아가는지 파악이 되지 않는 경우가 많았다. 그때도 빈곤이나 학력, 가정파괴는 문제시되었지만 그 누구도 격차가 문제라고 말하지 않았다. 학력 격차는 당연한 것이라고 여겨졌기 때문이다.

그리고 남녀 격차도 마찬가지였다. 세간에서 격차가 문제로 대두되었을 때 여성학자들은 생각했다. '우리는 20년 전부터 똑같은 주장을 해왔지만 아무도 주의 깊게 들으려 하지 않았다'고. 왜 그랬을까? 미디어나 정치권에서 남녀 간에 격차가 존재하는 것은 당연한 것이라고 생각했고 아무도 그것을 문제라고 생각하지 않았기 때문이다.

일본에서 남녀 간의 임금격차는 2008년에 남성을 100으로 봤을 때 여성은 69.3에 지나지 않는다. OECD 국가들의 남녀 간 임금격차를 살펴보면 스웨덴이 84.6, 프랑스는 88에 가깝다. 그에 비하면 일본의 남녀 임금은 격차가 크다. 더욱이 UN여성차별철폐조약을 비준한 후에도 오랫동안 격차가 좁혀지지 않고 있어 다른 국가들에 비해 매우 심각한 상황에 놓여 있다.

남녀 간의 임금격차는 가장 알기 쉬운 성차별 지표다. 그것이 개선되지 않았다는 것은 최근 30년 동안 일본의 여성이 처한 사회적 상황도 개선되지 않았음을 의미한다. 가장 큰 이유는 여성들의 대부분이 비정규직 고용 상태에 놓여 있기 때문이다.

정규직 회사원 남편과 비정규직 파트타임 아내의 커플을 나는 '계급이 다른 커플'이라고 불러왔다. 연수입 800만 엔의 남편과 연수입 100만 엔 정도의 아내는 '계급이 다르기' 때문이다. 2000년대 들어서 어느 경제학자가 부부간의 경제 격차가 문제라고 지적하는 것을 보고 이제야 그것을 깨달았나 하고 놀랍게 생각한 적이 있다.

사회학의 계층 연구에서는 아내의 귀속계층을 남편과 같은 것으로 간주한다. 아내들도 같은 생각인 듯하지만 가구 단위가 아닌 개인 단위로 본다면 아내들은 분명히 빈곤층에 속한다.

경제 계층을 판단할 때 가구를 단위로 할 것인지 개인을 단위로 할 것인지는 논쟁의 핵심이다. 실제의 귀속계층과 귀속계층에 대한 의식은 분명히 다르다. 아내들이 어떻게 생각하든 그것이 '허위의식'이라는 사실은 이혼과 동시에 명백해진다. 이혼을 하는 순간 대부분의 아내들은 빈곤층 이하로 떨어지기 때문이다. 이혼을 하면 남편의 생활수준은 높아지고 아내의 생활수준은 떨어진다고 하는 미국의 데이터가 있다. 남편과의 관계에 문제가 없을 때에만, 그것도 가정폭력이나 학대를 참아야만 유지되는 경제 계층이라면 도대체 무슨 의미가 있을까?

실제로 이혼한 싱글맘의 연평균 수입은 2백만 엔대다. 그것도 투잡에 쓰리잡을 뛰면서 부양가족이 딸린 상태에서 얻는 연수입이다. 격차 문제가 사회적으로 이슈가 되어서야 비로소 싱글맘의 빈곤문제도 사회적인 문제가 되었다. '격차'를 외치던 캠페인이 의도치 않았던 효과 중의 하나였다.

여성 간의 격차, 여여격차

신자유주의 개혁은 남성 간의 격차, 남녀 간의 격차를 확대·고정화시켰는데 그와 함께 여성 간의 격차, 이른바 '여여격차'도 초래했다.

'여여격차'라는 말을 일본에서 처음으로 사용한 사람은 오쿠타니 레이코이다.[6] 1990년대 초반이라는 상당히 이른 시기다. 나중에 다치바나키 도시아키가 『여여격차』[7](동양경제신보사 2008)라는 책을 썼지만 그것은 훨씬 이후의 일이다.

오쿠타니는 '여여격차'도 괜찮다고 하는 신자유주의자이다. 그녀 역시 규제완화라는 흐름을 타고 파견 회사를 창업한 여성 경영자이다. 모든 사람들이 입을 모아 격차를 비판할 때도 자신의 지론을 꺾지 않은 일종의 확신범이기도 하다. 남성 경영자들 중에는 오쿠타니의 팬들이 많아 경제동우회의 첫 여성회원으로 추천되기도 했다.

규제가 완화되면서 여성에게도 격차가 생길 수 있는 기회가 찾아왔다. 그 전까지 여성들은 하나의 집단으로 묶여 차별받았지만 신자유주의 덕분에 '기회균등'의 경쟁에 참여할 수 있게 되었다. 그러면서 여성들 사이에서도 승자와 패자가 생겨난 것이다. 여성들도 한 묶음으로 취급되지 않게 되었다.

그래서 결혼해서 주부가 되는 것도 하나의 선택이라고 여겨지게 되었다. 과거에는 결혼하면 그저 가정주부가 되는 것이 여성들의 일반적인 코스였지만 여성들에게도 선택지가 다양해졌기 때문에 결혼하는 사람과 결혼하지 않는 사람, 결혼해서도 일을 계속하는 사람과 일을 그만두는 사람, 풀타임으로 일하는 사람과 파트타임이나 파견

---

6 우에노 지즈코 편저 『리스키 비즈니스-여성과 자본주의의 위험한 관계』(가쿠요서방 1994).

7 한국에서는 『격차사회』(2013)로 출간됨―옮긴이.

직으로 일하는 사람 등등 여성들의 선택지가 다양해졌다.

사회학의 개념 중에 '상대적 박탈감(relative deprivation)'이라는 것이 있다. 모두가 다 같을 경우에는 불행도 견딜 수 있지만 격차가 생겨서 타인과 자신의 처지를 비교하게 되면 비교 대상으로 선택한 상대(준거집단)에게 강한 박탈감을 느낀다는 이론이다.

균등법이 만들어지고 나서 1980년대 후반쯤 젊은 관료가 나에게 했던 말을 잊을 수가 없다.

"우에노 씨의 이야기를 듣고 나서야 제 아내가 어떤 고통을 느끼는지 알게 되었어요."

30대의 고학력 전업주부인 그의 아내는 자신의 친구들에게 상대적 박탈감을 느낀 듯했다. '외국계 회사에서 멋지게 일하는 케이코', '관청에서 실장이 된 나츠미'가 그의 아내를 괴롭혔을 것이다. 그러나 이와 같은 상대적 박탈감은 '기회균등'이라는 혜택을 받지 못한 세대의 여성들은 맛보지 못했던, 아니 맛볼 필요도 없었던 감정이었다.

고용기회균등법의 아이러니

다시 한 번 고용기회균등법의 역사적 평가에 대해 살펴보기로 하자. 균등법의 가장 큰 아이러니는 비정규직의 증가, 다시 말하면 법률은 만들어졌으나 그 법률의 적용 대상이 되지 않는 여성 노동자들만 증가했다는 사실이다.

"법률이 만들어졌지만 나하고는 상관이 없어."라고 말하는 여성들이다.

육아휴직법에 대해서도 똑같이 말할 수 있다.

육아휴직법은 어떤 효과가 있었을까?

육아휴직법이 만들어진 지 20년이 지났다. 역사적 평가를 해도 좋을 만큼 긴 시간이 지났건만 데이터는 아직 그렇지 않다고 말한다. 여성 노동자들의 임신과 출산으로 인한 퇴직률은 꽤 오랫동안 70%에서 60%대를 유지하고 있다. 최근에 50%로 떨어지긴 했지만 이것은 경기 불황의 영향 때문일 것이다. 1980년대부터 거의 변화를 보이지 않는 수치다. 육아휴직법이 제정되기 전과 후의 출산퇴직률에 변화가 없다면, 출산 후의 육아 때문에 직장을 그만두지 않아도 된다는 정책이념을 근거로 만들어진 육아휴직법은 효과가 없었다고 판정할 수밖에 없다.

그렇다면 육아휴직법은 왜 만들어졌을까?

육아휴직법이 만들어지기 전의 여성들은 출산을 하면 퇴직하는 것 외에 방법이 없었다. 하지만 육아휴직법이 만들어진 지금도 일보다는 육아를 우선시하는 여성이 많다는 것은 여성의 태도가 변화하지 않았다는 것으로 판단해도 되는 것일까? 일리 있는 주장이라고 할 수 있지만 그것만이 이유는 아니다.

가장 큰 이유는 출산연령에 도달한 여성들의 대부분이 늘어난 비정규직 상태에 놓여 있기 때문이다. 육아휴직법은 파트타임이나 파견직과 같은 비정규직 여성들에게는 적용되지 않는 법률이다. 임신을 확인하는 순간 일을 그만둘 수밖에 없는 것이 비정규직의 현실이다. 출산휴가나 육아휴직은 꿈도 못 꿀 일이다. 더욱이 비정규직이라는 고용 구분은 응시할 당시 본인이 스스로 선택했기 때문에 '차별'

이라는 말조차 꺼낼 수 없다. 1945년 이후로 일본의 여성 노동자들이 투쟁으로 얻어낸 '임신과 출산으로 인한 해고 금지'는 이미 오래전에 유명무실이 된 상황이다.

애초에 비정규직을 선택한 것은 자기결정이다, 그렇다면 결과에도 자기책임이 따르는 게 당연하지 않는가? 과연 이렇게 단정적으로 말할 수 있을까?

비정규직 여성뿐만이 아니라 남녀 구분 없이 이 시기의 비정규직 고용이 과연 '자기결정'의 결과였는지 그에 관해서는 차차 이야기하도록 하겠다.

4장

신자유주의와 저출산

신자유주의가 야기한 저출산

신자유주의 개혁이 여성과 청년층을 '일회용' 노동력으로 만드는 데 강력한 동의의 사인을 보냈다는 사실은 3장에서 이야기했다. 그러나 예상치 못했던 결과가 나타났다. 비혼과 저출산 현상이 예상보다도 훨씬 더 심각한 상황에 이른 것이다.

정치권과 관료, 경제계에서는 1989년의 출생률 1.57쇼크로 인해 적극적으로 저출산 대책을 세우기 시작했다는 사실은 1장에서 서술했다. 그러나 그 대책은 효과가 전혀 없었을 뿐더러, 출생률 감소는 멈추지 않고 급기야 2005년에는 1.26으로 세계에서 가장 낮은 수준으로 떨어졌다. 이 시기에 비슷하게 출생률이 낮은 나라로는 스페인과 이탈리아, 그리고 한국 정도다. 이후로 1.39 수준을 유지하다가 2012년 1.41로 잠시 회복세를 보이는가 싶지만 그것도 일시적 현상일 뿐 앞으로 출생률이 높아질 것이라고 전망하기는 어려운 상황이다.

어찌 보면 당연한 결과다. 경기 불황이 아이를 낳을 연령의 남녀에게 직격탄을 가했기 때문이다.

여성과 청년층의 노동을 일회용으로 만든 것은 국제화 흐름 속에서 지나치게 높아진 일본의 인건비를 억제하고자 하는 단발성 효과를 바랐기 때문이었다. 합리화를 위해 사용자 측은 임금체계에까지 손을 대려고 시도했다. 경직성이 높은 여타 경비들에 비해 임금은 비교적 간편하게 손대기 쉬운 비용이라 할 수 있다. 사용자 측은 노조의 저항이 예측되는 기득권층 노동자의 임금은 그대로 유지하면서 아직 노동시장에 들어오지 않은 청년층의 임금과 노동 조건을 연달아 수정하기 시작했다.

일반적으로 사용자가 노동력을 구매할 때는 노동력을 재생산할 수 있는 비용도 부담해야 한다. 쉽게 말하면 먹고 자고, 그리고 다음날 다시 일하기에 충분할 정도의 임금을 지불해야 한다는 의미다. 그것이 '지속가능한' 노동력의 재생산 비용이다. 재생산 비용이라는 말이 전제로 하는 것은 그 사회에서 '제대로 된 생활'이라고 평가할 만한 생활수준이라는 것의 존재다. 대기업에 근무하는 사람이라면 처자식을 부양하면서 자녀를 상급 학교에 진학시키고, 정년퇴직과 함께 대출 상환이 끝나는 내 집이 남는 정도가 그 생활수준이라 할 수 있겠다.

이와 달리 '일회용'이란 노동력 재생산에 사용자가 책임을 지지 않아도 되는 것을 말한다. 일회용 노동력의 대상으로 여성과 청년층이 선택된 데에는 나름의 이유가 있다. 여성에게는 남편이라는 인프라가 있으며, 청년층에게는 부모라는 인프라가 있기 때문에 (더 정확히는 있다고 여겨졌기 때문에) 임금이 재생산 비용보다 낮아도 괜찮고, 아무 때나 해고해도 생활이 곤궁해지지 않을 것이라고 예상되었던 것이다. 이렇게 봤을 때 신자유주의는 일본적 가족제도에 의존한 측면

이 매우 크다.

노동시장은 노동자 개인을 재생산할 부담뿐만 아니라 노동인구 자체의 재생산, 다시 말하면 다음 세대의 노동력 조달에도 책임을 져야 한다. 임금을 억제함으로써 기업은 단기간의 이익을 얻었을지 모르지만 그러는 사이 저출산 현상은 더욱 심각해져서 아이들의 숫자가 놀랄 만큼 줄어들었다. 20년만 지나면 그 반사효과가 나타날 것이다. 장기적으로 노동시장에 문제가 발생하리라는 것은 쉽게 예상된다. 정부와 경제계가 서둘러 저출산 대책을 논의하기 시작한 것은 바로 이 때문이다.

만혼에서 비혼으로

출생률이 떨어지는 요인으로 세 가지가 있다. 첫째는 결혼율 저하, 둘째는 결혼 내 출생률 저하, 셋째는 혼외출생률 저하이다.[1]

일본에서 출생률이 떨어지는 원인은 낮은 결혼율 때문이라고 하는데 이것은 저출산 현상을 겪는 다른 선진국들과는 크게 다른 부분이다. 다른 선진국에서는 결혼율이 낮아지면서 생기는 출생률 감소 부분을 혼외의 출생률 상승이 보완해주는데 일본에서는 그런 일이 일어나지 않기 때문이다.

---

1 결혼 내 출생률은 유배우 출생률, 혼외출생률은 혼외자 출생률이라고도 불린다.

더 자세히 들여다보면 이렇다.

일본의 결혼율 감소는 우선 늦은 결혼, 즉 만혼 때문에 생겨난 것이었다. 초혼의 평균 연령이 2011년 남성은 대략 30세, 여성은 29세였다. 과거 단카이 세대[2]의 '여자는 크리스마스 케이크'라는 식의 불쾌한 농담처럼 스물넷까지는 팔리지만 스물다섯을 넘기면 값이 떨어진다는 허무맹랑한 이야기가 통용되던 시절에 비하면 큰 변화이다. 사실 늦은 결혼이 늘어나고 있을 때도 정부와 경제계에서는 그다지 걱정하는 분위기가 아니었다. 일본의 젊은이들은 결국 결혼을 할 것이고 그러면 반드시 아이를 둘쯤은 낳아줄 것이라고 기대했기 때문이다. 실제로 결혼한 커플들의 출생률은 오랫동안 2.0에 가까운 수치를 유지하고 있어서 '결혼하면 두 아이의 엄마'라는 말은 틀린 말이 아니었다.

그러다 늦은 결혼이 아예 결혼을 하지 않는 비혼으로 변화해갔다. 이른바 루저와 동의어라 할 수 있는 '마케이누(負け犬)' 세대인 사카이 준코가 비혼의 선구자였다. '마케이누'라는 말은 싸움에서 패배한 개라는 의미로 사카이 준코가 만들어낸 유행어다. 그녀의 베스트셀러 『마케이누의 절규』(강담사 2003, 한국어판 『결혼의 재발견』 2005)에 등장하는데 '남편도 없고 아이도 없는 30대 이상'의 여성들을 가리키는 말이다. 사카이 준코는 그 이전에 출판했던 『저출산』(강담사 2000)에서 여성들이 아이를 낳지 않는 이유는 '아프기 때문'이라고 하는 이

---

2 1947~1949년에 출생한 1차 베이비붐 세대─옮긴이.

야기를 노골적으로 던졌다. 출산의 고통은 아이의 탄생과 함께 말끔히 사라진다는 '모성신화'가 통용되던 시절에 이 같은 여성의 '리얼 토크'를 일본 사회에 툭하고 던진 것이다.

사카이 준코는 40세를 눈앞에 두고『슬라이딩, 세이프?』(강담사 2007)라는 책도 썼는데 여기서 말하는 '슬라이딩'이란 당연히 결혼에 대한 비유다. '결혼적령기'의 기간이 늘어나면서 이른바 여성의 '유통기한'이라는 것도 함께 연장되었다. '유통기한'에는 출산의 가능성도 포함된다.

사카이 준코는 1966년생이다. 이 세대의 생애비혼율은 여성이 10%, 남성이 15%를 넘을 거라고 예상된다. 여기서 말하는 생애비혼율이란 50세 시기의 미혼율을 가리킨다. 50세를 넘기면 결혼할 확률이 현격히 떨어지기 때문이라고 하는데 얼마 전까지만 해도 40세 시기의 미혼율을 가리키는 용어이기도 했다. 용어가 의미하는 내용의 변화에서 일본 남녀의 결혼을 소원하는 인구통계자들의 숨은 의도가 느껴진다. 40대는 아직 결혼의 가능성은 물론 출산의 가능성도 있다고 생각하고 싶은 것이다.

'여자는 크리스마스 케이크'라는 말을 대신해서 등장한 것이 '섣달 그믐날' 신화다. 서른까지는 주변에서 남자도 소개해주고 만나보라는 이야기를 해주지만 서른한 살만 돼도 그런 이야기가 뚝 끊긴다는 의미다. 늦은 결혼의 흐름에 맞추어 '결혼적령기'의 기간도 연장되었지만 유감스럽게도 여성에게는 생체시계라는 것이 존재한다. 이른바 출산적령기다. 당시 후생성은 서른을 넘긴 임신은 출산 위험률이 높다고 해서 모자보건수첩에 '높음'이라는 도장을 찍어서 산모에게 주의를 당부했다. 잘 알다시피 여성의 난자는 태아기에 체내에서 만들어진 후 평생 동안 늘어나지는 않는다. 배란기에 난자는 차례대로 난소에서 자궁으로 보내져 수정을 기다리게 된다. 그렇기 때문에 고령의 임신일 경우는 난자 자체가 노화되어 있다고 볼 수 있다. 고령의 초산일 경우는 유산이나 난산의 위험뿐 아니라 태어나는 아이도 다운증후군과 같은 장애를 가질 확률이 높다고 한다. 그러던 것이 어느 때부턴가 '높음'의 대상이 30세 이상에서 35세 이상으로 높아졌고 요즘은 그것마저 언급되지 않는다. 뿐만 아니라 생식에 관한 기술의 발전 덕분에 나이가 몇이든 생리만 계속하면 출산이 가능하다[3]고(물론 이론상으로는 맞는 이야기이지만) 하면서 그에 따른 위험에 관해서는 크게 강조하지 않게 되었다. 늦은 결혼이 결혼 내의 출생률에 영향을 미친다는 사실을 잘 알고 있었기 때문에 아무리 늦은 결혼이라도 아이는 꼭 낳아주길 바라는 기대감이 이런 변화된 논리들 속에 숨어 있다. 그런데 요즘 다시 난자 노화설이나 출산적령기에 대한 이야기가 거론되고 있고, 나중에 그만두기는 했지만 정부가 '여성수첩'이라는 것을 제안하는 등, 여성의 올바른 임신과 출산에 관한 지식을 홍보하겠다는 캠페인을 벌이고 있다. 도저히 효과가 있을 것 같지는 않다. 고령 출산의 위험을 강조하면 할수록 오히려 늦은 출산을 더 망설이게 할 뿐이다.

---

3 폐경 후에는 타인에게 난자를 받아 수정시킨 다음 다시 자궁 안으로 돌려보내 임신해서 출산한 경우도 있다.

속도위반 결혼의 증가

출생률 저하의 두 번째 요인이라 할 수 있는 결혼 내의 출생률 감소는 1950년대 평균 출생률이 다섯 명대에서 두 명대로 급강하된 다음 오랫동안 2.0에 가까운 수치를 유지하고 있다. 인구가 늘지도 줄지도 않고 유지되는 '인구치환 수준'은 합계출산율이 2.07일 때 가능하다. 대부분의 남녀가 결혼을 하는 전원 결혼사회일 경우 결혼한 부부가 아이를 둘 또는 셋 이상을 낳아주어야만 인구가 유지되는 것이다. 일본에서는 딩크족(Double Income No Kids)이라 불리는 아이를 낳지 않는 부부가 늘어나는 추세가 거의 없고 결혼을 하면 대부분은 아이를 낳는다. 오히려 아이 낳기가 남녀가 결혼을 하는 계기가 될 정도다. 그래서 늦은 결혼과 함께 '속도위반 결혼'의 비율도 높아졌다.

국립 사회보장·인구문제 연구소가 결혼할 때 신부가 임신했을 확률을 공표하기 시작한 것은 1990년대부터였던 듯하다. 신혼부부의 아홉 쌍 중 한 쌍이 '속도위반 결혼'이라는 데이터를 처음 봤을 때 '그런 사생활을 도대체 어떻게 데이터로 만들었을까?' 하고 신기하게 생각했던 기억이 있다. 아마도 혼인신고 날짜와 첫아이의 출생신고 날짜를 계산해서 추정한 것이겠지만 그렇다 하더라도 그런 개인적인 정보를 어떤 방식으로 입수할 수 있었는지는 수수께끼다. 어쨌든 '속도위반 결혼'은 지속적으로 상승해서 2009년엔 네 쌍에 한 쌍이 속도위반 결혼이라고 했다. 신부가 임신을 한 상황이라면 버진은 아닐 것이다. '버진도 아닌 주제에 버진로드를 걷지 말라!'라는 딴죽을 걸고 싶은 마음이 굴뚝같지만 그만큼 혼전성관계가 평범한 일이 된 것이다.

일본에서의 결혼은 사랑하는 두 사람이 함께 살고 싶어서 하는 것이라기보다는, 오히려 아이를 낳고 가족을 만들고 싶다는 동기에서 이루어지는 경우가 많은 듯하다. 그리고 결혼과 출산이 강한 연결고리를 가지고 있다는(과도하게 연결되어 있다는) 점이 일본의 저출산 현상을 가져왔다고 생각된다.

만혼이 비혼으로 바뀌면서 결혼율이 떨어지면 결혼 건수는 감소한다. 그렇지 않아도 청년 인구가 줄어들고 있는데 결혼 건수가 줄어들면 제아무리 결혼 내의 출생률이 변함없이 유지되고 있다고 해도 〈출생수=결혼 건수×결혼 내의 출생률〉이라는 공식을 감안한다면 인구의 감소는 쉬운 예측이다.

그래서 각 지자체와 정부는 저출산 대책의 하나로서 결혼율을 높이고자 전력투구하는 모양새다. 지자체가 개입해서 독신 남녀의 소개팅을 주선하거나 급기야는 해외원정 맞선 투어까지 기획하고 있는 실정이다. 지자체의 세금이 '결혼활동'에 사용되고 있는 상황이다. 결혼을 하기만 하면 확실히 아이를 낳아줄 거라는 기대감이 있기 때문에 가능한 일이다.

혼외자 출생률의 수수께끼

그러나 똑같이 출생률 저하를 경험한 여러 선진국들의 사정은 일본과 차이를 보인다. 이른바 성숙사회에 돌입한 OECD 국가들의 출생률은 대부분 인구치환 수준인 2.07을 밑도는 저출산 사회이다. 이 국가들을 출생률 1.8 이상의 상위권 국가(스웨덴, 프랑스)와, 1.5 전후의 중위권 국가(스위스, 독일), 1.3 전후로 낮은 하위권 국가(이탈리아, 스페인)로 분류했을 때 일본은 하위권 국가에 속한다.

출생률 상위권 국가와 하위권 국가를 구분 짓는 가장 큰 특징은 상위권 국가에서는 혼외 출생률이 상당히 높다는 것이다. 참고로 2010년 데이터를 살펴보면 스웨덴에서는 신생아의 둘 중 한 명이, 독일에서는 신생아의 셋 중 한 명이 혼외자다. 프랑스는 1990년까지 셋 중 한 명이었는데 급속한 증가를 보이면서 2006년에는 신생아의 50% 이상이 혼외자다. 다시 말하면 이들 국가에서는 결혼율 감소와 결혼 내의 출생률 저하로 발생하는 출생수의 감소를 혼외 출생률로 보완하고 있는 셈이다.

만혼과 비혼은 비단 일본만이 겪는 현상이 아니다. 결혼율 저하는 많은 국가들에서 일어나고 있는 현상이다. 단, 결혼을 법률혼으로 한정했을 때만 그렇다. 대다수 유럽의 젊은이들은 법률혼으로 들어가기 전에 동거를 시작한다. 이른바 사실혼으로서 프랑스어로는 '자유로운 결합(union libre)'이라 불리는 방식이다. 실제로 동거를 시작하는 시기와 법률적으로 결혼을 신고하는 시기 사이에는 시차가 있다. 법률혼으로 한정해서 보면 만혼 현상이 일어나고는 있지만 동거의 시작을 결혼의 시작으로 정의했을 경우에는 첫 결혼의 연령이 높아지지 않았다고 하는 데이터도 있다.

동거에서 법률혼으로 이행하는 계기는 보통 임신과 출산이라고 하는데 그것마저도 결혼의 이유가 되지 않는 경우도 늘고 있다. 결혼을 하지 않고 싱글맘이 되더라도 크게 곤란한 점이 없기 때문이다. 오히려 스웨덴의 경우는 공영주택의 입주 우선권이나 보육 시설의 입소 우선권 같은 싱글맘 우대책까지 있는 마당에 결혼이 꼭 유리하다고

만 할 수 없는 상황에까지 이르렀다. 물론 그렇게 된 배경에는 여성의 경제력 상승이 커다란 영향을 미쳤다고 할 수 있다.

일본에서 사실혼이 늘지 않는 이유

결혼의 커다란 동기 중의 하나는 지속적인 섹스파트너의 확보다. 그렇기 때문에 섹스하고 싶은 커플이 함께 살고 싶다고 생각하는 것은 자연스러운 일이다.

동거를 시작하고 섹스를 하면 임신할 가능성이 있다. 피임을 하더라도 임신의 확률은 높아진다. 그러니 임신을 해도 괜찮다고 생각하는 커플이 동거를 시작한다고 해도 좋을 것이다. 그런 사실혼에서 아이가 태어나는 것이다. 이른바 혼외자이다.

일본의 결혼율이 도통 상승할 기미가 안 보이기 때문에 법률혼이 아닌 사실혼의 비율을 국제적으로 비교하는 게 더 유의미하다고 생각하는 사람들이 있다. 그들 덕분에 동거율에 관한 국제적 비교 데이터가 존재하는데, 그 데이터를 보면 북유럽을 중심으로 한 유럽에서는 동거율이 현저히 높아서 50% 이상의 기혼 커플이 동거를 거친 후에 법률혼으로 이행한다는 사실을 알 수 있다. 그와 달리 일본에서는 그 비율이 2~3%로 매우 낮다. 단카이 세대가 젊었던 시절에는 우에무라 가즈오의 명작 만화 『동거시절』이나 가구야히메의 〈간다가와〉 같은 노래가 대표하듯이 남녀의 동거가 일종의 유행이었다. 그 후 일본의 젊은이들 사이에서 동거하는 커플이 늘어날 것이라고 예상했지만 예상은 보기 좋게 빗나갔다. 오히려 젊은이들의 결혼관이 보수적으로 변한 것이다.

일본의 결혼에 관련된 의문점은 사실혼이 전혀 늘어나지 않고 법률혼이 곧 동거의 시작과 일치한다는 점이다. 그렇기 때문에 만혼과 비혼 현상은 에누리 없는 실체적인 현상이라 할 수 있다. 이런 현상을 보고 일본인은 결혼을 무척 신성하게 여기며 그에 따라서 법률도 성실히 준수하는 민족이라고 판단해도 될까?

외국의 인구학자들이 던진 다음과 같은 질문은 우리들을 여러 가지로 생각하게 했다.

"그러면 일본 젊은이들은 어떻게 섹스를 해결하나요?"

만혼화가 진행되는 20대는 성적인 활동이 가장 활발한 시기라 할 수 있다. 또 출산적령기이기도 하다. 그런데 일본에서는 결혼을 하지 않은 남녀의 대부분이 부모와 함께 거주한다는 사실도 잘 알려져 있다. 섹스는 주택의 환경과 상당히 밀접한 관련이 있다. 부모와 함께 거주하는 집으로 남자친구나 여자친구를 데리고 올 수 없다면 도대체 어디서 섹스를 하는 것일까? 그들은 섹스를 하지 않는 것일까? 외국인들이 이상하게 생각하는 것도 당연하다.

이 시기의 젊은 남녀가 '결혼할 때까지 동정과 처녀를' 지키겠다거나 결혼식 날에 '첫날밤'을 맞이하겠다는 성규범을 지키고 있었던 것도 아니다. 사실 그들은 조금도 금욕적이지 않고 '속도위반 결혼'을 보더라도 '처녀신화'는 무너진 지 오래라 할 수 있었다. '만나는 사람이 있다'는 것은 곧 '성관계가 있다'는 것을 의미했다.

그렇다면 이들은 어디에서 섹스를 하는가?

나의 대답은 이렇다.

"걱정하지 마시라. 일본은 러브호텔이라고 하는 전 세계에 자랑할 만한 도시 인프라를 구축하고 있으니까."

러브호텔은 섹스를 목적으로 한 특화된 공간으로서 일본에서 독자적인 발전을 이룩했다. 건물의 외관이나 인테리어는 문화사적 흥미를 불러일으키는 연구 대상이 될 정도다. 사회학자 김익견의 『성애공간의 문화사—간이여관에서 러브호텔까지』(미네르바서방 2011)라는 연구서도 있다. 또한 고도의 과학기술을 이용해서 주인과 고객이 서로 대면하지 않아도 되는 소통방식은 기술적으로도 매우 흥미롭다. 더불어 러브호텔은 성산업이나 범죄의 온상이 되기도 했다. '도시 인프라'라는 표현을 썼듯이 어느 지방 도시를 가더라도 자동차 사회를 전제로 한 교외의 러브호텔들이 있다. 일본의 남녀는 이미 이러한 섹스 장치의 혜택을 충분히 누리고 있었기 때문에 굳이 동거까지 할 필요가 없었던 것이다. 오히려 결혼을 하지 않은 채로 부모의 집에서 기생하는 편이 경제적인 메리트가 컸던 것이다. 이런 남녀가 결혼을 하겠다고 결심한다면 계기는 임신과 출산 정도일 것이다.

이상의 것이 내가 내린 추론인데 독자들은 납득이 될지 모르겠다. 이런 현상의 배경에는 남자는 한 집안을 유지해나갈 만한 돈벌이가 있어야만 결혼할 자격이 있다고 하는 보수적인 결혼관이 존재한다.

모두 결혼하는 사회

일본에서는 혼외 출생률, 바꿔 말하면 혼외자의 출생률이 거의 늘어나지 않고 있다. 거의 모든 선진국들이 저출산이 진행되면서도 동시에 혼외자의 출생률이 급격히 상승하는데 일본만이 그 비율이 1%

미만으로 거의 변화를 보이지 않는다. 1990년 겨우 1%를 넘기고 2008년에 2.1%로 다소 오르긴 했지만, 이것은 통계학적으로 '무시해도 좋을 만큼 낮은' 수치다.

같은 시기에 일본과 똑같이 출생률 하위권에 있던 이탈리아는 혼외자의 출생률이 서서히 상승하다가 2008년에는 17.7%까지 올랐다. 17%라는 수치는 결코 '무시해도 좋을 만큼 낮은' 수치는 아니다. 얼마 전까지만 해도 처녀성이 중시되고 중절과 이혼이 금지되었던 이탈리아에서도 혼외자의 출생률이 큰 폭으로 증가했는데 일본에서만 그 수치에 변화가 나타나지 않았기 때문에 외국의 여러 연구자들은 그 점을 의아스럽게 생각했다. 이런 점 때문에 일본인은 규범의식이 강하고 가족과 결혼을 존중하는 민족이라고 판단해도 될까?

혼외자의 출생자수 변화를 역사적으로 살펴보면 메이지시대 중반까지는 혼외자가 매우 많았다. 당시에는 이른바 '내연 관계'라고 하는 법률혼 외곽에 중혼 관계에 놓여 있던 여성들이 적지 않았기 때문이다. 그런 관계에서 태어난 아이들은 '첩의 자식'이라거나 '사생아'라고 불리면서 차별의 대상이 되었다. 그러나 민법 제정을 계기로 혼외자의 출생은 급격히 감소한다. 전쟁이 끝난 1945년 이후로는 더욱 격감하면서 혼외자는 매우 예외적인 존재가 되었다. 이 시기는 남자도 여자도 거의 모두가 결혼하는 사회, 이른바 근대가족이 성립되던 시기다.

메이지시대의 민법은 중혼을 금하고 단혼(일부일처제)에 근거한 가족제도를 법률로 규정했다. 중혼은 대개 일부다처를 가리키며 글자 그대로 한 명의 남성이 복수의 여성을 소유하는 방식이다. 인구의 남녀성비가 거의 1대 1인 사회에서 일부의 남성이 다수의 여성을 독점

하게 되면 여성을 차지하지 못하는 비혼의 남성들이 등장하기 마련이다. 신분제 사회가 바로 그런 사회다. 권력자인 남성이 정실이니 측실이니 하는 후궁(하렘)을 두는 것과 반대로 여성을 차지하지 못하는 비혼의 남성들이 존재하는 사회인 것이다. 전근대 사회에서 남성의 생애비혼율은 대략 20% 정도였다고 한다. 서민들 중에서도 결혼이 가능한 남성은 집안의 대를 잇는 장남 정도에 한정되어 있었다. 차남 아래로는 평생을 장남이 대를 잇는 집에서 '곁방살이'를 하며 독신으로 늙어가면서 노예나 진배없는 생활을 해야 했다. 소설가 후카자와 시치로가 농촌의 성을 묘사한 『동북의 신무들』에서 그려낸 세계였다.

그러던 것이 근대화와 더불어 결혼율이 상승하기 시작했다. 1960년대 중반에는 40세 시기의 누적 결혼율이 남성이 97%, 여성은 98%로 이른바 '전원 결혼사회'가 탄생했다. 거의 모든 남녀가 파트너를 만나 함께 살아가는 일부일처제 사회, 즉 단혼에 바탕을 둔 근대가족이 완성되었다.

인류학자들은 일부일처제가 인류 사회의 최종도달점이라고 생각했다. 그리고 이것을 '여성의 세계사적 승리'라고 일컬은 사람은 엥겔스였다. 표현을 달리하면 '여성 질투심의 세계사적 승리'였고 다른 아내 때문에 늘 불안했던 여성들이 남성들의 중혼을 금지시킨 결과라는 것이다. 그런데 이 같은 주장은 사실일까?

이 같은 상황을 남성 사회에서의 여성의 평등 분배, 다시 말해 '재생산 평등주의'라고 부른 사람은 가족 사회학자인 오치아이 에미코였다(『21세기 가족―전후 가족 체제의 인식과 극복 방식』유비각선서 1994). 말하자면 어떤 남성이라도 한 명의 아내를 얻어서 가족을 만들 수 있게 된, 이른바 남성 사회에서 여성의 분배가 평등하게 이루어진 것이라고 설명한다. 공업화가 이 과정을 뒷받침해주었다. 장남이 아니라도 차남이나 삼남들도 더 이상 집안의 재산이나 가업에 의존하지 않고 일가를 꾸릴 만큼의 수입을 벌어들일 수 있게 된 것이다.

그 결과 전대미문의 결혼붐이 일어났다. 거의 모두가 결혼을 하게 된 것이다. 근대의 인구 증가는 단순히 출생률의 상승만으로는 설명할 수 없다. 결혼율의 상승이 뒤따랐기 때문으로, 결혼 건수와 결혼 내의 출생률의 곱하기를 통해서 인구가 급격히 상승한 것이다.

사실 근대 이전에도 생애비혼자가 전체 인구에서 늘 일정한 비율로 존재했기 때문에 근대를 지난 후에 다시 생애비혼자가 일정한 비율로 존재한다는 것은 그렇게 놀랄 만한 일이 아니다. 경제학자인 모리나가 타쿠로는 결혼 시장의 자유화 때문에 결혼이 약육강식이 되었다고 주장하지만, 원래부터 우리 사회는 결혼에서 소외된 사람들이 항상 일정한 비율로 존재했는데 역사상 어느 시기에 잠시 '재생산 평등주의'가 이루어졌고 그것이 오래 지속되지는 않았다고 생각하면 될 것이다. 결혼 시장에서의 약육강식이 과거에는 권력과 부라고 하는 알기 쉬운 서열에 따른 분배였다면, 지금은 매력이나 소통능력 등과 같은 개인적인 조건을 통한 '자유경쟁'으로 대체되었다면 오히려 환영할 만한 일이다. 과거의 여성은 단순히 분배되는 자원으로 생각되었지만 지금은 능동적으로 선택의 권리를 행사하는 존재가 되었기 때문이다.

그런데 결혼 시장의 이른바 '자유화'와 '규제완화'를 우려하는 사람들이 있다. 과거에는 결혼하지 않은 남녀를 보면 "결혼은 안 하느냐?"는 질문으로 인사를 대신하던 아주머니들이 있었고, 그 덕분에 결혼이 조금 더 편했다고 생각하는 사람들이다. 하지만 그들이 말하는 '옛날'이란 기껏해야 50년 정도 전이다. 60대 이상이라면 그들의 젊은 시절인 1960년대의 '상식'으로 사고방식이 냉동 건조된 사람들이다.

성혁명의 경험

여기에서 잠시 만혼, 비혼, 저출산과 같은 인구현상이 왜 일어나는지 사회사적으로 정리해보자.

출생률의 상승과 저하 같은 인구현상이 왜 일어나는지 사실은 정확히 알지 못한다. 결혼이나 출산은 생식이 가능한 연령층에 달한 남녀의 개인적인 선택이다. 개개인은 자신의 행복이나 생활을 위해서 결혼이나 출산을 행하는 것이지 국가에 대한 공헌이나 노동시장의 미래를 생각하고서 하는 행위가 아니다. 인구현상이란 개개인의 미시적 행동들이 모여서 거시적인 결과를 만들어내기 때문에 거기에 어떠한 요인이 개입되는지 알 수 없는 경우가 많다. 거꾸로 말하면 어떤 요소를 어떻게 제도적이고 정책적으로 투입하면 인구현상이 통제될 수 있는지에 대해서도 정확히 알 수 없다. 다만 역사가 가르쳐주는 것은 인구 정책은 어지간히 강력한 강제력이 작동되지 않는 한, 인위적인 증가나 인위적인 억제가 역사적으로 성공한 사례가 없다는 것이다. 실제로 일본에서도 전쟁 중에 '낳자, 늘리자' 같은 슬로건으로 출산을 장려하는 정책이 진행될 때는 오히려 출생률이 저하했고,

반대로 전쟁이 끝나고 국내로 돌아온 군인들이 넘쳐나서 인구 통제가 필요했을 때는 베이비붐이 일어났던 역사가 있다.

1970년대까지 일본을 포함한 선진국의 인구현상은 거의 유사했다. 결혼율은 높았고 결혼 내의 출생률은 거의 일정한 상태를 유지하면서 혼외 출생률도 낮은 상태에서 안정적이었다. 이른바 표준적인 가족 구성, 즉 남편과 아내가 둘이나 셋의 아이를 가지고 핵가족 형태로 생활하는 것을 '보편적'이라고 여겼다. 이른바 '근대가족'이 완성된 것이다. 고도경제성장기를 통해서 일본도 마침내 그 단계에 도달했다고 생각했고, 이후로 이 표준적인 가족 구성은 거의 모든 사회제도를 설계할 때의 기초 단위가 되었다. 그러나 머지않아 그것이 일본 사회에 알맞지 않는 시스템으로 변화했음은 모두가 아는 사실이다.

이 근대가족에게 있어서 결혼이란 평생 동안 유지되는 단 한 번의 인륜지대사기 때문에 결혼할 때까지는 순결을 지켜야 하고 불륜은 있어서는 안 될 일이라는 가치관(이것을 성규범이라고 한다)을 유지했다. 그런데 1970년대 이후에 이와 같은 성규범이 커다란 변곡점을 맞이한다. 이것을 일반적으로 '성혁명'이라고 한다.

그러나 사실 여러 가지 데이터를 살펴보면 1970년대까지 일본에서도 이와 같은 성규범이 유지되었음을 뒷받침하는 증거들이 있다. 이혼율은 현저히 낮았고 허니문 베이비도 적지 않았으며, 특히 여성의 경우 첫 성교의 상대가 배우자가 되는 비율도 높았다.

'첫날밤'이나 '혼전 성관계(결혼을 전제로 한 성관계)' 같은 단어들이 살아 있던 시절이었다. 표면적으로 드러나기 힘든 섹스 행동 조사를 살펴보더라도 기혼 여성에게만 한정한다면 남편이 아닌 이성과의 성경험 비율은 1980년대의 잡지 〈와이프〉의 자발적 조사에서도 40대의 누적 경험률이 15%로 상당히 낮았고, 평생 동안 성관계 대상이 남편 한 사람이라고 대답한 고령의 여성도 적지 않았다.

그것이 급변한 것은 1970년대 이후였고, 세계 각지에서 일어난 현상이었다.

'성혁명'을 프리섹스나 부부간 스와핑 같은 풍속적인 현상이라고 생각하지 않길 바란다. 성혁명이란 근대가족을 지탱하던 성규범이 뿌리째 흔들리는 현상을 가리킨다. 다시 말하면 사랑과 성과 생식이 결혼이라는 제도하에서 일치되는 근대가족의 삼위일체 신화가 해체되고, 사랑과 성과 생식, 그리고 결혼의 연결고리가 분해되어가는 과정이었다. (도표 4-1)

도표 4-1

근대가족의 성규범=
로맨틱러브·이데올로기의 삼위일체

성혁명=
로맨틱러브·이데올로기의 흔들림

어떤 사회가 성혁명을 통과했는지 어떤지를 측정하는 인구학적 지표가 있다. 하나는 이혼율의 상승이고, 다른 하나는 혼외자 출생률의 상승이다. 이 두 지표는 사랑과 성과 생식이 결혼을 매개로 하나로 이어지는 근대가족의 삼위일체 규범이 해체되었음을 나타내는 지표다. 이혼율의 상승은 결혼과 사랑이 분리되었음을, 혼외자 출생률의 상승은 결혼과 성이 분리되었음을 나타낸다. 참고로 사랑과 성은 이미 오래전에 (특히 남성들 사이에서는) 분리된 것이었다.

표면적으로나마 근대가족의 성규범을 지켜온 쪽은 여성이었다. 어떤 모임에서 고령의 여성이 "나는 평생 남편 이외의 남자는 모른다"

라고 했던 발언에 대해 "스스로 지킨 건가요? 아니면 지키도록 강요받은 건가요?"라고 물었을 때 그 여성은 "지키도록 강요받았다"고 단호하게 대답했던 것을 기억한다.

유럽과 미국에서는 1970년대 이후 이 두 가지 지표에 커다란 변화가 나타났다. 이혼율은 급격하게 상승했고 두 쌍에 한 쌍이 이혼한다고 할 정도였다. 결혼이란 평생에 단 한 번 하는 것이 아니게 되었다. 혼외자 출생률도 증가해서 유럽의 일부와 미국에서는 신생아의 둘 중 하나는 혼외자였다. 같은 시기에 일본의 이혼율은 서서히 상승하는 경향을 보이긴 했지만 유럽이나 미국처럼 급격한 변화를 보이지는 않았다. 혼외자의 출생률은 앞서 서술한 대로 최근까지 1% 이하의 '무시해도 좋을 정도의 낮은' 수치를 유지해왔다. 이것만 보면 일본의 보수주의자 꼰대들이 '전 세계에 자랑할 만한 안정적인 일본의 가족제도'라고 떠벌려도 좋을 만큼의 근거는 있었던 셈이다.

그러나 같은 시기에 데이터에는 드러나지 않은 성규범의 변화가 시작되고 있었다.

첫 성교의 상대가 처음 결혼한 상대가 될 가능성은 낮아졌고 '결혼할 때까지 순결'을 지키는 사람은 발견하기 어려울 정도가 되었다. 이렇듯 성행동은 자유로워진 것처럼 보이는데 그것이 인구학적 데이터에는 전혀 드러나지 않는 것이 일본 사회가 가지고 있는 '이상함'이기도 하다.

과연 일본은 성혁명을 경험했다고 할 수 있는가? 서유럽처럼 인구학적 지표로는 과격하게 드러나지 않지만 서유럽과 비슷한 수준으로 일본인의 성행동은 변화했다고 할 수 있다. 이것을 '야금야금 성혁명'이라고 부르는 사람도 있다.

저출산 대책으로서 싱글맘 지원

또 하나의 성혁명 경험의 지표는 혼외자의 출생률이다. 혼외자의 출생률이란 결혼의 외부에서의 성행위가 활발히 이루어지고 있음을 간접적으로 드러내는 지표이기도 하다. 임신은 성행위의 결과이지만, 지금까지 혼외자의 출생은 '원치 않는 임신'의 '의도치 않은 결과'라고 생각되었다. 그래서 역사인구학에서는 혼외자의 출생률 상승을 사회변동의 징후로 생각했다. 결혼을 지탱하고 있는 성규범이 흔들리고 있다는 사회적 아노미 상태의 지표로서 받아들여진 것이다.

생식을 컨트롤할 수 없는 사회에서는 이 가설이 들어맞을 수 있다. 그러나 피임 기술이 진보하고 중절에 대한 접근이 용이해진 사회에서는 원치 않는 임신을 피하고 혼외자의 출생으로 연결되지 않도록 할 수가 있다.

일본에서도 청년층의 성경험률은 증가하고 있고 10대의 임신도 늘고 있다. 그와 함께 10대의 중절률도 늘고 있다. 이것으로 알 수 있는 것은 일본에서도 다른 나라들과 마찬가지로 결혼이라는 테두리 바깥에서의 성행동이 활발하게 일어나고 있는 것은 분명한데 일본에서는 그것이 혼외자의 출생률 상승으로 이어지지 않는다는 사실이다. 대부분이 어둠의 그늘로 묻히고 있는 것이다.

만일 혼외 임신이라도 아이를 낳아주기만 한다면 일본에서도 혼외자의 출생률은 상승하고 전체 출생률에 기여할 것이 분명하다. 하지만 그런 일이 일어나지 않는 이유는 일본에서의 싱글맘, 특히 비혼의 싱글맘이 얼마나 과혹한 삶을 살아야 하는지 그녀들이 잘 알고 있기 때문일 것이다.

싱글맘에는 사별, 이혼, 비혼의 순으로 서열이 존재한다. 남편과 사별한 싱글맘은 동정을 받고 돈독한 보호의 대상이 된다. 이혼으로 혼자가 된 경우는 '참을성이 부족하다'는 비난을 받기는 하지만 충분 치는 않더라도 얼마간의 보조를 받을 수도 있다. 그러나 비혼의 싱글 맘은 '책임감도 없고 난잡한 여자'라는 낙인이 찍히고 태어난 아이는 차별의 대상이 되기 쉽다. 모자가정에 대한 공적 지원은 제도적으로 는 동일하다고 하지만, 행정지침을 통해 사별, 이혼, 비혼에 따라 차 별이 존재한다는 사실이 세상에 드러난 적이 있다. 규슈의 어느 지자 체가 모자가정을 우대하는 공영주택의 입주 기준에서 비혼의 싱글맘 을 배제했다는 사실이 알려진 것이다.

정부는 저출산 대책으로서 젊은 남녀들의 결혼을 장려하는 데만 집중하면서 혼외자에 대한 지원은 하려고 하지 않는다. 이혼한 모자 가정에 대해서도 무척 냉담하다. 그 이유를 곰곰이 생각해보면 딱 한 가지 답이 나온다. 정부는 법률적인 결혼제도 아래에서 (즉, 남편의 허 가 아래에서) 여성이 아이를 낳고 키우기를 바라지 결혼제도 바깥에 서 여성이 자유로워지는 것을 허용하고 싶지 않은 것이다. 일본의 저 출산 대책의 바탕에는 이 같은 '꼰대적 편견'이 짙게 깔려 있다. 나는 개인적으로 일본 사회가 비혼의 싱글맘을 지원하는 데 노력하지 않 는다면 '저출산 대책'은 진짜가 아니라고 믿고 있다.

누가 결혼하지 않는가

그런데 왜 결혼율은 감소했을까? 결혼율이 낮아졌다고 하지만 모든 사회 집단에서 똑같이 결혼율 감소를 겪고 있지는 않다. 결혼이 용이한 사람과 그렇지 않은 사람 간의 격차가 존재한다.

결혼적령기의 남녀들 중에 어떤 사람들이 결혼하고 어떤 사람들이 결혼하지 않는지를 조사해보았더니 매우 노골적인 사실이 드러났다.

남성의 경우는 연수입과 결혼율이 정비례하고 있다.(도표 4-2) 다시 말하면 돈이 있으면 결혼이 더 쉽다는 사실이 분명히 드러난 것이다.

도표 4-2 **남성의 연간수입에 따른 미혼율**(%)

연봉	전체	20-24세	25-29세	30-34세	35-39세	40-44세	45-49세
없음	88.2	98.1	95.0	58.3	33.3	52.9	33.3
100만 엔 미만	83.9	97.1	88.1	61.1	43.8	44.4	21.1
100-200만 엔	68.0	90.9	78.9	51.2	30.0	34.3	28.2
200-300만 엔	61.2	90.6	76.5	54.0	36.0	26.0	13.7
300-400만 엔	45.0	84.4	68.2	33.2	24.7	17.6	11.8
400-500만 엔	30.5	80.0	68.2	33.0	15.2	13.2	6.6
500-600만 엔	17.3	83.3	40.0	30.7	13.1	8.3	5.3
600-700만 엔	12.4	-	42.9	26.9	12.4	9.0	6.4
700-1000만 엔	4.9	100.0	23.1	12.5	6.6	4.1	2.2
1000-1500만 엔	4.0	100.0	60.0	16.7	2.8	1.4	1.6
1500만 엔 이상	1.4	-	100.0	-	-	-	-

출처: <제2회 인구문제에 관한 의식조사> 인구문제연구소(당시), 1995

결혼율은 노동의 형태와도 관련되어 있다. 정규직과 비정규직의 노동 형태를 비교해보면 정규직의 결혼율이 더 높다. 즉, 정규직에 고정수입이 있으면 남성의 결혼율은 높아지는 것이다. 이 사실은 오늘날에도 남성외벌이형 가족모델이 여전히 살아 있고 여성에게는 결혼이 곧 생활보장의 수단이라는 의미를 가진다는 것을 나타낸다.

여성의 경우는 어떨까?

내각부의 외곽 단체로서 가계경제연구소라는 기관이 있다. 2010년 정부의 행정쇄신 일환으로 정부기관의 구조조정 과정에서 하마터면 사라질 뻔했던 기관이었지만 지금까지 버티고 있는 곳이다. 연구소에서 일본의 거품경제기가 끝나고 불황이 이어지던 시기의 여성의 생활을 추적하는 독자적인 연구를 패널조사 방식으로 실시했다. 조사대상의 변화가 없는 패널조사는 대부분 대상자가 거주지역을 이동하거나 입장을 바꾸는 경우가 많기 때문에 추적하는 데 시간과 노고가 많이 소요되는 대신 세대 효과, 시대 효과, 연령 효과를 각각 구분해서 분석하는 데 효과적인 조사법이다. 민간에서 하기 어려운 조사를 실시해주는 정부의 외곽 기관이라면 존치시켜둘 가치가 있는 듯하다.

연구소의 데이터를 기초로 해서 출판된 책이 『여성들의 헤이세이 불황』(히구치 요시오·오타 기요시의 가계경제연구소 편, 일본경제신문사 2004)이다. 이 책에 따르면 가계경제연구소의 패널조사의 대상과 기간은 2002년에 35~44세였던 여성들의 1993년부터 2002년까지의 10년, 그리고 같은 해에 29~34세였던 여성들의 1997년부터 2002년까지의 6년간이다. 조사가 개시된 시기는 전자가 25~34세였을 때, 후자가 23~28세였을 때다.

조사 결과는 놀라울 만큼 뚜렷한 특징을 보여주고 있다. 연령 효과를 보면 연령과 함께 결혼이나 출산 같은 개인적인 경험률은 상승하고 있다. 그러나 그간의 노동 형태의 차이를 집어넣고 살펴보면 다음과 같은 데이터가 나타난다. 25세에 미혼이었던 여성들 중에서 정규직 여성들은 무직이나 비정규직(본문에서는 '프리터'로 사용되고 있다) 여성들에 비해서 결혼율이 높고 그에 따라서 출산율도 높다. (도표 4-3)

도표 4-3
25세에 프리터였던 사람과 정규직이었던 사람의 이후의 배우자 비율(동일 연령층)

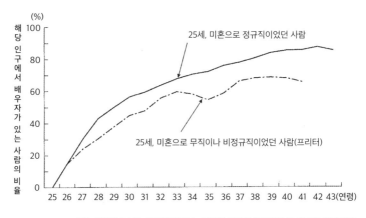

출처: 히구치 요시오·사카이 다다시, <균등법 세대와 거품경제 후 세대의 취업 비교>
『여성들의 헤이세이 불황』 제2장

시대 효과를 살펴보자. 우리는 어느 시대를 어느 연령대로 맞이할 것인지는 개인적으로 선택할 수 없다. 위의 책에서는 여성의 취업에 영향을 준 두 가지 요인으로 1985년에 만들어진 균등법과 1991년의 거품경제 붕괴를 들고 있다. 그것에 기초해서 대상이 된 집단의 여성들을 '균등법 이전 세대'(1986년 균등법 시행 전에 학교를 졸업), '균등법 세대'(1986~1990년에 학교를 졸업), '거품경제 붕괴 이후 세대'(1991년 이후에 학교를 졸업)라는 세 부류로 구분하고 있다. 이들을 간단히 균등법 이전 세대, 균등법 이후 세대, 불황 세대로 부르기로 하겠다. 균등법 이전 세대와 균등법 이후 세대를 비교해보면 '균등법 이후 세대의 미혼 여성이 정규직의 취업률이 높고, 정규직의 경우가 결혼과 출산을 경험한 후에도 취업을 지속한 비율이 높아지고' 있는 것과 대조적으로 불황 세대에서는 '미혼 여성의 정규직 취업률은 높지 않고 비정규직 취업률은 높다'(위 저서 p16). 또 '정규직에서 결혼과 출산 후에도 취업을 지속한 비율은 이것을 지원하는 제도가 확충되어 있음에도 상승하고 있지 않다.'

저자들은 그렇게 된 배경을 분석하면서 '균등법이나 이후에 제정된 육아휴직법과 같은 여성의 취업에 관한 제도적인 개선의 효과보다는 거품경제 붕괴 이후의 디플레이션 경제로 인한 여성 취업의 저하가 더 크게 작용했음을 시사하고 있다'고 지적한다. 나 역시 3장에서 균등법의 효과는 없었다고 결론을 내렸지만 이 책의 저자들도 이를 뒷받침하는 분석을 내놓고 있다.

세대 효과를 살펴보면 제1세대(1959~1963년생), 제2세대(1964~1969년생), 제3세대(1970~1972년생)—이 세대 구분은 학력에 따라서 다르지만 대졸자로만 한정할 경우 거의 균등법 이전 세대, 균등법 이후 세대, 불황 세대와 유사하다—의 30세 시점의 결혼율은 각각 84.6%, 76.1%, 67.6%로 뒤로 갈수록 떨어진다(위 저서 p31). 같은 연령이 되어도 뒤의 세대로 갈수록 만혼, 비혼화의 경향이 강하다는 사실을 알 수 있다. 제3세대의 생애비혼율은 그녀들이 50세가 되는 2020년까지 기다려야 하므로 예단하기는 어렵지만 비혼율이 높아지는 경향은 변함이 없을 것으로 보인다. '뒤에 오는 세대일수록 취업률은 높지만 정규직의 비율은 낮다'(위 저서 p43)는 지적이 있기 때문에 여기에서도 '비정규직보다는 정규직의 결혼율이 높다'라는 데이터와도 맞아떨어진다.

결혼대기 여성들

1990년대부터 프리터나 니트족 같은 말들이 유행했다. '프리터'는 일본식 영어로 '프리 아르바이터'의 줄임말이고 니트족은 Not in Employment, Education or Training의 머리글자를 따온 말로 청년층 실업률이 높아지던 영국에서 사회문제가 된 현상이다. 참고로 프리터도 니트족도 '학업도 하지 않고 정해진 직업도 없는 15세에서 34세까지의 젊은이'를 가리킨다.

이 정의에는 미묘하게 연령차별과 성차별이 존재한다. 연령이 35세가 넘으면 프리터로도 취급받지 못하고 단지 실업자나 비정규직 노동자가 되는 것에서 연령차별적이고, '가사 돕기'라는 이름으로 결혼 전까지 직업을 갖지 않는 미혼 여성들은 프리터 그룹에도 끼지 못한다는 점에서 성차별적이다. 학교를 졸업한 미혼 여성이 결혼까지의 기간을 무직으로 지내는 것이 '신부수업'의 하나라고 여겨졌기 때문에 '가사 돕기'는 실업자로서도 취급받지 못했다. 직장여성의 사회적 지위가 현저하게 낮았던 시절에는 '가사 돕기'의 미혼 여성은 '양갓집규수'라는 지위를 부여받았다. 일하기 위해 사회에 뛰어들지 않아도 되는 집안의 자녀의 별칭으로 사용되었기 때문이다. 만혼이 뚜렷해지면서 결혼까지의 일시적인 대기 시간이었던 '가사 돕기'의 기간이 길어진 탓에 이 기간을 어떻게 보낼지가 미혼 여성들에게 상당히 큰 과제가 되었다. 1980년대 모 대기업의 사장 딸이 유괴되었을 때 딸의 직업이 '회사원'이라고 보도되어 사람들을 놀라게 한 일이 있다. 그때까지는 설령 대기업의 사장 딸이라고 해도 결혼까지의 기간 동안 '사회 공부'라는 명목으로 회사원 경험을 갖는 것이 당연한 일이 되고 있었음을 보여준 사건이었다.

상식적으로 무직이나 비정규직 여성이 결혼욕구가 강하고, 반대로 정규직 여성은 결혼을 나중으로 미룰 만큼의 경제적 자원을 가지고 있을 것이라고 생각된다. 그러나 데이터는 그 반대를 보여준다. 그 이유는 무엇일까?

조사에 따르면 "미혼자 쪽이 결혼한 사람에 비해 결혼 상대자로서 '경제적으로 의지할 수 있는 사람'을 선호하는 경향이 강하다."(위 저서 p17)는 결과를 보여주고 있다. 뒤집어 생각해보면 결혼 상대자에게 경제력을 요구하지 않는 사람은 빨리 결혼하고, 반대로 경제력을 요구하는 사람들(결혼을 생활보장의 수단으로 여기는 사람들)이 결혼을 미루는 경향이 있음을 알 수 있다. 실제로 같은 책에서는 "'이상적인 결혼 상대자'의 조건으로 미혼자들은 '경제적으로 의지할 수 있는 사람' '육아와 인생을 더불어 할 파트너'라는 답이 많았고, 기혼자들은 '심리적으로 기댈 수 있는 사람' '가정을 첫째로 생각하는 사람'이라고 답하는 사람들이 많았다"고 지적한다.(위 저서 p100)

이 책의 저자는 이런 현상에 대해서 다음과 같이 해석한다.

"(이상적인 결혼 상대자에 대해) 현실주의적으로 대답한 사람은 결혼에서 멀어지고 그다지 현실주의적이지 않은 대답을 한 사람이 결혼에 이르는 것은, 현실을 모르기 때문에 오히려 결혼이 가능했다고 해석할 수도 있을 듯하다. 이는 매우 흥미로운 경향이다."(위 저서 p100)

그러나 나의 해석은 정반대이다. 지금 시대는 남편의 경제력에 의존해서 가정을 만들고 싶다는 보수적인 사고를 지닌 여성의 결혼소망이 훨씬 더 비현실적이며, 경제력을 중시하지 않고 서로의 감정을 우선하는 쪽이 결혼의 난관이 훨씬 더 낮은 현실적 태도라고 생각한다. 나의 해석은 야마다 마사히로 그룹이 작성한 조사의 데이터와도 일치한다. 야마다 마사히로는 결혼을 미루는 '캥거루족' 여성들의 실태 조사를 통해서 결혼욕구가 강하고 결혼 상대자에게 바라는 조건이 높으면 높을수록 만혼의 경향이 강하다는 결론을 이끌어냈다.

최근 평균적인 초혼 연령의 데이터에서 초혼 부부의 연령차를 보면 동갑내기 커플이 늘어나고 있음을 알 수 있다. 연령차가 있는 결혼에 비해서 동갑내기일 경우 남성의 경제력은 크게 기대할 수 없을 것이다. 상대방의 경제력을 기대하지 않는 편이—기대하지 않아도 될 만큼 자신이 경제력을 가지고 있는 정규직 여성이—더 높은 결혼율을 보인다고 해석하는 편이 좋을 것이다. 그러나 이들은 상대방 남성이 자신과 똑같은 정규직이면서 안정된 수입을 확보하고 있을 것을 기본 전제로 한다. 프리터 남성이 그녀들에게 선택될 가능성이 낮다는 것은 남성의 결혼율을 보면 확실히 알 수 있다.

정규직과 무직 및 비정규직 여성이 선택한 남편의 연수입을 비교한 조사는 더 노골적인 결과를 보여준다. 결과는 "거품경제 붕괴 직

후인 1990년대 초반과 경기가 더 심각해진 1990년대 후반을 비교해 보면, 프리터 여성의 남편 평균 연봉과 정규직 여성의 남편 평균 연봉이 역전되었다"는 것이다.(위 저서 p79~80) 쉽게 말하면 아직 거품경제의 기운이 남아 있던 시기에는 미혼(25세)일 때 프리터였던 여성이 정규직 여성에 비해서 더 돈을 잘 버는 남성을 획득했지만, 불황이 심각해지자 정규직 여성이 프리터 여성에 비해서 더 돈을 잘 버는 남성을 획득하는 경향이 있다는 것이다. 말하자면 정규직(혹은 정규직 경험이 있는) 여성은 자신과 같은 정규직 남성하고 결혼할 확률이 높지만, 그렇지 않은 여성은 불경기일수록 연봉이 높은 정규직 남성들과 접촉할 기회조차 잃어버린 것이라고 생각된다. 또 정규직 남성도 아내의 연봉에 의지해야 할 경제적 동기를 갖게 되었을 수 있다. 그렇다고 하더라도 프리터 여성이 프리터 남성을 남편으로 선택할 가능성은 낮기 때문에 프리터 남성의 결혼율은 더더욱 낮아지는 경향을 보인다.

우아한 캥거루족에서 궁지에 몰린 캥거루족으로

'패러사이트 싱글(기생독신)'이라는 말을 유행시킨 사람은 앞서 언급한 야마다 마사히로[4]다. 그들의 조사는 1990년대 중반의 데이터를

---

4 야마다 마사히로의 『패러사이트 싱글의 시대』(치쿠마신서 1999).

근거로 하고 있다. 거기에는 연수입이 적어도 부모의 자산(인프라)에 의존해 가처분소득이 높은 '독신귀족'의 모습이 그려져 있다. 그러나 저자들은 시간이 지나면서 '우아한 독신귀족의 모습이 변모'했다고 지적한다. 데이터를 보면 독신귀족인 미혼 여성들의 정규직 비율이 낮아지면서 연수입은 감소하는 반면 부모의 가계에 투입해야 할 금액은 증가하고 가사노동 시간도 길어지고 있음을 보여준다. 과거에는 독신귀족이었을지 모르나 지금은 부모의 집을 떠나고 싶어도 떠날 수 없는, 그래서 '기생할 수밖에 없는' 여성들이 된 것이다. 그런 딸들에게 부모는 부모 집에 얹혀 지내는 만큼의 가계부담과 가사노동을 요구한다. 더구나 만혼이나 비혼으로 바뀌고 기생하는 기간이 길어지면서 부모들은 고령자에 진입하고 연금생활자가 된다. 가계경제연구소에 따르면 부모가 70세를 넘으면 함께 사는 미혼 여성들의 소비행동 패턴이 변화한다고 보고한다. 특히 의류비 등에 사용하는 돈이 줄어든다는 것이다.

더욱이 부모가 병으로 몸져눕거나 돌봄을 필요로 하는 시기로 접어들면 기생독신인 딸들은 부모의 병수발을 들거나 돌보아야 한다. 무직이나 비정규직으로서 연금이나 보험도 충분히 보유하지 못한 상태에서 부모를 돌봐야 한다면 결국은 부모의 연금에 기생하는 모양새가 된다. 부모마저 세상을 떠나게 되면 연금도 보험도 없는 초로의 싱글 여성은 홀로 남겨지는 것이다.

수도권에서 기생독신이 부모에게서 독립하려면 연수입이 400만 엔은 되어야 한다고 한다. 주거비가 높은 수도권이라면 그럴 수도 있다. 가계경제연구소의 조사에 따르면 미혼 여성들 중에서 부모와 동거하는 사람의 연수입은 280만 엔, 부모에게서 독립해 사는 사람의 연수입은 330만 엔이며 독립해서 사는 사람들은 대개가 정규직으로 일하고 있다고 보고한다. 다시 말하면 정규직에 정해진 연수입을 확보하지 못하면 '독신' 생활도 불가능하다는 것이다.

부모에게 기생하려면 당연히 부모에게 그만큼의 경제력이 있어야 한다. 그러나 위의 책의 저자들은 다음과 같은 소름 돋는 질문을 던진다.

"1945년 전, 또는 전쟁 중에 태어난 부모 세대와 1960년대에 태어난 자식 세대 사이에 성립했던 관계가 1945년 이후에 태어난 부모 세대와 1970년대에 태어난 자식 세대의 관계에서도 과연 성립할 것인가? 만약 성립하지 않는다면 그 이유는 무엇인가?"

연금 감액과 초고령 사회를 눈앞에 둔 부모 세대에게도 여유는 없다. 자식 세대에서 고용이 붕괴됐다면 이제 '우아한 캥거루족'은 과거의 유산이다. 부모는 부모대로 늙은 자신을 돌봐줄 대상으로서 자식을 붙잡으려고 하고, 자식은 자식대로 부모의 집을 떠날 수도 없는, 이른바 공의존 관계가 성립되어버린 듯하다. 결국 함께 무너지지 않을 것이라고 누가 장담할 수 있을까?

진정한 저출산 대책

가계경제연구소의 패널조사를 통해서 분명히 깨닫게 된 교훈은 다음과 같은 사실이다.

만일 일본 사회가 제대로 된 저출산 대책을 세우고자 한다면, (출산기의) 여성들에게 안정적인 정규직을 마련해주는 것이 최고의 처방전이라는 사실이다. 그리고 노동 형태는 일과 삶이 균형을 이룰 수 있을 만큼 여유가 있어야 한다.

그러나 현실은 정반대로 가고 있다. 지금 우리 사회에서 저출산 상황을 타개하려는 어떠한 움직임도 찾아볼 수 없다고 느끼는 것은 그래서이다.

앞서 소개한 저자들은 300쪽에 달하는 저서의 마지막 장을 다음과 같은 말로 끝맺고 있다.

"조사 및 분석 결과를 통해 알게 된 것은 아이들의 암담한 미래를 확신하는 여성들, 만성적인 불안에 시달리는 여성들, 그리고 그 불안을 견디고 있는 여성들의 모습이다. 미래를 비관하면서 어떻게 아이를 낳아 기를 수 있겠는가? 우리는 어떻게 살아가야 하나?"

과도할 만큼 솔직한 결론 앞에 암담한 심정이 느껴지는 사람은 나만이 아닐 것이다.

5장

신자유주의와 젠더

신자유주의 개혁은 여성 노동자들을 양극화시켰다

신자유주의는 분명 개혁이기는 하다. 기존의 수구파를 '저항세력'
이라 부르고 그것을 하나하나 파괴해나가는 기세는 보는 쪽에서 시
원한 느낌마저 든다.

앞서 신자유주의 개혁은 두 가지 방향으로 작용했다고 지적했다.
하나는 기득권 세력에 균열을 가해 그것을 둘로 분열시키는 효과이
고, 또 하나는 지금까지는 기득권층이 되지 못했던 세력에게도 마찬
가지로 균열을 가해 둘로 분열시키는 효과다.

여성은 당연히 후자의 집단에 속한다. 지금까지 '여성'이라는 이유
만으로 한 묶음으로 차별받던 여성들 중에도 남성과 똑같은 기회가
주어진 사람들이 등장했기 때문이다. 남녀고용기회균등법이라는 '기
회균등'이 바로 그것이다. '남자와 똑같은 기회를 줄 테니 남자들처
럼 노력해보라'는 기회를 얻은 여성들 중에는 경쟁에 뛰어들어 빛나
는 성과를 올리는 사람들도 있었다. 여성 관리직이 계속해서 늘어나
면서, 지금까지 '여자들은 리더십이 없다'는 평가를 받아왔지만 그것

은 단지 리더십을 발휘할 기회가 주어지지 않았을 뿐이었다는 사실
을 알려주었다. 지위가 능력을 키운다는 것은 모두가 아는 사실이다.
여성들에게는 능력을 키울 지위를 주지도 않았고, 사용자나 상사들
도 여성의 능력을 키우려는 생각조차 하지 않았던 시대가 있었다.

그러나 이 '기회균등'이 '남성과 똑같이 일하는 것'을 문제 삼지 않
는 '남성과 같은 기회균등'이었다는 것은 여성들을 두 집단으로 분열
시키는 결과를 초래했다. 한쪽은 남자처럼 일하면서 남자처럼 성과
를 올리는 엘리트 여성들이, 다른 한쪽은 그렇게 일할 수 없어서 '여
성에게 어울리는' 자리에 만족할 수밖에 없는 대다수의 여성들이다.
신자유주의 개혁이 야기한 균열은 여성 노동자들을 엘리트와 대중으
로 양극화시켰다. 그와 더불어 대중에 속한 여성 노동자들의 노동조
건은 예전에 비해 훨씬 악화되었다는 사실은 1990년대 이후의 상황
을 보면 잘 알 수 있다.

여성의 고학력화

이 같은 신자유주의 시대를 여성들은 어떻게 적응, 또는 대응하면
서 살아왔을까?

이 장에서는 이 시기의 여성들의 변화에 대해서 살펴보고자 한다.

1990년대 이후 눈에 띄는 여성의 변화의 하나로 고학력화가 있다.

1990년대에는 전반적으로 대학진학률이 높아졌지만 남성에 비해
여성의 진학률은 현격한 상승을 보였다. 2011년 18세 인구 가운데
고등교육으로 진학하는 비율은 57.6%였다. 앞으로 18세 인구가 감

소할 것이라고 예상했을 때 고등교육 기관의 입학 정원이 지금과 똑같다면 머지않아 모두가 대학에 진학하는 '전원 대학입학 시대'가 올지도 모르겠다. 참고로 한국의 진학률은 92.8%(2010년)다. 거의 모두가 대학에 진학하고 있는 셈이다. 미국은 54.5%(2008년), 영국은 66.1%(2008년), 프랑스는 약 41%(2009년), 독일은 26.5%(2009년)이다.[1] 고등교육의 대중화가 진행된 미국과 영국에서는 대략 절반 이상이, 계층사회가 견고한 프랑스와 독일에서는 셋 중의 한 명이나 넷 중의 한 명 정도가 대학에 진학한다. 참고로 진학률과 졸업률은 동일하지 않다. 미국이나 영국에서는 대학에 진학하더라도 졸업까지 학업을 지속하지 않는 학생들이 많기 때문이다. 진학률은 재적률하고도 다르다. 수업료가 필요 없는 독일은 졸업하지 않고 몇 년씩 대학에 머물러 있는 성인 대학생이 많은데, 그것이 독일의 높은 청년실업률을 은폐하는 역할을 하고 있다고 보는 사람도 있다.

그런데 저출산 시대를 맞이해 대학 진학의 문턱이 계속 낮아져 대단한 조건을 내세우지 않는다면 희망하는 대학에 들어가게 되는 '전원 대학입학 시대'는 정말로 도래할까? 유럽과 미국의 대학진학률은 거의 변화가 없는 상태를 유지하고 있는데 대학의 정원은 감소되지 않았다. 거의 모든 선진국들이 저출산으로 인한 18세 인구 감소를 경험하고 있지만 대학의 정원을 줄이지 않아도 되는 이유는 감소한 국내 학생 인구를 외국 유학생으로 보충하고 있기 때문이다. 특히 영어

---

1 문부과학성 생애교육정책국 조사기획과 〈교육지표의 국제비교〉(2012년 3월).

권은 그런 경향이 강하다. 대학이라는 고등교육 산업은 세계를 시장으로 삼고 있다. 학생들의 국제이동이 활발한 덕분에 전 세계에서 우수한 학생을 데려올 수만 있으면 국내의 진학률이 떨어지더라도 걱정하지 않아도 되는 것이다. 그런 점에서 영어권, 특히 미국의 명문 대학들은 국제적 경쟁력이 있다고 할 수 있다. 오히려 미국의 문제는 초등이나 중등교육이 붕괴한 탓으로 고등교육과의 사이에 학력 격차가 커진 것이라고 할 수 있다.

일본의 고등교육 진학률에는 약간의 속임수가 있다. 그것은 단기 대학과 4년제 대학 진학률을 합계한 수치로 진학률을 산정하기 때문이다. 단기대학이라고 하면 대개 여학생들이 가는 학교라는 인상이 강한 만큼 대부분의 단기대학은 여학생들로 채워진 현실에서는 이수치가 젠더로 인한 격차를 은폐하는 효과가 있다.

남녀차, 4년제 대학과 단기대학을 구분해서 1990년대 이후의 여성 진학률 추이를 검토했을 때는 다음의 사실이 드러난다.(도표 5-1)

첫째, 1990년대 들어서부터 여성들의 단기대학, 4년제 대학의 진학률은 모두 급속한 상승을 보이고 있다.

둘째, 1990년대 중반부터 여성의 단기대학 진학률이 하락하면서 1996년에는 4년제 대학의 진학률이 단기대학을 앞지른다.

셋째, 대학의 대중화 추세에도 여전히 4년제 대학의 진학률에서 남성은 55.2%, 여성은 42.6%(2008년)로 10% 이상의 간격이 있다. 2000년대 초반에는 여성들의 단기대학, 4년제 대학 진학률의 합계가 남성 전체 진학률보다 높은 적도 있지만 4년제 대학만 한정한다면 여성은 여전히 소수파에 속한다. 특히 OECD 국가들에서 진학률의 남녀차가 사라지고 여성이 더 높은 나라들이 많다는 것을 감안할 때

도표 5-1 4년제 대학, 단기대학 진학률 추이

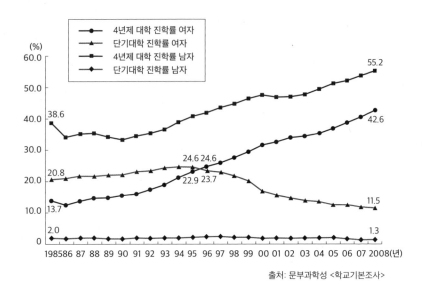

출처: 문부과학성 <학교기본조사>

일본의 부모들은 아들과 딸의 고등교육 투자에 차별을 두고 있음을
알 수 있다. 일본 사회에서는 다른 선진국들에 비해 고등교육에 대한
정부의 부담이 현저하게 낮아 교육비용의 대부분을 부모가 부담하고
있기 때문이다. 말하자면 일본의 부모들은 지금도 딸보다는 아들의
교육에 더 많은 비용을 투자하고 있다는 것이다.

학력 인플레이션 사회의 희생자들

진학률은 무엇으로 결정될까?

18세 인구의 크기와 대학의 정원으로 결정된다.

정원을 계속 늘리면 좋겠지만 그럴 수는 없다. 진학하려는 의욕이 정원과 함께 늘어간다고 볼 수 없기 때문이다. 일본의 진학률은 50% 전후로 거의 변화가 없고 저출산으로 인해 정원에 미달하는 대학이 증가하면서 대학을 통폐합하는 경우도 있는데다 대학의 정원도 18세 인구 변화와 함께 감소할 것이라는 예측도 있다.

교육경제학이라는 분야가 있다. 대학교육에 투자한 비용과 졸업 후 평생 동안 얻을 수 있는 이익을 비교 계산하는 것이 중심이다. 투자비용에는 4년간의 등록금과 생활비만이 아니라 고등학교를 졸업하고 곧장 취직했을 때 벌어들였을 수입까지 계산해서 포함된다. 교육을 투자라고 생각한다면 투자라는 것은 회수를 전제로 한 비용을 말한다. 그래서 투자효과가 있다면 진학률은 상승하고 효과가 없다면 진학률은 정체한다는 가설이 도출된다.

일본의 대학 진학률 동향은 교육경제학의 가설을 거의 뒷받침하는 형태로 변화해왔다. 일본은 오랫동안 학력사회였다. 학력에 따라 임금격차는 물론 취직하는 기업의 규모나 승진상의 격차도 크기 때문에 평생임금의 격차도 큰 일종의 학력 신분사회라고 할 수 있었다. 그러나 고도경제성장기를 통과하면서 먼저 중등교육의 대중화가 일어나서 '고등학교 전원 입학시대'가 시작된 다음에는 고졸과 대졸의 임금격차가 최소로 줄어든 시기가 있었다. 대졸초임이 고졸 사원의 4년 후의 임금과 같았던 시기다. 요컨대 자격이 아니라 연령을 기준으로 임금이 결정된 것이다. 채용 후의 승진에는 학력으로 인한 다소간의 격차는 존재했지만 4년 동안의 기회비용을 생각한다면 평생임금에는 거의 격차가 없었다고 할 수 있는 시대다. 학력격차보다는 평생임금에서는 기업의 규모에 따른 격차가 더 커서 대기업에만 들어가면 고졸사원이라도 중소기업의 대졸사원에 비해 손색없는 월급을 받을 수 있었던, 이른바 전 국민 중산층 사회가 된 것이다. 이런 시기에는 대학 진학률이 거의 변화가 없다. 고등교육에 대한 투자효과를 부모나 본인이나 실감할 수 없기 때문이다.

학력사회는 메리토크라시(meritocracy), 이른바 자격사회라고도 불린다. 그러나 일본은 정확히 말하면 자격사회가 아니다. 학위를 취득해도 임금에 반영되지 않기 때문이다. 1990년대 대학원 중점화 사업 이후 석사 과정이나 박사 과정의 교육 목적에 '고도의 전문 직업인의 양성'이라는 항목이 추가되었지만 석사 학위를 받았다고 해서 경제적 평가를 높게 해주는 일본 기업은 거의 없다.

석사 과정을 수료하고 취직한 대학원생의 이야기를 들어보면, 초임은 대학을 졸업하고 2년이 지난 동년배 사원의 월급 수준과 같다고 한다. 대학을 졸업하고 2년 후에 전직한 경우와도 같다. 박사 과정을 수료한 사람은 훨씬 곤란한 상황이다. 대학원 과정의 등록금과 생활비뿐만 아니라 기회비용까지 생각한다면 경제적으로는 마이너스가 된다. 학위가 생산재의 역할을 하지 않는 것이 일본 사회다.

대학원의 학위가 경영학 석사든 법학 석사든 마찬가지다. 미국에서는 명문대학의 MBA를 취득하면 초임부터 다른 신입사원과 4배 가까운 차이가 생기지만 일본의 기업은 대학에서 취득한 자격을 임금으로 평가해주지 않는다. 아마 일본의 기업들이 대학교육의 내용을 전혀 높이 평가하지 않기 때문일 것이다.

그러나 일본의 전 국민 중산층 사회는 단기간으로 끝나고 말았다. 1980년대 이후에 격차의 징후들이 나타나자 대학 진학률은 다시 상승하기 시작했다. 진학률이 50%에 가까워지면 고등교육의 대중화가 일어났다고 할 수 있다. 그러자 이번에는 학력 간의 격차만이 아니라 학교 간의 격차가 생겨났다. 학력경쟁은 공평한 능력주의에 바탕을 두어야 마땅하지만 학력격차가 실은 출신 가정의 계층 격차로 인해 발생한다는 것은 수많은 데이터들이 증명하고 있다. 학력이 직업에 영향을 미치기 때문에 부모의 경제 계층이 자식의 경제 계층으로 대물림되는 경향, 다시 말해 계층이 다음 세대로 재생산되는 경향이 강해졌다.

그렇다면 더 이상 대학에 갈 필요가 없다는 생각이 확대되었을까? 그러나 그렇게 되지는 않았다. 같은 연령의 인구에서 둘 중의 하나가 대학에 들어가는 시대에는 대졸자에 어울리는 직업을 획득할 기회도 줄어든다. 노동시장에는 화이트칼라 직종만 있는 것은 아니기 때문이다. 대학을 졸업하고도 블루칼라 직종이나 현장노동에 취업하는 사례가 늘어나기 시작했다. 자주 회자되는 경우가 대졸자 택시 운전기사이다. 물론 교양 있는 택시 운전기사는 환영할 만하지만 부모도 본인도 택시 운전기사가 되려고 대학에 투자한 것은 아닐 것이다.

이와 같은 경향을 학력 인플레이션이라고 명명한 사람은 영국의 사회학자 로널드 필립 도어였다. 도어는 고등교육의 대중화가 뒤늦게 시작된 사회일수록 학력 인플레이션 경향이 강하다고 지적했다. 전형적인 사례가 한국이다. 한국의 진학률은 90% 이상이다. 이 정도라면 대학교육에 제대로 따라가지 못하는 학생이 생길 수도 있을 것이다. 그런데도 한국의 교육열이 수그러들지 않는 이유는 상황이 이렇게까지 되면 그 누구도 뒤로 물러날 수 없는, 다시 말하면 대학졸업이 보통 사람의 기본값이 되어버리기 때문이다. 일본 사회도 한국과 유사하다. 교육자원의 낭비라고밖에 표현할 말이 없다. 그런 사회에서 가장 큰 희생자는 진학경쟁에 내몰린 한국과 일본의 아이들이다.

딸에 대한 교육투자

고등교육으로의 진학은 본인의 의지와 능력만으로는 결정되지 않는다. 부모의 동의 없이는 불가능하다. 더 노골적으로 말하면 부모의 경제력에 의해 좌우된다. 부모가 고등교육에 대한 비용부담을 투자라고 생각한다면 투자효과가 있는 투자대상과 투자효과가 없는 대상이 있을 것이다. 일본에서는 오랫동안 아들은 투자대상이었지만 딸은 그렇지 못했다. 왜냐하면 딸은 언젠가 남의 집 사람이 될 '출가외인'이라고 생각했기 때문이다. 그런 딸에게 교육투자를 할 의미는 없었던 것이다.

사실 아이들이 몇씩이나 있는 가정에서 형제들 중 누구에게 제한된 교육자원을 배분할 것인지 가족전략을 고려할 때 딸은 출산 순위와 상관없이 우선순위가 낮은 입장에 있었다. 누나나 여동생이 중학교나 고등학교를 졸업하자마자 일을 하면서 오빠나 남동생의 학비를 마련한다는 '미담'은 여기저기 많았고, 설령 가계에 도움을 주지 않더라도 일하러 나가는 것만으로도 '식구를 줄이는' 효과가 있었다. 각종 의식조사를 살펴보면 고도경제성장기까지 오랫동안 '아들은 대학까지, 딸은 고등학교나 단기대학까지' 교육시킨다고 대답하는 부모가 대다수였다.

일본에는 학력상승혼이라는 관행이 있다. 여자는 자기보다 학력이 더 좋은 남편을 선택하려는 상승혼, 남자는 자기보다 학력이 더 낮은 아내를 선택하려는 하강혼 경향을 가리킨다. 그러나 젠더에 따라 교육자원의 분배격차가 큰 상황에서는 결혼 연령기의 남녀가 서로를 선택할 때 남자가 선택한 여자의 학력이 남자보다 낮을 개연성이 크고, 반대로 여자가 선택한 남자의 학력이 여자보다 높을 개연성이 큰 것은 통계적으로 너무나 당연한 일이다. 대졸남자가 고졸여자를 선택하고 학력을 앞세워 '너처럼 머리가 나쁜 여자'라는 말을 해도 좋을 이유는 없다. 더구나 딸의 학력은 부모의 의향에 따라 결정되는 일이지 딸의 '머리 좋음', 즉 성적이나 능력으로 결정되지 않았기 때문이다.

그러면 딸의 학력을 결정하는 부모의 변수는 무엇일까? 그것은 바로 부모의 경제력이다. 부모가 투자를 회수할 생각이 없는 금전을 얼마나 가지고 있는지에 따라 결정된다. 단기대학이라면 2년 동안, 4년제 대학이라면 4년 동안 '딸을 놀게 할' 수 있는 돈이다. 나는 여자단기대학에서 10년 정도 근무를 했는데 단기대학을 졸업한 뒤에 취직보다 진학을 원하는 딸에게 부모가 하는 말은 이렇다.

"우리 집에는 더 이상 너를 놀게 할 만한 돈이 없다." 부모들에게 단기대학이든 4년제 대학이든 대학이라는 곳은 자식이 '놀러 간 곳'이라는 의식이 있다는 것을 알 수 있다.

예전부터 부모의 경제력에 의존하지 않고 고등교육을 받길 원하는 딸들은 여자사범학교 진학이라는 선택지가 있었다. 국립여자사범학교의 후신으로는 오차노미즈대학과 나라여자대학이 있다. 등록금이 쌀 뿐만 아니라 급비생이라는 제도가 있었기 때문에 가난한 집안의 딸이라도 고등교육을 받을 수 있었다. 그 밖에 간호전문학교에 진학해서 학력이나 자격을 필요로 하는 전문직에 취직하고 싶어했던 딸들은 그에 어울리는 선택지가 몇 있었지만, '직장여성'이 경시되던 시절에는 사범학교에 진학한 딸들은 결혼과는 인연이 없는 '사범 얼굴'이라는 식의 야유를 받았다고 한다.

전공에서의 젠더 분리

여성의 고등교육의 실상을 제대로 알기 위해서는 진학률을 보는 것만으로는 충분치 않다. 과연 여성들이 고등교육의 어떤 분야로 진학했는지를 살펴볼 필요가 있다.

여성의 고등교육에는 전공 분야의 젠더 분리(gender segregation)라는 수수께끼가 존재한다. 힘들게 고등교육을 받을 수 있게 되었는데도 정작 여성들의 전공은 투자비용을 회수할 전망이 그다지 높지 않은 분야에 집중된다고 하는 '수수께끼'다.

단기대학 및 4년제 대학의 여성 진학률이 상승하던 초기에 여학생들이 선택한 전공 분야는 이른바 실학이 아닌 허학(虛學)이라 할 수 있는 문학이나 예술, 교양과 관련된, 직업으로 직결되지 않는 영역에 집중되어 있었다. 다시 말하면 교육투자에 대한 회수를 기대할 수 없는 분야로의 진학을 딸 스스로가 선택하고 부모도 동의한 것이다.

데이터를 살펴보면 실제로 1980년대까지 여학생의 전공 분야는 문과계열, 즉 어학이나 예술, 교양 분야에 집중되어 있다.(도표 5-2) 그와 달리 남학생은 이공계열이나 문과계열이라 하더라도 법학이나 경제학에 집중되어 있다. 그 결과 대학은 남녀공학이었지만 문학부

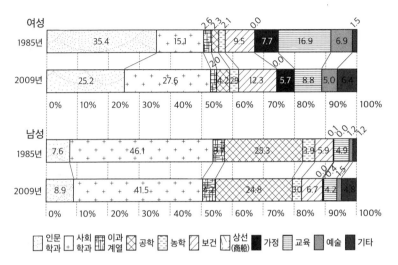

도표 5-2 대학 재학생의 관련 학과별 구성비-1985년, 2009년-

출처: 문부과학성 <학교 기본조사>(1985년, 2009년)

는 여학생이 거의 점령하다시피 했고 공학부의 남학생은 졸업 때까지 한 번도 여학생을 만나지 못하는 식의 성비의 불균형이 발생했다. 남학생의 전공이 졸업 후의 진로와 직결되는 것과 대조적으로 여학생은 진로를 생각하지 않고 호불호만으로 전공을 선택한 것은 아닌지 하는 생각이 들게 하는 결과다. 이것만 놓고 보면 여학생들은 졸업을 앞두고 갑자기 취업하려고 동분서주해봐야 이미 때는 늦고, 애초에 취직할 각오도 없이 진학을 했으니 취업에서 차별을 당하는 것은 당연하다는 견해도 가능할 듯싶다. 사실 오일쇼크의 직격탄을 맞은 단카이 세대가 취업에 뛰어들 시기에도 남녀를 불문하고 문학부 학생들에게는 기업의 안내 책자가 거의 오지도 않았지만, 이공계열의 학생들에게는 불황과 무관하게 기업의 안내 책자가 산더미처럼 쌓였으니 취업차별에는 성차별뿐만 아니라 전공차별도 있었던 셈이다. 졸업할 즈음에 이공계열 학생들이 허구한 날 연구실에 처박혀 힘겹게 학교생활을 했다는 사실을 떠올려보면 아르바이트나 동아리 활동으로 유유자적했던 문과계열 학생들이 취업에서 차별을 당하는 것도 당연하다는 심정이 들었던 기억이 있다.

1961년 당시 와세다대학 문학부 교수였던 테루오카 야스타가는 '여학생 망국론'이라는 것을 주장하기도 했다. 대학에 여학생이 이렇게 많이 늘어나도 졸업하면 곧바로 결혼을 해버리고 교육투자를 사회에 환원하지 않으니 대학이 여학생을 받아들이는 것은 낭비라는 설이다.

'신부는 명문 여대 영문과를 졸업한 재원'

그런데 여성들은 왜 이렇게 '비합리적인 선택'을 하는 것일까?

여자는 아둔하고 미래를 생각하지 않기 때문이라거나 원래부터 비합리적 동물이기 때문이라는 식의 다양한 이유를 생각할 수 있을 것이다.

위의 질문에 대해서 '합리적 선택이론'이라는 것으로 설명한 연구자가 있다. 프랑스의 교육사회학자인 마리 뒤뤼 벨라다. 문화자본론으로 유명한 피에르 부르디외의 제자이기도 하다.

1980년대 프랑스에도 일본처럼 대학 교육에서의 전공별 젠더 분리가 있었다. 뒤뤼 벨라는 제목부터 『딸의 학교(L'Ecole des filles)』라고 붙인 저서에서 '대학의 전공별 젠더 분리는 합리적 선택의 결과'라는 것을 데이터에 근거해서 증명해 보인다.

남성에 대한 교육투자는 미래의 노동시장에 편입될 인적자본을 위한 투자다. 그러나 여성에 대한 교육투자는 그렇지가 않다. 남성과 달리 여성은 두 종류의 시장, 즉 노동시장과 결혼시장에 모두 소속하게 된다. 물론 남성도 똑같이 두 시장에 소속되어 있다고 할 수 있지만, 남성은 노동시장에서의 평가기준과 결혼시장에서의 평가기준이 일치한다. 그러나 여성의 경우는 두 시장에서의 평가기준이 일치하지 않는다. 그렇기 때문에 여성에 대한 교육투자는 이 두 시장의 동향에 맞추어 결정해야 한다는 것이다.

여성에게 있어 결혼은 출신 계층을 다시 선택할 수 있는 생애 최대의 기회라고 할 수 있다. 딸 자신은 물론 부모도 딸의 결혼을 통해서 최대의 이익을 창출할 수 있는 전략을 선택해야 한다. 뒤뤼 벨라는 여성은 노동시장에 적합한 투자보다는 결혼시장에 적합한 투자가 더 효과적이라는 것을 발견했다. 표현을 달리하면 딸이 노동시장에서 미래에 도달할 수 있는 사회적 계층보다는 결혼시장에서 선택한 남편을 통해 도달할 수 있는 사회적 계층이 더 높을 개연성이 있다는 것이다. 더 쉽게 말하면 여성이 스스로 노력해서 손에 넣은 직업을 통해 얻을 수 있는 지위나 연수입보다는 부자인 남편을 만나서 획득할 지위나 연수입이 훨씬 더 높다는 노골적인 '진실'이다. 그러니 노동시장에서 유리한 인적자본이 되기 위한 투자보다는 결혼시장에서 유리한 여성성에 대한 투자가 보다 '합리적' 선택이라는 것이 뒤뤼 벨라의 결론이었다.

어처구니없을 만큼 타산적인 합리성, 아니 공리성이다. 프랑스에서도 '아무르'만으로 결혼상대를 고르는 것은 아닌 모양이다.

물론 이와 같은 여성의 선택은 그 사회에 젠더 격차가 존재하기 때문이다. 같은 학력을 가지고 있어도 남자와 같은 지위를 얻을 수 없는 노동시장에서의 여성차별, 그리고 그와 함께 경제 계층이 높은 남성이 경제력보다는 문화자본을 지닌 아내를 더 선호한 결과이다. 약사 자격증보다는 어학이나 피아노를 능숙하게 다룰 줄 아는 문화자본을 갖추는 쪽이 실질적 도움은 되지 않더라도 결혼시장에서는 훨씬 유리하다는 것이다.

문화자본이란 피에르 부르디외가 만든 개념으로서 취미, 기호, 행동, 교양 등 화폐가치로 환산되지 않는 계층의 지표다. 말하자면 비경제적 지위의 상징이다. 더 쉽게는 결혼식 주례사의 '신부는 명문 여대 영문과를 졸업한 재원'이라는 말이 효력을 발휘하는 세계인 것이다.

문화자본을 경제자본으로 바꾸는(취미나 교양을 돈으로 바꾸는) 것은 어렵지만 경제자본을 문화자본으로 바꾸는(돈을 쏟아부어 취미나 교양을 익히는) 일은 그럴 생각만 있다면 가능하다. 따라서 문화자본은 경제자본의 지표가 되기도 한다. 문화자본이 높은 여성을 선호하는 남성의 본심은 결국 경제적으로 부유한 아버지를 가진 딸을 선택하고 있다고 해도 무방하다. 그리고 딸에게 자격증을 취득하게 하는 아버지보다는 얼핏 보기에 쓸모없어 보이는 교양을 익히게 하는 아버지가 경제적으로 더 여유가 있다는 것은 두말할 필요도 없을 것이다. 결혼이란 남성 입장에서도 자신의 이익을 최대화하기 위한 전략이었던 것이다.

고학력 전문직 여성들의 현실

이렇듯 대학교육의 전공별 젠더 분리는 합리적인 것이라 할 수 있었다. 적어도 1980년대까지는 말이다. 뒤뤼 벨라의 저서를 읽어보면 프랑스에서의 사정도 일본과 마찬가지였다는 것을 알 수 있다.

그런 상황이 급격히 변화한 것은 1990년대 이후이다. 1990년대 일본에서 여성의 진학률이 급상승했으며, 그중에서도 4년제 대학의 진학률이 단기대학의 진학률을 웃돌게 되었다는 사실은 앞서 서술했다. 전공 분야의 성별 분리에서도 변화가 생겼다. 여학생들이 이른바 실학 분야로 진학하는 경향이 뚜렷하게 나타난 것이다.

특히 여학생의 증가 경향이 두드러진 분야는 문과계열에서는 법학부, 이과계열에서는 의학부였다. 보건의학 분야에서는 이전부터 여성의 분야로 상정된 약학과와 간호학과가 확고한 위치를 차지하고 있었기 때문에 여학생들의 의학부 진학률이 높아진 것은 새로운 경향이었다. 그 결과 사법시험과 의사 국가시험에서 여성 합격자의 비율이 상승했다. 지금은 두 분야 모두 여학생의 비율이 30% 전후를 차지하고 있다. 현재 법조계에는 판사나 검사, 변호사들 중에 여성들이 드물지 않고 이런 직종의 여성들을 주인공으로 한 드라마가 끊이지 않고 만들어지고 있다. 그리고 여성 의사들이 많아지면서 '여의사'라는 차별적인 호칭을 사용하는 일도 줄었다. 만일 대학에서 "우리 의과에 여자는 필요 없다"는 '폭언'을 내뱉는 교수가 있다면 의학생은 격감할 것이다.

변호사와 의사라는 직업의 공통된 특징은 혼자서도 개업이 가능한, 고도의 자격을 갖춘 전문직이라는 점이다. 이른바 '실질적인 직업'을 지향하는 궁극적인 형태라 할 수 있다.

딸의 고등교육은 본인의 의욕과 능력만으로는 결정되지 않는다고 앞서 말했다. 딸이 진학하기 위해서는 먼저 부모의 동의가 필요하다. 1990년대 딸들의 부모 세대는 단카이 세대보다 앞의 세대다. 이 세대의 부모들, 특히 아버지들은 '여자한테 교육은 필요 없다'고 생각하는 사람이 적지 않았다. 그리고 어머니들은 고졸이나 단기대학 졸업자가 많았다. 그녀들 중에는 남편과 맞서거나 보이지 않는 곳에서 "아버지는 몰라도 나는 네 편이다"라며 딸의 응원군을 자처하는 어머니들이 많았다.

딸의 고등교육은 부모의 지원, 특히 어머니의 응원 없이는 달성되기 어렵다. 1990년대 중반부터 내가 가르치던 도쿄대학의 여학생들 중에서 재수를 경험한 학생들이 늘고 있다는 사실을 알았다. 재수 역시 부모의 동의 없이는 불가능한 일이다. "여자애가 재수라니. 어디든 적당한 대학 골라서 들어가라"고 하는 부모들 대신, 딸의 등을 두드리며 "재수를 해도 괜찮으니 더 좋은 대학에 가라"고 하는 부모들이 등장한 것이다. 여학생의 재수 경험은 '흠'으로 작용해서 나중에 취직이나 결혼 때 마이너스가 될 것이라고 여겨지던 시절이었다. 그것을 무시하고 딸에게도 아들만큼의 노력을 요구하는 부모들이다.

이 어머니 세대의 배경에는 M자형을 그리는 중고년층 여성의 취업률이 존재한다. 40대 후반 여성들의 취업률은 거의 70%에 가까웠다. 자기수입이 전혀 없는 여성들이 오히려 소수파에 속했다. '엄마의 응원' 속에는 '대학등록금 정도야 아버지한테 손을 벌리지 않아도 내가 벌어서 마련해줄 수 있어'라는 말이 포함되어 있다. 이런 어머니의 경제력 덕분에 지금까지 아들에게만 배분되었던 교육자원을 딸들도 똑같이 나누어받을 수 있게 된 것이다. 이렇게 해서 자녀가 고등교육을 받는 동안 어머니들은 파트직을 그만두고 싶어도 그만둘 수 없는 상황에 처하게 되었다. 실제로 이 연령층의 파트직 여성들은 대부분의 수입을 주택대출금 상환과 자녀의 고등교육 비용으로 사용한다는 결과도 있다. 중고년 여성들이 자신이 벌어들이는 수입을 오롯이 자신을 위해 사용하려면 자녀가 모든 교육기관을 수료할 때까지 기다려야 했다.

말하자면 딸의 고등교육은 모녀 두 세대가 함께 이루어낸 결과물인 셈이다. 나는 고학력의 딸들을 보면 딸들의 등 뒤로 어머니의 그림자가 비치고 있음을 느낀다. 어머니 세대 여성들의 원한 서린 소망이 함께 어른거리는 것이다. '나는 나보다 학력 좋은 남편을 만나 평생을 무시당하면서도 이만큼 견뎌왔다. 내 딸만큼은 높은 학력을 갖춰서 결혼시키고 싶다. 혹시 남편이 죽거나 이혼을 하더라도 자립할 수 있을 전문직을 갖게 해주고 싶다. 만에 하나 혼자가 되더라도 경제적으로 힘들지 않게 만들어주고 싶다'는 어머니들의 굳은 의지가 딸들을 의학부나 법학부에 진학시킨 것이다.

한편 여성의 진학률이 전혀 증가하지 않는 분야로는 문과에서는 경제학부, 이과에서는 공학부다. 이 두 분야의 공통점은 조직에 소속되지 않으면 제힘을 발휘할 수 없다는 점이다. 어머니 세대의 여성들 대부분은 결혼할 때까지 취업을 해서 직장에서 일했던 경험을 가지고 있다. 연애결혼이 맞선결혼의 비율을 뛰어넘은 세대의 여성들이다. 그들 대부분은 고등학교나 단기대학을 졸업하고서 입사한 회사에서 사내연애를 하고 결혼과 함께 퇴사했던 여성들이다. 그런 경험을 통해 그들은 기업이 여성들을 어떻게 취급하는지 뼛속까지 체득

했다. 딸들의 선택을 보면 어머니 세대들이 일본의 기업 조직에 얼마나 처절히 절망했는지를 엿볼 수 있다.

그렇게 어렵사리 손에 넣은 여성 변호사, 여성 의사들은 그 후에 어떻게 되었을까? 여성 변호사에 관련한 자료로는 일본변호사연합회가 조사한 〈변호사 백서〉(2008)의 '남녀공동참여' 특집이 있다. 그것을 보면 변호사가 되어서도 남녀 격차에서 벗어날 수 없는 현실이 극명하게 드러난다. 변호사를 개업한 지 20년째 되는 여성 변호사와 남성 변호사의 연수입 격차는 거의 두 배에 달한다. 그 이유는 남성 변호사에게는 변호사 사무실을 마련해주는 경영자가 많은데다가 고객들 중에는 개인이 아닌 법인이 오는 경우가 많기 때문이다. 이와 대조적으로 여성 변호사에게 수임을 부탁하는 사람들의 대부분은 이혼이나 상속 관련, 부모자녀 문제와 같은 다양한 가족 간의 사정에서 문제를 가진 개인이 압도적으로 많다. 고객의 대부분이 경제적으로 여유가 없으니 변호사인 여성도 부자가 될 수 없다.

여성 의사를 살펴보면 의사가 된 다음에도 결혼과 출산 때문에 퇴직률이 매우 높다는 것이 특징이다. 이른바 3D직종에 해당하는 의료현장은 비록 보수가 높다고 해도 야근을 포함하는 과혹한 직업 현장이다. 그렇기 때문에 여성들은 대체로 구급이나 야간근무를 하지 않는 피부과나 안과 같은 분야에 집중하는 경향이 있다. 하지만 직업적 사명을 위해서는 사생활을 희생해야 하는 곳이 의료직이다. 남성들도 가정과 양립하는 것이 극히 어려운 의사라는 직장의 노동 조건이 여성이 늘었다고 해서 변화했다고는 생각되지 않는다. 오히려 병원경영이 악화되면서 종합병원에 근무하는 의사들의 노동 조건은 갈수록 나빠지고 있다. 그 결과 여성 의사는 출산과 함께 퇴직을 하는 경우가 많다. 아무도 그것을 탓할 수는 없다. 직장을 그만두는 여성들이 문제가 아니라 도저히 가정과 양립할 수 없는 지금의 의료 환경이 문제인 것이다. 경제적으로 여유가 있으면 의사자격증이 있어도 출산 후에 복직하지 않는 여성들도 있다. 복직을 하더라도 보건소나 외래진료만을 전문으로 하는 클리닉 같은 곳의 야근이 없는 파트타임 고용을 선호한다. 시급이 높은 이른바 전문직 파트직이다. 이것이 과연 어머니들이 딸들에게 바랐던 교육투자의 성과라 할 수 있을까? 그리고 딸들 스스로가 원했던 노동 방식이었을까? 의사의 3분의 1을 차지하는 여성 의사라는 의료 자원이 이런 식으로 쓰이는 것은 인적 자본의 낭비가 아닐 수 없다.

여아선호의 수수께끼

여성 고학력화의 또 하나의 요인은 저출산이다. 나는 학력에서 남녀 격차가 줄어든 가장 큰 이유는 저출산 때문이 아닐까 생각한다.

현재 자녀가 있는 가정에서 자녀가 둘인 경우가 42%, 한 자녀인 경우는 45%, 세 자녀 이상인 경우가 13% 정도라고 한다. 그리고 자녀를 둔 가구의 40% 정도의 자녀 구성이 외동딸이거나 자매라고 한다. 전근대적인 표현을 빌리자면 '대를 이을 자식'이 없는 집안인 셈이다. 지금의 황태자 일가가 그런 경우다. 그래서 황태자비 마사코 씨는 딸을 낳은 뒤에 후계자 아들을 낳아야 한다는 압박을 받아왔다. 황태자의 남동생도 막내로 아들이 태어날 때까지 똑같은 압박을 받았다. 일본에는 '막내 장남'이라는 말이 있다. 계속 딸만 낳다가 아들이 태어나고서야 출산을 그만두는 경우다. 황태자의 조카도 말하자면 막내 장남이다. 옛날 일본에는 그렇게 막내이면서 장남인 아들이 많았다. 지금이야 그런 풍속은 사라졌다. 왜냐하면 지금의 일본 가정은 아이를 셋이나 넷을 낳아 기를 만큼의 체력도 기력도 경제력도 상실했기 때문이다.

일본에 흥미로운 데이터가 있다. 만일 평생 아이를 하나만 낳는다면 아들인지 딸인지를 묻는 질문에 답한 데이터다. 오랫동안 같은 질문을 해왔기 때문에 시간 경과에 따른 변화를 알 수 있다는 점에서도

도표 5-3 **한 자녀로 이상적으로 생각하는 성별, 부부 비율(%)**

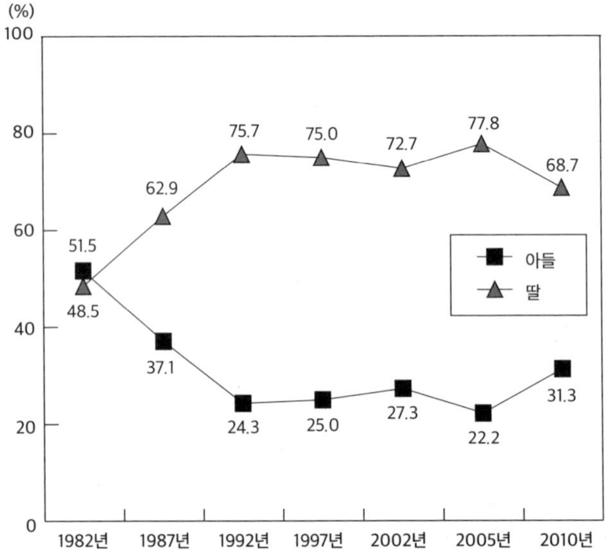

주의: 대상은 이상적인 자녀의 수가 하나 이상인 초혼 부부들 중에서 아들과 딸이 함께 있는 것이 더 이상적이라고 대답한 부부들

출처: <제14회 출생동향 기본조사> 국립사회보장·인구문제연구소

귀중한 데이터다. 이 질문의 대답에서 아들보다 딸이 더 많아진 것이 1980년대 중반이었다. (도표 5-3)

이상하게도 동아시아 유교 국가들 중에서 딸을 선호하는 나라는 일본밖에 없다. 한국도 중국도 아들을 더 선호한다. 심지어 중국은 '한 자녀 정책' 탓으로 태아성별판정을 통해 출산이 이루어지고 있는 것은 아닌지 의심할 만한 수치마저 있다. 대개 선진국의 자연출생성비(임신·출산 과정에서 인위적 개입 없이 태어나는 신생아의 성비)는 [남:여=105:100]이라는 수치로 알려져 있는데 최근 중국에서는 [남:여=121:100]이라는 눈에 띄는 불균형적인 수치가 보고되었기 때문이다. 이는 어떤 종류의 인공적 조작이 개입되지 않고서는 일어나기 어려운 수치다. 임신 중의 태아성별판정을 통해서 인공유산을 하거나 여아의 영아살해를 하는 게 아닐까 하는 의심마저 든다. 이게 사실이라면 여성은 태어나기 전부터 수난을 겪는다.

이 불균형적인 성비는 가까운 미래에 남성들의 심각한 결혼난이라는 부메랑으로 되돌아올 것이다. 자연출생성비인 105:100일 때조차 결혼적령기에 모두가 커플을 이룰 경우 대략 스무 명 중의 한 명의 남성은 여성과 짝을 이루지 못하게 되는 수치다. 결코 낮은 수치라고 할 수 없다. 그런데 [115:100]이라는 성비라면 대략 여덟 명 중 한 명 꼴로 남성이 결혼을 못 하는 시대가 오게 되리라는 것은 쉽게 예상된다. 실제로 중국의 결혼 사정을 보면 매우 심각한 '여성 부족' 상황이다. 그래서 도시에서는 지방에서 여자를 '사'오거나(구매혼) 외국에서 신부를 수입함으로써 여성 부족을 보충하고 있다고 한다.

남아선호는 동아시아 국가들의 공통된 경향이다. 한국이나 중국만이 아니라 대만이나 싱가포르에서도 마찬가지다. 그런데 왜 일본에서만 여아를 선호할까?

이 수수께끼를 푸는 열쇠는 고령화에 있다.

연금제도가 확립되면서 부모가 자식에게 경제적으로 의존하는 일이 줄어들었다. 그래서 노후보장으로서 아들의 가치가 떨어졌다. 대신에 상승한 것이 딸의 가치다.

노후 기간이 길어지면서 부모들은 과연 누가 자신을 돌봐줄 것인지 불안이 커지게 되었다. 병들어 눕거나 치매에 걸린 고령자에 대한 미디어의 보도가 사람들의 불안을 더 키우기도 한다. 때문에 돈보다는 자신을 돌봐줄 사람, 그것도 여성에 대한 기대와 요구가 더 높아진다. 자신을 돌봐줄 여성으로서 며느리보다 딸의 선호가 더욱 강화된다.

예로부터 고부간에는 갈등이 벌어질 가능성이 높고, 대소변을 포함해 신체를 돌보는 일을 타인인 며느리에게 맡기고 싶지 않다. 더구나 남편과의 관계에서 대등한 의식을 높여온 아들의 아내가 옛날처럼 시아버지를 섬기는 '며느리' 의식을 가지고 있다고 생각할 수 없다. 며느리가 시부모를 돌봐야 할 입장에 놓이더라도 흔쾌히 받아들이지 않을 것이 분명하고, 자신 역시 시집보낸 딸을 그렇게 교육시키지 않았다. 노후의 자신을 보살펴줄 사람은 아들(의 아내)보다는 역시 이런저런 속사정을 다 아는 딸이 더 낫다. 그러니 딸이 아이를 키울 때 최선을 다해 도움을 주고 딸에게 부담을 차곡차곡 쌓아두자. 아들은 결혼하면 어차피 며느리 집안에 빼앗기기 마련. 딸을 낳아서 참으로 다행이다. 하나만 낳는다면 당연히 아들보다는 딸이지…. 이렇게 생각하는 부모 세대의 얼굴이 떠오른다.

딸이 결혼한 후로도 이어지는 모녀간의 강한 연대감은 여기에서 비롯된다. 실제로 1980년대의 세대 간의 상호의존 관계를 보여주는 데이터는 남편 집안보다는 아내 집안과 더 강하게 연결되어 있음을 말해준다. 신혼부부가 신혼집을 선택하는 조건에는 아내의 집에서 거리가 가까워야 한다(남편은 별로 고려되지 않는다)는 것이 있었고, 연말연시를 함께 보내는 쪽도 남편 집안보다는 아내 집안인 경우가 증가했다. 남편 집안에는 새해 인사를 가더라도 식사만 하고 서둘러 일어서는 손님처럼 다녀온다. 시댁에서는 편안히 있을 수 없다는 아내 주도형 명절 보내기에 남편들도 동참하게 된 것이다. "아들은 결혼하면 며느리 집안에 뺏긴 거나 마찬가지"라고 아들 부모들이 볼멘소리를 하는 것이 억지소리가 아닌 상황이 벌어졌다. 그와는 반대로 '시집을 보냈던' 딸은 무슨 일이 생길 때마다 친정을 의지처로 여기고 서로 간의 방문도 잦다. 결혼해서 따로 살고 성이 바뀌었다 해도 '딸은 내 자식'이라는 심정을 딸 가진 부모들은 오랫동안 누리게 된 것이다. 사실 부모 세대는 그런 세태를 한탄할 자격이 없다. 그들 자신이 이미 오래전부터 아내 집안을 우선하는 관계를 맺어왔기 때문이다.

모녀간의 상호의존 관계에는 부모 쪽의 속사정과 딸의 이해관계가 함께 얽혀 있다.

부모 쪽의 속사정은 (1) 고령화에 따른 노후불안이 높아지면서 자신을 보살펴줄 사람으로서 딸을 기대한다. (2) 고등교육 비용을 포함한 자식 키우기의 비용이 딸에게도 높아졌기 때문에 부모들은 딸로부터 투자비용을 회수하려고 한다. 특히 대학교육을 시킨 딸에게는 부모 자신이 일을 계속할 것을 강하게 원하기 때문에 손자손녀 키우기에 자발적으로 참여하는 경우도 있다. 딸의 가치가 확실히 높아졌다.

실패를 허락하지 않는 자녀교육

그렇다면 과연 1980년대에 남아선호에서 여아선호로의 역전이 여성의 지위 상승을 증명하는 것일까?

나는 그렇게 생각하지 않는다. 노후의 여성 일손으로 기대되는 딸은 '가사와 육아, 돌봄은 여자의 일'이라는 젠더 규범에 의해 규정되고 있고 그로부터 벗어날 수 없다. 노후를 의지할 대상의 우선순위가 며느리에서 딸로 바뀌었을 뿐이다. 게다가 이미 출가한 딸도 자기 부모의 노후를 책임져야 하는 부담에서 벗어날 수 없게 된 현실을 반영하고 있다. 지금까지는 마지막까지 집에 머물면서 집을 물려받는 딸, 대체로 미혼의 막내딸이 부모의 노후를 보살폈지만 결혼한 딸이라고 해서 부모를 돌볼 의무에서 자유로워진 것은 아니다.

더불어 딸에게도 나름의 속사정이 있다. 갖은 애를 써서 고학력과 직업을 손에 넣었는데 결혼과 출산 때문에 직장을 그만두고 싶지 않다. 다행히 친정엄마가 아이가 태어나자 마치 기다렸다는 듯이 키워주겠다고 한다. 여자는 친정엄마에게 적당히 의지하는 편이 낫겠다, 시어머니는 아이에게는 똑같은 할머니이지만 내 엄마가 이것저것 부탁하기도 편하다. 어차피 언젠가는 내가 엄마의 노후를 돌봐야 하니 지금은 좀 기대도 괜찮을 것이다…. 이렇게 해서 아내 집안과 가까운 곳에 거주하거나 아예 아내의 부모와 함께 사는 경우가 많아진다. 자기 성을 아내 집안의 성으로 바꾸는 데릴사위는 아니더라도 이런 현상이 증가하게 되었다. 애초부터 아이 키우는 일에 도움을 주거나 참견할 생각도 없는 남편 입장에서는 아내 집안의 영향력이 커지는 상황이 달갑지는 않지만 육아를 도와주는 처가 쪽이 오히려 고맙기도 한 것이다.

뿐만 아니라 저출산은 젠더에 역설적으로 작용한다. 자녀가 적은 상황은 딸의 지위를 상대적으로 높여주는 효과를 낳았다. 지금까지 아들은 4년제 대학까지 보내고 딸은 고등학교나 단기대학까지만 보내겠다고 하던 부모들도 자식이 딸 하나일 경우라면 성별에 따라 차별해서 진로를 선택할 수가 없게 되었다. 더욱이 딸이 똑똑하기까지 하다면 열심히 공부시켜서 상급학교에 진학시키려고 애쓰게 되었다.

자식 키우기는 여럿보다는 하나나 둘 키우기가 훨씬 힘들다고 한다. 사실 육아가 힘든 이유는 아이를 적게 낳기 때문인 부분도 있다. 셋째 아이부터는 키우기가 편하다는 말은 경험이 쌓여서인 것도 있겠지만 셋째 아이부터는 형제들의 도움을 받을 수 있기 때문이다. 일곱 살만 되어도 어엿한 일손이 되어주었다. 메이지시대(1867~1912)의 일곱 살짜리 아이는 갓난쟁이 동생을 업고서 놀곤 했다. 일곱 살 아이는 자기 집에서도 어머니의 육아를 돕는 조력자일 뿐 아니라 다른 집에서 애보기를 하는 어엿한 노동력이기도 했다. 일곱 살이면 학교에 갈 나이다. 메이지 5년(1872)에 근대적 학교제도가 공표된 후에도 의무교육의 취학률은 좀처럼 높아지지 않았다. 특히 여자아이의 취학률이 오르지 않았는데, 이유는 여자에게 학문은 필요 없다는 성차별이 이유이기도 했지만 갓난아이를 키우는 일손을 학교에 빼앗길 수 없다는 부모들의 생각 때문이기도 했다. 그래서 여자아이의 취학률을 올리는 대책으로 메이지 정부는 갓난아이를 업고 학교에 와도 좋다는 지도까지 내려보낼 정도였다. 눈물겨운 이야기다. 하지만 아기가 울거나 하면 주위 학생들에게도 폐를 끼치게 된다. 그래서 아기를 돌봐야 하는 여자아이들만 모아서 가르치는 학교가 개설되기도 했다.

아이를 하나나 둘 키우면서 힘들어하는 젊은 엄마들을 보면서 옛날 일본의 어머니들은 아이들을 대여섯씩 키우면서도 여유가 있고 믿음직스러웠다며 칭송하는 사람들이 있다. 하지만 과거에는 아이를 많이 낳을수록 아이들이 자기들끼리 나름의 공동체를 만들어주었기 때문에 아이 키우기가 비교적 수월했을 것이다. 그러나 옛날 일본의 어머니들을 침이 마르게 칭송하는 사람들은 아이의 수가 적기 때문에 더 크게 느끼는 지금 엄마들의 중압감을 도저히 이해하지 못한다.

중국은 한 자녀 정책을 취하고 있다. 중국에서 일본의 저출산 문제에 대해 강연했을 때의 일이다. 강연에서 "저출산 시대를 사는 일본의 젊은 부모들은 과거의 부모들이 결코 맛보지 못했던 육아의 중압감에 신음하고 있다. 그것은 바로 절대로 실패할 수 없는 육아라는 중압감이다"라고 했을 때 중국 청중들이 표했던 엄청난 관심이 떠오른다.

그렇다. 아이가 다섯이나 여섯일 때는 그중에는 똑똑한 아이도 있고 좀 부족한 아이도 있기 마련이다. 부모와 기질이 잘 맞는 아이도 있고 잘 맞지 않는 아이도 있다. 성공하는 아이도 있고 그렇지 못한 아이도 있다. 부모에게 효도하는 아이도 있고 삐뚤어지는 아이도 있을 것이다. 많은 아이들 중 한둘쯤은 나라에 바칠 수도 있다고 생각할 수 있다. 하지만 아이가 오롯이 하나일 경우에는 어떨까? 보통 수준으로 키우는 것은 당연지사. 하지만 실패는 절대로 허락되지 않는다. 왜냐하면 그 뒤가 없기 때문이다.[2]

성공한 자녀교육이란 어떤 것일까? 똑똑한 아이로 키우는 것, 즉 종래의 사고방식을 따르자면 좋은 학교, 좋은 회사에 들여보내는 것,

그런 것일까? 더구나 아들이라면 실패는 용납되지 않는다. 그러나 딸이라면, 똑똑하게 키우지 못했을지라도 변명할 여지가 있다. '괜찮아, 여자애잖아. 똑똑하지는 않아도 귀엽기만 하면….' 여자에게는 여자만의 라이프코스가 있다고 부모들은 생각하는 듯하다.

그뿐이 아니다. 아이가 하나나 둘이라면 노후를 의탁하기에 부담이 너무 무겁다. 자식의 경제력에 의존할 생각이 없는 부모들 입장에서 자녀는 이미 투자비용을 회수해야 하는 생산재가 아니라 인생의 일정 시기를 함께 보내줄 여유로운 소비재가 되었다. 그랬을 경우 특히 어머니 입장에서는 동성으로서 비슷하게 느끼면서 속마음도 털어놓을 수 있는 대상, 인형처럼 귀여운 옷을 입히고 자력으로 살아가지 못하더라도 좋은 짝만 찾으면 그것으로 충분한 (그렇게 생각하는) 딸은 큰 부담 없이 아이 키우기를 즐길 수 있는 이상적인 소비재라 할 수 있다.

일본의 지성이라 평가받은 두 남성 지식인, 미야다이 신지와 아즈마 히로키의 대담집 『아버지로서 생각한다』(NHK출판 2012)를 읽고 얼어붙을 만큼 경악한 적이 있다. 두 사람 모두 딸을 가진 아버지로서,

---

2 실제로 1980년대 소련의 아프가니스탄 침공에 대해 소련 국내에서 이전에 보지 못한 격렬한 반전운동이 일어난 것은 저출산 때문이라고 평가된다. 젊은 소련군 병사들의 희생이 많았던 아프가니스탄의 전쟁터로 어머니들이 찾아가 "내 아들을 돌려달라"고 요구했다고 한다. 아프가니스탄은 게릴라가 많았던 전쟁터로 근대 이후의 전쟁 중에서도 중장비를 갖춘 군대조차 전투가 힘겨웠고 희생이 많았던 전쟁으로 알려져 있다. 나중에 미국이 아프가니스탄 전쟁에 참전했을 때 특히 지상전에서의 곤란과 엄청난 희생은 소련의 경험에서 충분히 예상된 것이었다.

그들은 딸의 교육법에 대해 이렇게 말했다. "여자아이들한테는 백 도어가 있다"라고. 그들이 말하는 '백 도어'란 지금의 격렬한 노동시장의 경쟁에서 도망칠 수 있는 '뒷문'이라는 의미다. 쉽게 말하자면 '여자는 결혼이라는 뒷문으로 도망칠 수 있다'는 말이다. 지금이 어떤 세상인데 이런 식의 어이없는 발언을 하다니…. 성희롱의 경고 카드를 보낼 대상이다. 어쨌든 지식인인 그들이 딸에게는 딸에게 맞는 교육법이 있다고 하는 놀라울 만큼 보수적인 여성관을 가지고 있다는 사실을 알게 되었다. 더욱이 그들은 "그 백 도어는 나이가 들면 닫힌다는 사실을 딸들에게 가르쳐주어야 한다"고 덧붙인다. 이 역시 쉽게 풀이하면 '결혼에는 연령 제한이 있다'는 의미일 것이다. 이런 사실을 가르쳐주지 않으면 자칫 결혼적령기를 지나 문득 정신을 차려 보면 '나 홀로'가 될 터이니 부디 그렇게는 되지 말아야 한다는 '부성애'의 표현일까? 사실 두 사람의 대담집은 내가 쓴 『독신의 노후』(호켄 2007)에 대한 비판을 담은 것이었다. 두 사람의 딸들이 성인이 될 십 몇 년 후에도 여성의 라이프코스가 변화하지 않을 것이라고 예상하는 이 아버지들의 비관주의와 보수성을 접하고 나는 암담한 심정이었다.

일본의 여아선호에 대한 나의 해석은 이렇다.

'이것은 일본에 존재하는 여성차별의 결과물이다. 저출산·고령화 사회에서 '돌보는 역할'로서의 여성의 지위가 바뀌지 않았기 때문에 여아선호가 강해진 것이다.'

딸들의 수난시대

동시에 이것은 일본의 고령자 복지제도의 부실함(얼마간의 충실함과 한계)이 낳은 결과이기도 하다. 일본의 사회보장제도는 부모와 자녀의 관계에 큰 변화를 가져왔다. 충실한 연금제도는 경제적으로 부모가 자녀에게 의존하는 강도를 약화시켜 특히 아들에 대한 가치를 하락시켰다. 생각건대 연금이란 부모와 자녀의 세대 사이에서 이루어지는 공적인 생활비보조제도라 바꾸어 말할 수 있다. 연금의 원천은 한창 일하는 아들이나 딸들의 주머니에서 나온다. 정부가 이것을 징수해서 연금 재정에 투입한 다음 익명화해서 고령자에게 재분배하는 것이 이른바 연금인 것이다. 그런데 이것을 자녀들이 직접 자신의 부모에게 매달 현금으로 보내고 있다고 가정해보자. 자녀들 입장에서보면 지금 납입하는 연금 보험료보다는 훨씬 부담이 클 것이고, 부모들 입장에서도 자식들에게 떳떳한 마음이 들지 못할 뿐만 아니라 손자들에게 조금이나마 용돈을 주는 게 낙이라는 말은 더 이상 하지 못할 것이다. 더욱이 1945년 이후의 고도경제성장기의 고용률이 자영업자의 비율을 뛰어넘을 정도로 높았던 덕택에 현재의 수많은 고령자들은 국민연금 외에도 후생연금까지 이중으로 수급할 수 있게 되었다. 연금이라는 공적인 재분배제도의 확립은 자녀 세대로부터 부모 세대의 경제적 자립을 가능하게 했으며, 그로 인해 세대 간의 관계에 변화를 가져왔다. 만일 사회보장제도가 가족을 붕괴시키고 있다고 주장하고자 한다면 가장 먼저 연금제도부터 폐지해야 할 것이다. 과거에는 자녀에게 의지하는 것 외에는 다른 선택지가 없었기 때문에 의지할 자녀(특히 아들)가 없는, 혹은 자녀가 세상을 먼저 떠난 고령자만큼 딱하게 여겨지는 사람은 없었다.

　연금제도가 노후 시기의 아들에 대한 기대를 낮추었다고 한다면, 딸에 대한 기대를 높인 것은 돈이 있어도 돌봐줄 사람이 없는 노후의 불안 때문이다. 1980년대는 고령의 부모를 돌보는 문제가 사회적인 이슈로 떠오르면서 심각한 실태가 세상에 알려진 시기다. 필요한 돌봄 서비스를 개인이 선택하지 못하고 정부가 정한 범위 내에서만 이용할 수 있었던 이 시기의 사회보장 시스템은 빈곤층에 한정된 것이었고, 중산층은 바랄 수 없는 것이었다. 이 시기의 여아선호는 연금은 보장할 수 있지만 노후의 돌봄 서비스는 보장해주지 못한 일본의 복지제도의 사각지대가 낳은 산물이라고 해도 좋을 것이다.
　그 시점에 마침내 등장한 것이 노후간병보험이다. 그럼에도 여전히 여아선호 의식이 사라지지 않고 있는 현실은 대부분의 고령자가 간병보험만으로는 충분하지 않다는 불안을 느끼고 있다는 반증일 것이다. 만일 간병보험이 충실해져서 경제적인 부분만이 아니라 간병이나 돌봄 부분에서도 부모 세대가 자식 세대로부터 자립할 수 있게 된다면 자녀의 성별 선호는 사라질까? 그러나 인간의 삶과 죽음에 관해서는 남성보다 여성이 더 깊이 관여되어 있다고 생각하는 한 고령사회가 진행될수록 딸을 낳아서 다행이라는 부모들이 사라지지 않을 것이다.
　이렇게 해서 딸은 한편으로는 부모의 교육투자 대상이 되고 다른 한편으로는 '돌보는 성'이라는 기대를 아울러 짊어지는 대상이 된다. 나는 이것을 딸의 '이중부담'이라고 명명한다. 돌이켜보면 교육투자를 제대로 받지 못했던 시절의 딸들은 '돌보는 성'으로서의 기대치에

만 보답하면 되었다. 그런데 지금은 아들과 똑같이 교육투자를 회수하려는 기대에도 보답해야 한다.

참으로 힘겨운 상황이다. 이것이 지금의 딸들을 보며 느끼는 심정이다. 이른바, '딸들의 수난시대'의 시작이다.

6장

노력으로 행복해질 수 있다,
가츠마 vs 가야마

엄마와 딸

　앞서 나는 '딸들의 수난시대의 시작'이라고 표현했다. 그리고 딸들 뒤에는 늘 어머니가 있다는 것도.

　최근 모녀관계를 주제로 한 책들이 연달아 출판되고 있다. 심리학 자 노부타 사요코의 『엄마가 너무 무거워―묘지를 지키는 딸의 탄식』(춘추사 2008)은 베스트셀러가 되었고, 같은 저자의 『더 마마 연구』(이론사 2010)라는 책도 나와 있다. 정신과 의사인 사이토 다마키의 『엄마는 딸의 인생을 지배한다―'엄마 죽이기'는 왜 어려운가』(NHK 북스 2008, 한국어판 2017)도 있으며, 이전부터 엄마는 딸을 질투한다는 식의 통속심리학을 유포하는 사람도 있어왔다. 에세이나 소설로는 사노 요코의 『시즈코 상』(신쵸사 2008, 한국어판 2016), 나카야마 치나츠의 『사치코 씨와 나―어느 모녀의 사례』(창출판 2009), 무라야마 유카의 『방탕기』(집영사 2011) 등 모녀간의 갈등을 다룬 출판물들이 줄줄이 나오고 있다. 미즈무라 미나에의 장편소설 『어머니의 유산―신문소설』(중앙공론신사 2011)이 인기를 모았는데 표지 문구에는 "엄마, 도

166

대체 언제 죽어줄 거야?"라는 무시무시한 문장이 쓰여 있다. 소녀만화로는 하기오 모토의 『이구아나 딸』(소학관 1994)이 유명한데, 이것은 드라마로 만들어지기도 했다. 뿐만 아니다. 나도 답하기를 맡고 있는 〈마이니치신문〉의 토요판 '고민의 도가니'라는 개인 상담 코너에는 '엄마를 사랑할 수 없다'는 딸의 고민이 빠지지 않고 투고되었다.

지금까지 심리학은 자주 '아버지와 아들'을 주제로 삼아왔고, 많은 논자들은 아들의 '아버지 죽이기'는 남성의 성장 과제라고 서술해왔다. 그와 반대로 마더콤플렉스의 숙명을 짊어진 남성에게 '어머니 죽이기'는 달성하기 힘든 과제라는 논의도 있어왔다. 그러나 같은 구도 위에 아들 대신 딸을 놓는다고 그 반대가 성립하는 것은 아니다. 오이디푸스콤플렉스가 없는 딸[1]은 어머니로부터 분리될 필요가 없기 때문에 아들의 '아버지 죽이기'에 해당하는 딸의 '어머니 죽이기'를 성장 과제로 삼을 필요가 없고, 이른바 '파더콤플렉스'를 가진 딸이라 하더라도 고작해야 아버지와 유사한 남성을 남편으로 골라서 비호해주는 대상을 바꾸면 되는 존재라고 생각되었다. 그렇기 때문에 딸의 '어머니 죽이기'는 역사적으로 봤을 때 매우 새로운 주제라 할

---

1 프로이트 이론에 의하면 오이디푸스콤플렉스란 어머니에 대한 아들의 성적욕망을 가리킨다. 아버지를 죽이고 어머니를 아내로 삼은 그리스신화의 오이디푸스 왕 일화에서 명명되었다. 아들의 욕망에 거세공포로써 개입하는 것이 아버지인데 페니스를 가지지 않은 딸에게는 거세공포가 유효하지 않을 뿐만 아니라 어머니에 대한 딸의 애정은 성적욕망으로 간주되지 않기 때문에 아버지의 개입이 없고 아들처럼 딸에게는 '모자분리'가 요구되지 않는다. 그 결과 딸은 어머니와의 동일화를 유지한 채로 충분한 성숙을 이룰 수 없다고 한다.

수 있다.

　여성학이 등장한 1970년대에도 모녀관계에 대한 연구 붐이 있었다. 그때까지의 심리학은 후안무치할 정도로 남성 중심주의였기 때문에 '남자아이는 어떻게 해서 어른 남성이 되는가?'에 대한 질문과 해답은 제시되었지만, 여성의 심리에 관해서는 어디까지나 곁가지에 지나지 않았다. 당시 남성과 같은 수준의 성과를 과시하면서 사회적으로 성공한 여성들을 조사한 연구를 살펴보면 여자가 성공하기 위한 조건으로 '아버지와 딸의 관계가 좋다', 다시 말하면 아버지가 딸의 롤모델이 되거나 딸을 아들처럼 생각하면서 응원해주는 역할을 했다—평소에 아버지가 딸에게 "네가 아들이었다면 얼마나 좋았을까?"라며 끊임없이 아쉬워했거나, 딸이라도 첫째나 외동이라서 특별히 사랑했다—는 사실을 알 수 있다. 물론 아버지가 딸의 롤모델이 되기 위한 조건은 그를 위한 사회적 선택지가 딸에게도 열려 있는지, 그리고 아버지와 같아지려는 딸의 마음을 아버지가 가라앉게 하지는 않았는지 하는 것과 관련이 깊다. '어차피 너는 딸이니까 별 수 없어'라는 식으로 딸의 미래 선택지를 좁혀버린다면 사회적으로 성공하는 여성은 태어나지 않을 것이다. 더욱이 프로이트 이론은 여자답지 않게 '남성적인' 삶의 방식을 선택하는 여자들을 '페니스 선망'이라는 이름의 마음의 병에 들었다고 간주했다. '어머니의 뱃속에 두고 온' 페니스를 욕망한 나머지 되지도 않을 남자 흉내를 내고 있는 '아픈' 여자. 이런 여자는 병에 걸렸기 때문에 치료 대상이라고 할 정도였다. 그래서 보이시한 여자아이들도 결국은 프로크루스테스[2]의 침대처럼 뿔이 잘리고 다리가 꺾여 '분수에 맞는' 여자의 틀로 들어가는 수밖에 없었다.

이런 딸들에게 어머니는 그렇게 되고 싶지 않은 '반면교사'로서 등장한다. 그럼에도 딸이 존경하고 본보기로 삼고 있는 아버지의 사랑을 받는 아내의 자리에 있는 사람은 다름 아닌 어머니이기 때문에 여자로서의 행복을 손에 넣기 위해서는 '어머니처럼' 행동해야 한다고도 느낀다. 그러나 '어머니처럼' 행동한다면 '아버지처럼' 성공할 수도 없다. 이렇게 아들이 되지 못한 딸은 아버지를 롤모델로 삼는 순간 모순에 빠지고 만다. 그때 터져 나온 딸들의 비명소리를 미국인 여성은 이렇게 표현했다.

"아버지는 공적인 장소에서 어떻게 행동해야 좋을지는 가르쳐주었지만 침대에서 어떻게 하면 좋을지는 가르쳐주지 않았단 말이에요!"

여성학에서도 어머니와 딸의 관계는 난해한 문제였다. 아들과 아버지의 갈등은 당연하고 성인 남자가 되기 위해서는 '아버지 죽이기'를 통해 아버지를 극복해야 한다고 했지만, 어머니를 '반면교사'로 삼은 딸에게도 어머니를 증오하는 것은 금기시되었기 때문이다. 심지어 고통스러운 생활을 감수하는 어머니에게 동성으로서 평생 동안 동정과 이해와 공감과 지지를 보내야 하는 것이 딸에게 부여된 역할이었다. 어머니도 딸에게 그런 역할을 기대하면서 일찍부터 의논 상대나 푸념을 늘어놓을 대상으로 삼다가 노후에는 "딸을 낳아서 다행이야"라고 말할 수 있어서 행복하다고 했다.

---

2 그리스신화에 나오는 악당. 자기 집에 들어온 손님을 침대에 눕히고 침대보다 키가 크면 다리나 머리를 자르고, 작으면 사지를 잡아 늘여서 죽임—옮긴이.

묘지를 지키는 딸의 부담

노부타 사요코의 책에서 '묘지를 지키는 딸'이라는 단어를 발견했을 때 '요즘 같은 세상에' 너무 시대착오적이 아닌가 하는 느낌이 들었다. 하지만 뒤이어 바로 지금이기 때문에 더욱 '묘지를 지키는 딸'이라는 말이 현실성을 띠게 되었다는 사실을 깨달았다. 아들이 아닌 딸에게 '묘지 지키기'를 기대하는 것 자체가 매우 새로운 사회현상이었기 때문이다. 물론 그 배경에는 저출산 사회가 버티고 있었다.

묘지를 지키는 딸은 결혼하지 않고 집에 남아 있는 딸만을 가리키는 말이 아니다. 만혼, 비혼의 증가와 함께 집에 남은 딸, 이른바 패러사이트 싱글들은 확실히 증가했다. 하지만 부모들이 딸을 '집안의 대를 이을' 자손으로서 데릴사위를 들이려는 생각으로 데리고 있었던 것은 아니다. 지금은 아들이든 딸이든 모두가 장남이고 장녀인 한 자녀 시대라서 '하나쯤 남의 집안에 데릴사위로 줘도 괜찮을' 둘째나 셋째 아들은 없다. 그래서 딸이 시집을 가서 다른 집안의 성을 따르더라도 어쨌든 부모인 자신들의 무덤은 돌봐주길 바라는 것이다. 이른바 '묘지 통폐합'이 필요해진 저출산 시대에 시집을 갔다고 해서 딸에게 요구하는 기대까지 종료된 것이 아니다. 저출산·초고령화 시대, 시집간 딸들도 자신의 부모를 보살필 책임에서 벗어나기 힘든 시대가 도래한 것이다.

그렇게 된 배경에는 앞 장에서 이야기했던 것처럼 딸들도 아들처럼 인적자본 형성의 투자대상이 되었다는 시대적 변화가 있다. 바꾸어 말하면 딸들에게도 교육을 투자하면 투자비용의 회수를 기약할 수 있는 선택지가 생겨난 것이다. 남녀고용기회균등법이 그 조건을 마련해주었다. '좋은 학교, 좋은 회사'라는 삶의 방식은 지금까지 남성에게 한정된 것이었지만 균등법 이후로는 여자에게도 하나의 선택지로 제공되었기 때문이다.

'노력하면 보상을 받는', 다시 말하면 남자와 같은 경쟁사회에 남자와 같은 조건으로 들어가면 남자와 같은 보수를 받을 수 있다고 딸들도 부모들도 생각하는 시대가 도래했다. 그러나 실상은 남자와 같은 '기회균등'에 지나지 않았다는 사실은 앞서 이야기한 대로다. '좋아, 여자라는 옷을 벗고 덤벼라. 똑같이 취급해줄 테니까.' 하지만 그러려면 여자라는 이유로 어리광을 부리거나 핑계를 대지 말라는 것이었다. 노동기준법이 정하는 '여자보호 규정'을 내려놓고 장시간 노동에 심야근무는 물론 출장에 전근까지 해내는 남자와 똑같은 '사축'이 되어야 한다는 것이 균등법이 제공하는 '기회균등'의 실상이었다. 물론 이러한 조건에 응하는 여성들이 매우 소수였음은 말할 필요도 없다. 뿐만 아니라 이런 조건을 진지하게 받아들이고 기업에 들어간 대부분의 (종합직) 여성들이 곧바로 깨닫게 된 것은 '아무리 남자와 같은 실적을 올려봐야 남자와 같은 보수가 돌아온다고는 보장할 수 없다'는 냉정한 기업 조직의 성차별 현실이었지만 말이다. 이 점에 대해서는 나중에 이야기하겠다.

균등법이 시행된 후 1990년, 어느 도시은행의 종합직 여성이 과로사한 일이 있었다. '여성 최초의 과로사'라고 하면서 미디어에 크게 보도되었다. 그 보도를 접했을 때 나는 감개무량한 심정이었다. 드디어 '남자들이 한다는 과로사를 여자들도 해보는' 시대가 왔는가? 눈곱만큼도 고마운 '평등'이 아니었다. 이듬해 같은 도시은행에 취직한 여학생이 나를 찾아온 적이 있다. 어떻게 그런 곳에 취직을 했느냐며 놀라는 나에게 그녀는 이렇게 말했다. "그런 사건이 있은 다음이라 상사가 여자 행원들에게 신경을 잘 써주니 편하다"고.

기회균등과 우승열패의 원칙

거듭 이야기하지만 남녀고용기회균등법은 기회의 균등이지 결과의 평등을 목표로 한 것이 아니다. 지금까지는 참가조차 할 수 없었던 여자들에게도 똑같이 경쟁의 게임에 참가하는 것을 인정해주겠다는 정도의 것이다. 게임의 규칙은 처음부터 남자에게 맞추어져 있고 여자가 참가했다고 해서 규칙을 변경하지는 않는다.

경쟁의 게임은 얼핏 공정하게 보이지만 출발 소리와 함께 달리기 시작해 결승점에 도달하면 반드시 승자와 패자로 나뉘게 된다. 오히려 경쟁이란 승자와 패자를 선별하기 위한 게임이라고 해도 될 정도다.

이 경쟁의 게임은 압도적으로 남자에게 유리하게 만들어진 것이라 여자는 패배할 확률이 매우 높다. 가정 책임이라는 핸디캡도 없고 집에 가면 주부인 아내가 온갖 시중을 들어주는, 그래서 모든 생활을 일에 쏟아부을 수 있는 남자가 당연히 이길 확률이 높은 게임이다. 그러나 표면적으로는 게임의 규칙이 젠더 중립적으로 이루어져 있기 때문에 승자가 되면 본인의 노력과 능력 때문이라고 칭찬을 받으며 응분의 보수를 받고, 반대로 패배하면 자신의 능력과 노력이 부족했다는 비난을 감수하면서 패자임을 용인하도록 만들어져 있다. 이것이 우승열패의 원칙이다.

승자는 단 한 사람이고 패자는 그 외 다수의 사람들이다. 사실 신자유주의의 경쟁 원리는 패자들의 합의에 의해 지탱되고 있다고 할 수 있다. 패자가 스스로 패배를 납득하지 않으면 경쟁의 신뢰성은 유지되기 어렵다. 패배한 쪽에서 승자를 향해 '치사한 놈, 저 자식은 새치기로 돈으로 이겼다'고 생각한다면 승자의 우위는 보장될 수 없다. 패자가 자신의 패배를 납득하지 못하는 원망의 감정을 어떻게 길들이는지가 표면적으로 평등한 사회의 영원한 숙제라고 갈파한 사람이 프랑스의 사상가 알렉스 드 토크빌이다.

학교는 표면적으로 평등한 사회의 대표적인 공간이다. 학교에는 표면상의 성차별이 없다. 남녀별로 나누어 시험을 치르는 학교도 없고, 시험 결과를 남녀별로 나누어 공표하는 학교도 없다. 체육은 남녀별로 할지언정 지육에 관해서는 남녀차가 없다는 것은 잘 알려져 있다. 학교와 교사들은 '열심히 노력하면 보상받는다'는 원리를 학생들에게 철저히 주입시키려고 한다.

그러나 여성학 교육과 젠더 연구 분야에서는 표면상의 평등사회 이면에 '여자아이는 굳이 노력하지 않아도 괜찮다' '노력해봤자 어차피 보상받지 못한다'라는 식의 노력에 대한 '냉각장치'가 암묵적으로 교육 현장에 작용하고 있음을 알게 되었다. 이것을 눈에는 보이지 않는 '숨은 커리큘럼'이라고 부른다. 이것을 통해서 여자아이를 여자에 맞는 삶의 방식으로 유도하는 '젠더 트레킹'이 작용한다는 것이 분명해졌다.[3] 부모의 교육투자의 많고 적음만이 아니라 진학지도를 하는

---

3 '숨은 커리큘럼'과 '젠더 트레킹'에 관해서는 기무라 료코의 『무엇이 어떻게 여성 간의 분리와 격차를 만드는가? 젠더와 학교문화』 참조. 이노우에 테루코 외 편 『신편 일본의 페미니즘』 제8권에 수록된 〈젠더와 교육〉(이와나미서점 2009).

교사의 한 마디, 같은 반 친구의 동조압력 등 다양한 요인들이 젠더 트레킹에 작용한다. 그래서 교과서나 수업시간표와 같은 표면상으로 보이는 커리큘럼만으로는 학교에 존재하는 성차별은 제대로 드러나지 않는다.

마음의 병을 앓고 있는 사람들

1990년대 후반 여성의 대학진학률이 급상승하고 있던 시기 나는 학생들에게 어떤 변화가 일어나고 있다는 사실을 깨달았다. 정신건강에 문제가 있는 학생들이 늘었고, 그들 중에는 자해를 하는 경우가 적지 않다는 사실이었다. 남학생의 경우는 은둔형 외톨이나 대인공포증, 여학생의 경우는 칼 등으로 자신의 손목을 반복적으로 긋는 리스트컷 증후군이나 상습적으로 먹고 토하기를 반복하는 행위다. 이렇듯 정신적인 트러블을 안고 있는 학생들이 많다는 사실이었다.

원래부터 국립대학 중 도쿄대학과 교토대학은 학생 자살률이 높고 정신적인 트러블을 안고 있는 학생들이 많은 대학으로 알려져 있다. 물론 이전에도 그런 학생을 본 적이 없는 것은 아니었다. 그러나 예외라고 치부하기에는 너무나 많은 학생들이 자해 징후를 보이는 것은 새로운 경향이었다.

도쿄대학에 다니는 학생들은 이른바 수험경쟁에서 승리한 사람들이라고 할 수 있다. '노력만 한다면 보답이 돌아온다'는 것을 굳게 믿고 교사와 부모의 기대에 따라 최선을 다해 노력해온 우등생들이다. 대학에 합격할 때까지는 분명히 자신의 노력에 대한 보답을 받은 셈이었다. 수험전쟁에서 승리한 사람들은 합격한 것은 자신의 능력과 노력 덕분이고, 반대로 떨어진 사람들은 능력과 노력이 부족했기 때문이라고 생각했을 것이다. 합격하지 못한 사람들도 경쟁의 공평성을 믿고 노력이 부족했던 자신을 나무라며 1년 더 노력하겠다고 결심했다.

그러나 세상에는 능력과 노력만으로 안 되는 것들이 얼마든지 있다. 노력했지만 그 노력이 헛수고로 종지부를 찍고 마는 일들. 이를테면 노력만으로는 안 되는 연애와 교우관계, 생각만큼 나아가지 않는 학업, 망설임이 많은 진로선택. 그러나 그들이 가장 크게 문제에 직면할 때는 취직을 준비하는 시기다. 필기시험에서는 간단하게 장애물을 넘어온 그들도 힘들게 도달한 면접시험에서는 떨어지곤 하는 것이다. 게다가 자신이 왜 불합격한 것인지 이유도 기준도 분명치 않다. 그때는 마치 자신의 전인격이 부정당했다는 느낌이 드는 것이다. 두 번 세 번 이런 일이 거듭되면 학생들은 어두운 얼굴로 고개를 푹 숙이고서 나의 연구실을 찾곤 했었다. 고작해야 취직에 성공하지 못했을 뿐이건만 '나는 존재할 가치가 없다' '죽고 싶다'고 극단적으로 하소연하는 학생들도 있었다. 남학생들 중에는 아예 등교를 거부하는 경우도 있었다. 이유를 들어보면 '학교에 가려고 집을 나섰는데 주변 사람들이 모두 나를 쏘아보는 것만 같아 무서워서 집으로 돌아갔다'는 것이다. 한때 도쿄대학의 내 연구실은 '보건실'이라는 별명이 붙기도 했다.

남학생들도 취직을 하려는 시기에는 시련을 당한다. 여학생들 중에는 태어나서 처음으로 여성차별에 직면하는 경우도 적지 않다. "태어나서 지금까지 성차별 같은 건 한 번도 당한 적 없어요. 오히려 여자라서 유리할 때가 훨씬 많았는걸요!"라면서 해맑게 웃던 여학생이 취직준비를 하면서 여성이라는 것을 뼈저리게 느끼고 의기소침해서 돌아오는 것이다. 아무리 생각해도 똑같은 시험을 치른 남학생하고는 극명하게 대우가 다른 기업의 태도. 여성차별이라는 의심을 사고도 남을 만한 질문들, 예를 들면 자택에서 출퇴근하는지, 결혼이나 출산에 관한 것들을 아무렇지도 않게 묻는 면접관들. 그리고 자신보다 성적이 나빠 보이는 남학생은 연달아 취직이 되어가는데 몇 번씩 시험을 봐도 자신만 떨어지고 있다는 초조와 불안.

때는 취직빙하기라고 불리던 시절이었다. 1991년 거품경제가 끝나고 불황이 시작되자 졸업예정자의 채용 시장에도 불황의 직격탄이 날아들었다. 대졸자 신규채용의 시장이 얼어붙고 취직이 내정된 학생들도 줄어드는 상황에서 젠더 격차는 더욱 확대되어갔다. 남녀고용기회균등법은 만들어졌지만 불황기에 여성의 고용을 지켜주지 못했다는 절망감은 이 시기의 경험을 통해서 나온 것이었다. 모집과 채용에서의 성차별 금지 규정(1997년 개정될 때까지는 '노력 의무'였을 뿐이다)은 있었지만, 공공연하게 기업에서 여성 채용의 차별이 있었음은 취업 내정자의 비율 통계 데이터를 보면 역학적으로 증명된다. 와세다대학의 여학생들이 만든 〈우리들의 취직수첩〉에는 채용과정에서 드러난 기업의 여성차별 사례가 기업의 실명과 함께 기록되어 있다. 벌칙 규정을 마련하지 않은 균등법은 법률을 위반한 기업을 당시의 노동성이 실명과 함께 공표하도록 정해두었지만 단 한 번도 실시된 적은 없다.

그럼에도 학생들 중에는 노력하면 보답은 돌아온다는 '공평한 경쟁'에 대한 굳은 믿음과 그 결과에 따른 '우승열패' 원칙이 철저하게 내면화되어 있었음을 부정할 수 없다. 이것이 균등법이 달성한 최고의 효과, 다시 말해서 마이너스 효과일 것이다. 차별이 조금도 사라지지 않은 현실 사회로 나가기 전에 표면상의 평등을 굳게 믿게 한 다음 성공도 실패도 그 원인을 자신의 내부에서 찾도록 만든 것이다. 승자가 되면 타인을 무시하고 패자가 되면 스스로에게 책임을 물을 수밖에 없는 사회. 이것이 균등법이 가져다준 결과물이라고 생각하니 암담할 수밖에 없다.

신자유주의의 무서운 효과

데이터를 제시하겠다. 2010년판 도쿄대학교 〈제60회 학생생활 실태조사 결과 보고서〉(2011년 12월 12일, 도쿄대학교 학생위원회 학생생활 조사실 발행)라는 것이 있다. 매년 학부생, 대학원생을 대상으로 실시한 60회 분량의 조사로, 60년의 시간의 흐름에 따른 변화를 더듬을 수 있는 귀중한 데이터다. 2010년에는 처음으로 조사항목에 정신건강 관련 질문이 추가되었다. 조사에 따르면 심리적인 고민에서 가장 답이 많았던 상위 항목은 위에서부터 '강한 불안에 휩싸였다'가 49.2%, '우울하고 무슨 일에도 관심이 없어졌다'가 37.4%, '의욕이 없고 무기력한 상태가 되었다'가 37.2%로, 거의 모든 항목에서 여학생이 남학생보다 높은 수치를 보이고 있다. 주의항목에서 성별에 따른 차이가 많은 것으로는 여학생은 과식증이 42.7%(남학생은 22.6%), 거식증이 15.2%(남학생은 10.3%)이고, 남학생은 대인공포증이 15.0%(여학생은 11.3%)로 나타났다. 조사항목을 추가할 때 아쉽게 들어가지 않은 것이 '불면증' '리스트컷 증후군' '자살기도' 등의 항목이다. 질문이 이루어지길 바랐으나 질문되지 않은 항목으로는 섹슈얼리티와 관련된 항목이다. 여학생의 경우 정신건강과 관련된 트러블은 성관계와 밀접하게 연결되어 있기 때문에 성교 경험, 피임, 중절, 성병 경험, LGBT(레즈비언, 게이, 바이섹슈얼, 트랜스젠더의 약칭) 등의 성의식에 관해서도 물었으면 좋았을 항목이지만, 대학 당국이 실시하는 조사에서는 거기까지 깊은 질문은 하지도 않고 할 수도 없었을 것이다. 더구나 이와 같은 성의식에 관해서는 60년 전에는 상상조차 하지 못했던 조사항목이었을 것이다.

내가 개인적으로 체감하는 변화로는 정신과 상담 경험자가 증가했으며 그와 관련된 약품을 지속적으로 복용하는 약물의존도가 높아졌다는 것이다. 학생이 연구실을 찾아와 자신이 처방받은 산더미 같은 약봉지를 보여주었을 때 "끊어라" "줄여라"며 승강이를 벌였던 기억도 있다. 약 처방을 받으려고 일부러 증상을 부풀려 이야기한다는 학생도 있었다. 약을 끊게 되면 어떻게 될지 무서워서 끊을 수가 없다는 학생도 있었다. 나는 마치 산더미 같은 약봉지를 두고 학생 뒤에 있는 정신과 의사와 대결하고 있다는 느낌이었다. 그렇게 연구실을 찾아오는 학생들 중에는 약을 끊고 싶지만 끊을 수 없는 갈등에 괴로워하는 학생도 있었다. 그렇지 않았다면 그 늦은 밤에 나의 연구실을 찾아오지는 않았을 것이다.

그와 그녀들은 마음대로 되지 않는 인생이나 인간관계의 모든 원인을 자기책임으로 귀속시키며 스스로를 꾸짖었다. 그렇게 되면 누구에게도 책임을 전가할 수 없게 되고 결국 공격성은 자신으로 향하게 마련이다. 자해는 스스로에게 내리는 일종의 벌이다. 되풀이해서 손목을 긋는 리스트컷 증후군은 물론 먹고 토하기를 반복하는 행위도 결국은 자신의 몸에 대한 학대의 일종일 것이다.

자기결정, 자기책임, 우승열패라는 원칙이 이렇게까지 학생들의 내면에 체화되어 있었나? 어쩌면 이것이 신자유주의의 가장 무서운 효과가 아닐까라는 생각을 지울 수 없었다.

노력으로 행복해질 수 있다, 가츠마 VS 가야마

『가츠마 씨, 노력으로 행복해질 수 있나요?』(아사히신문출판 2010)라는 책은 가츠마 가즈요와 가야마 리카 두 사람이 주간지 〈AERA〉에서 격돌했던 대담을 수록한 책이다.

책의 제목이 된 질문에는 아이러니가 담겨 있다. 이 질문에 '예스'라고 대답하면 가츠마(가츠마를 지지하는 여성들의 총칭), '노'라고 대답하면 가야마(가야마를 지지하는 여성들의 총칭)로 분류되는, 이른바 '후미에'[4]의 역할을 하는 질문이었다.

가츠마 가즈요는 신자유주의 여성의 아이콘 같은 인물로서 매스컴에 화려하게 등장했다. 노력하면 보답을 받는다, 당신이 보답을 받지 못하는 것은 노력이 부족하거나 노력의 방식이 잘못되었기 때문이라는 신자유주의적인 사고방식의 교본으로서 가츠마의 책들이 엄청난

---

4 십자가나 예수상을 새겨 놓은 판으로, 에도시대에 그리스도나 마리아의 그림판을 밟고 지나가게 해서 크리스트교도가 아님을 증명하게 했다—옮긴이.

인기를 끌었다.

가츠마는 '인디즈'(자립한 여성)와 '웬디즈'(남자에 의존하는 여자)[5]를 구별하고 인디즈의 조건으로 (1) 연수입 600만 엔 이상, (2) 타인에게 자랑할 만한 남자친구, (3) 나이 들어가는 모습이 아름다운 여자, 라는 세 가지를 내걸었다. 뛰어넘기에 너무나 높은 허들들이다. 일본에서 일하는 여성들 중 연수입이 400만 엔 이상을 넘는 경우는 고작 10%, 600만 엔이 되려면 전문직에 취직해서 경력을 상당히 쌓지 않으면 불가능할 것이다. 그리고 '타인에게 자랑할 만한 남자친구'라는 조건이 어떤 것인지 가츠마 본인에게 물었을 때 "연수입이 1000만 엔 이상"이라고 답했다. 이 역시 높은 허들이다. 그 이유를 물었더니 그 정도의 수입이 없으면 일본인 남성의 유약한 자존심은 유지되지 못하기 때문이라고 했다. 연수입 600만 엔의 여성에게 어울리는 남성이 되려면 그녀를 능가하는 자신감을 가져야만 제대로 된 파트너십을 맺을 수 있다는 것이었다. 마지막으로 '나이 들어가는 모습이 보기 좋은 여자'라는 것은 젊음과 미모만이 자립한 여성의 필수 아이템이 아니라는 것을 의미하고 있다고 하는데, 성공의 계단을 계속 올라가야 하고 거기에서 내려오는 것을 허락받지 못한 삶이라니 생각만으로도 피로감이 몰려온다.

한편 가야마는 '노력으로 행복해질 수 있다'고는 도저히 생각할 수 없는 사람들이다. 이들은 단순한 패자그룹이 아니다. 앞서 나는 '기

---

5 『피터 팬』에 등장하는 웬디에서 유래한 말. 모험을 좋아하는 피터 팬을 따르며 궁지에 몰렸을 때 도움을 받는 소녀.

회균등'이라는 신화는 패자그룹이 유지시켜주고 있다고 했다. 패자가 패자임을 인정하고 받아들이는 동안에만 승자의 지위는 정통성을 획득할 수 있기 때문이다. 그래서 가츠마들 중에는 '노력으로 행복해질 수 있다'고 믿고 행복해진 사람도 있고, 반대로 행복해지지 못한 사람들이 함께 있다. 오히려 가츠마의 대부분은 현재 행복하지 않기 때문에 가츠마처럼 '노력해서 행복해지려고' 하는 사람들을 일컫는 말이라고 해도 될 것이다.

그런데 가야마는 '너무나 노력해서' 몸과 마음을 망가뜨린 사람들, '노력했지만' 보상받지 못한 사람들, '노력하려고 해도' 노력할 수 없는 사람들이다. 이들의 마음속에는 불안과 불만, 자책과 분노가 켜켜이 쌓여 있다. 이들이 숱한 문제들을 가슴에 안고 가야마의 진료실을 찾아오는 것이다.

그래서 가츠마란 승자그룹과 승자그룹 지원자들, 가야마란 패자그룹과 패자예비군이라 불러도 좋을 것이다. 여기서 흥미로운 것은 가츠마와 가야마를 나누는 분기점이 꼭 학력이나 직업과 일치하지는 않는다는 사실이다. 고학력자 중에도 가야마가 많고, 반대로 하류층에도 가츠마가 존재한다. 어쩌면 대다수의 여성들은 가츠마와 가야마 사이에서 방황하고 있다고 하는 것이 정확할 수도 있다. 가야마도 한 번은 노력과 경쟁의 가치라는 것을 믿었기 때문에 더욱 호되게 배신당한 사람들이다. 애당초 경쟁에 참가하지 않았으면 자신을 탓하는 일도 없었을 것이다.

딸의 이중부담

학생들의 자해와 스스로에게 가한 징벌의 배경에는 부모의 기대 감이 있다. 만일 기대라는 이름의 무거운 짐을 짊어지고 있지 않았다 면 그들은 자신을 탓할 필요는 없었을 것이다. 그 나이까지는 기특하 게 부모의 기대에 부응해왔던 아이들이다. 여성의 삶에 선택지가 많 아지고 딸들에게도 기회가 주어졌기 때문에 생겨난 기대감이라고 할 수 있다. 과거에는 없었던 중압감이다. 부모의 자녀에 대한 기대감의 고조는 균등법이 빚어냈다고 해도 좋을 것이다.

하지만 여자아이들에 대한 기대감에는 다소 뒤틀린 부분이 있다. 여자는 노동시장과 결혼시장 모두에 속해 있다는 마리 뒤뤼 벨라의 지적은 앞 장에서 설명했다. 남자라면 노동시장에서 성공하는 것만 으로 충분하지만 여자는 그렇게 단순하지 않다. 직업에서 성공하더 라도 결혼과 출산이라는 '여자로서의 행복'을 손에 넣지 못하면 언 제까지나 어른으로서 취급을 받지 못한다. 만일 딸아이가 '여자로서 의 행복'을 우선해서 노동시장에서 퇴장하게 된다면 그것은 그것대 로 "애써 뒷바라지를 했는데 이게 뭔가?"라는 부모의 넋두리를 들어 야 한다. 다시 말하면 여자로서의 '성공(부모 입장에서는 딸 교육의 성공)' 은 '남자와 같은' 수준의 성공에 추가해서 '여자로서의' 행복까지 모 두를 달성하지 못하면 충분치 않은 것이 된다.

나는 이것을 딸의 '이중부담'이라고 부르고 있다. 내가 지금의 딸 들이 '고생스럽다'고 느끼는 이유는 우리 세대는 둘 중의 하나만 달 성하는 것으로 충분했지만(왜냐면 두 가지의 양립이 불가능하다는 것이 사회 적 합의였기 때문이다.) 이제는 어떤 변명도 통하지 않는 상황이 되었기 때문이다.

모녀관계가 복잡해진 것은 이와 같은 시대적 배경에서 비롯된다. 옛날에는 보이지 않던 모녀간의 과도한 기대감과 배신감, 이것이 딸에게 '무거운 짐'이 되지 않을 리가 없다.

어머니가 딸에게 어떤 식으로든 '투자'하게 된 다음, 딸은 어머니의 '작품'이 되었다. 지금까지는 '아들'만이 어머니가 자랑할 만한 작품이었지만 이제는 딸까지 그 대상이 되었다. 어머니의 '실적'이 자녀의 '성공'으로 평가되는 관행은 여전히 사라지지 않은 것이다. 일본에선 노벨상을 받으면 매스컴은 곧장 수상자의 어머니를 취재하러 달려가 이렇게 묻는다. "아드님을 어떻게 키우셨습니까?"라고. 이제는 이 같은 질문의 딸 버전이 생겨났다. 그래서 나는 이런 딸들을 가리켜 '여자 얼굴을 한 아들'이라고 부른다.

모녀가 한 팀이 되어 이룩한 실적을 어머니는 자랑으로 여긴다. 이 같은 배경에 '욕구의 대리만족'이라는 심리적 기제가 있다는 사실은 잘 알려져 있다. 그리고 아들보다는 딸 쪽이 훨씬 더 어머니의 '대리인'으로서 동일화하기도 컨트롤하기도 용이할 것이다. 또한 어머니가 지닌 강점은 딸의 사회적 성공을 뒷받침해주기 위해 '돌보는 성'으로서의 역할, 즉 가사와 육아로 헌신할 수 있다는 점이다.

어머니가 바라는 이중의 기대, 바꾸어 말하면 이중의 부담에 신음하는 딸들이 가야마의 진료실이나 노부타의 상담실을 찾는(그중에는 '우에노의 보건실'을 찾는 사람도 있는) 것은 이상한 일이 아니다. 그간의 어머니의 희생과 헌신을 사무치게 알고 있는 딸들은 어머니에 대한 미움과 분노의 감정이 생겨나도 그것을 봉인하고 있지만, 희생과 헌신 속에 감춰진 어머니의 지배욕과 소유욕을 깨닫고 어머니라는 감옥으로부터 벗어나고자 발버둥치고 있는 것이다. 이와 같은 모녀의 갈등은 딸이 어머니의 투자 대상으로 변모하면서 나타난 역사적 산물이다.

그래서 나는 생각했다. 딸이 어머니의 작품이 되었다면, 작품에는 '성공작'과 '실패작'이 있기 마련 아닌가. 어머니는 '성공작'은 결코 버리려 하지 않겠지만 아예 '실패작'이 되어버리면 어머니로부터 벗어날 수 있지 않을까. 이런 생각을 노부타 씨에게 말해보았다. 그랬더니 노부타 씨로부터 돌아온 대답은 예상보다 무시무시한 것이었다.

"어머니는 '실패작' 딸은 끊임없이 무시하고 얕잡아본답니다. 그렇게 딸을 자신의 노예로 만들어 끝까지 벗어나지 못하게 하고 지배하는 거죠."[6]라고 말이다.

정리하자면 어머니는 성공작이든 실패작이든 자신이 죽을 때까지 딸을 내려놓지 않는다는 것이다.

그러고서 둘은 심리적 문제를 안고 노부타의 상담실을 찾는다. 그렇다면 내가 평소에 만나는 '평범한 여자아이들'은 성공작도 실패작도 아닌 '어정쩡한 작품'일 것이다. 그 어정쩡함 때문에 그녀들은 가츠마와 가야마 사이에서 방황하고 있는 것이다.

---

6 우에노 지즈코·노부타 사요코의 대담 '끈끈이 엄마와 묘지를 지키는 딸', 노부타 사요코『그래도 가족은 계속된다』(NTT출판 2012) 수록, p201.

딸들은 어떤 모습의 어머니가 될까

어머니들의 딸에 대한 지배와 컨트롤 뒤에는 자신의 삶을 마음껏 살지 못했던 어머니들의 원망이 있다. 그녀들은 1945년 이후 남녀공학에 다니면서 표면적인 평등을 배우긴 했지만 노골적인 성차별이 횡행하던 남자들의 사회와 맞닥뜨렸던 세대다. 표면과 실상의 차이는 이전보다 줄었다고는 하지만 반대로 더욱 교묘해졌다고 할 수 있었다. '노력하면 보답을 받는' 것은 일부 여성들에게는 진실이고, '노력해도 보답을 받지 못하는' 것도 일부 여성들에게 진실이다. 그러면 '노력해도 보답받지 못한다'는 사실을 알고 있기 때문에 유지되는 여성의 '평정심'—이를테면 회사에 목숨을 바치지 않는다, 회사와 함께 죽지 않는다, 회사에는 절반쯤만 관여한다—은 언제까지 계속되는 것일까.

참고로 덧붙이면 신자유주의의 아이콘 가츠마도 "회사와 함께 죽지 말라"고 충고한다. 언젠가 가츠마 씨를 대학의 수업에 초대한 적이 있는데 그녀의 첫 발언은 "여자는 이류 노동자입니다"라는 것이었다. 슈퍼리얼리즘적인 현실 인식에 근거한 그녀의 발언에 나는 경탄을 금치 못했다. 그녀의 발언은 '여자는 이류 노동자'라고 하는 사실명제를 제시하는 것이 아니라 '여자는 이류 노동자로밖에 취급받지 못하니 그런 각오로 살아남으라'는 충고인 셈이다. 그녀는 노력해도 그 노력에 걸맞은 보수를 주지는 않는다는 사실을 뼈저리게 깨달았기 때문에 회사와 결별하고 스스로 창업을 했을 것이다. 신자유주의의 아이콘 가츠마 씨에게도 그런 쓰라린 현실 인식이 숨어 있었던 것이다.

역사는 그 시대를 살아가는 당사자에게 확실한 모습을 보여주지 않는다. 여성의 선택지가 많아진 덕분에 초래된 모녀의 갈등, 그 과정을 고통스럽게 통과해온 딸들은 나중에 어떤 모습의 어머니가 될까? 과연 자신의 딸들과는 어떤 관계를 맺을까? 그리고 초고령이 된 자신의 어머니, 과거에는 온통 자신을 지배하고 컨트롤하려 했지만 이제 늙어서 약자가 된 어머니를 어떤 심정으로 돌보게 될까?

사노 요코의 『시즈코 상』에서의 딸은 어머니가 치매에 걸린 후에야 비로소 '화해'한다. 그리고 나카야마 치나츠의 『사치코 씨와 나』에서의 딸은 어머니가 죽은 후에 처음으로 어머니와의 관계를 되돌아볼 수 있게 된다. 모녀관계는 한 세대로 종료되지 않는다. 두 세대, 세 세대로 이어지는 세대의 연속선상에서 차세대의 어머니들은 어떤 모습의 모녀관계를 만들어갈 것인지 참으로 궁금하다.

7장

경쟁에서 패한 남성들은 어디로 갔을까

'여성패자'와 '남성패자'

싸움에서 패배한 개라는 의미의 일본어 '마케이누'는 당연히 여성을 가리키는 말이라고 생각되어왔다. 그래서 굳이 여성을 의미하는 단어를 덧붙이지 않고 사용되고 있다. 그러나 인구학적으로 보면 동세대의 여성 마케이누만큼, 아니 그보다 더 많은 남성의 마케이누가 있을 것이다. 그럼에도 그들은 그다지 논의의 대상이 되지 않는다. 무슨 이유 때문일까?

선진국에서의 자연출생성비가 남:여=105:100이라는 사실은 앞에서 언급했다. 이를 바탕으로 가령 모든 남녀가 커플이 된다고 했을 때 스무 명 중에 한 명의 남성은 커플을 만들지 못하게 되는 구조다. 게다가 21세기에 접어들면서 중국에서의 남녀 출생성비가 121:100, 인도에서는 122:100을 기록하면서 인구의 남성화가 진행되고 있다고 미국의 과학잡지 〈사이언스〉의 베이징 특파원인 마라 비스텐달은 경고하고 있다.(『여성 없는 세계, 성비 불균형이 가져오는 공포의 시나리오』 강담사 2012) 그러나 경제발전과 출산 전의 태아성별판정 기술 덕분에 남성의 마케이누가 세계적으로 증가하고 있다는 사실을 심각한 문제로 인식하는 사람들은 아직 많지 않다.

뿐만 아니라 누적 결혼율은 세계 어디서나 여성이 남성보다 약간 웃돌고 있는 상황이다. 이렇게 된 이유는 여성은 남성과 달리 사별했거나 이혼한 남성의 배우자가 된다는 선택지가 하나 더 있기 때문이다. 남녀 모두 재혼율은 서서히 상승하고 있지만 재혼 남성과 초혼 여성이 부부가 되는 경우는 그 반대의 경우에 비해 비율이 높다. 말하자면 한 번 결혼한 경험이 있는 남성은 다시 결혼할 확률이 높지만 한 번도 결혼한 경험이 없는 남성은 결혼할 확률이 낮다는 것이다.

때문에 남성의 미혼율은 지속적으로 상승하는 추세다. 2010년의 데이터를 보면 남성의 평균 초혼연령은 30.5세이다. 30대 초반의 미혼율은 47.3%, 30대 후반은 35.28%, 40대 초반에서도 27.9%로 별로 낮아지지 않는다. 여성의 미혼율이 30대에서 40대까지 급격하게 낮아지는 것과는 대조적이다. 정부의 통계에서는 지금도 '미혼율'이라는 용어를 사용하고 있지만, 50대가 되면 '생애비혼율'이라는 단어로 바뀐다. 50대가 지나면 결혼율이 현저하게 낮아지기 때문이다. '미혼'이란 단어에는 결혼을 전제로 한 과도기를 함의하고 있기 때문에 모두가 결혼하는 사회가 아닌 현대에는 어울리지 않는 용어다. 이 책에서는 '비혼'이라는 용어를 사용하고자 한다.

2010년의 남성 유배우자율 데이터를 살펴보면 70대 전반의 연령대가 가장 높다. 이 연령대의 사람들이 만일 20대에 결혼했다고 한다면 1960년대, 즉 일본에서 누적 결혼율이 가장 높았던 시기에 결혼했음을 알 수 있다. 누적 결혼율이 정점에 달한 것은 1960년대 중반이었기 때문에 사별률까지 더하면 결혼 경험이 있는 사람의 비율이 가장 높은 세대는 현재 70대인 사람들이다. 이 시기의 사람들에게 결혼이란 기본적인 전제 조건이었다. 누구나 결혼을 하던, 어떻게 보면 매우 신기한 시절이었다. 그러나 이 시기는 오래 지속되지 않았다. 그 이전에도 그 이후에도 거의 100%에 가까운 남녀가 모두 결혼을 하는 '전원 결혼사회'가 성립된 적은 단 한 번도 없다.

앞으로는 남성의 유배우자율이 70대 초반의 연령대에서 정점을 찍는 일은 없을 것이다. 70대 다음으로 이어지는 60대, 50대 연령층에서 이혼율이 서서히 상승하고 있고, 40대와 30대 연령층에서는 비혼율이 상승하고 있기 때문이다. 인구학적으로 보면 현재 40대 남성의 넷 중에 한 명이, 30대 남성의 셋 중의 한 명이 생애비혼자가 될 것이라고 예측된다. 현재 비혼인 남성은 앞으로도 결혼할 확률은 지극히 낮다고 생각해도 좋을 것이다.

동세대 여성의 비혼율은 남성보다 약간 낮다. 애초에 같은 연령의 여성 인구가 남성 인구에 비해서 소수이고, 그리고 여성은 재혼시장에 뛰어들 가능성이 높기 때문이다. 사카이 준코가 만들어낸 나이가 들어도 결혼하지 않는 여성을 가리키는 '마케이누'라는 말의 정의가 '남편도 없고 아이도 없는 30대 이상'을 가리키는 것이었음을 떠올린다면 여성 마케이누의 뒤에는 그보다 더 많은 남성 마케이누가 있다는 것을 쉽게 예상할 수 있을 것이다.

그런데 사카이 준코의 『마케이누의 절규』를 보면 거기서는 열패감이 전혀 풍겨나지 않는다는 것을 금방 알 수 있을 것이다. 여자는 남자에게 선택받을 때 가치가 있다는 세계에서 결혼제도의 밖으로 튕겨져 나온 여자들은 '올드미스'나 '시집 안 간 과부' 혹은 '마케이누'처럼 경시와 자조의 대상으로 여겨져 왔지만, 사카이 준코의 '마케이누'에는 본래의 어감과는 달리 패배적인 분위기가 감돌지 않는다. 오히려 미리 내부까지 다 드러내면서 선제공격을 취하는 고도의 언설 전략을 취하고 있다. 이런 반어적인 전략을 이해하지 못하고 곧이곧대로 '패자 VS 승자' 논쟁으로 미디어 이벤트를 꾸미거나, 부모들에게 '자식을 마케이누로 만들지 않는 법'을 진지하게 늘어놓은 것은 우둔한 꼰대 미디어들이었다.

결혼이 여성에게 'MUST' 아이템이 아니라 선택지의 하나가 된 것은 결혼에서 벗어나도 살아갈 수 있을 만큼의 가능성이 열렸기 때문이다. 그 이전의 사회에서는 여성이 혼자서 벌어먹고 살아갈 만큼의 직업적 기회가 너무나 제한되어 있었고, 게다가 아이라도 딸려 있다면 노동시장에서 퇴출당하기 십상이었다. 현재도 싱글맘들의 과혹한 상황은 남자의 경제력에 의존하지 않고 아이를 키우는 것이 얼마나 힘든 일인지를 여실히 보여주고 있다. 말하자면 이전의 여성에게 결혼이란 없어서는 안 될 생활보장의 수단이고, 획득하지 못하면 먹고 살아가는 것이 곤란한 '영구적인 취직' 자리였던 것이다. 한 번의 결혼이 평생 동안 유지되었던, 어떻게 보면 평화로운 시절이었다. 그렇기 때문에 여성들은 평생의 안정을 위해 필사적으로 매달릴 수밖에 없었을 것이다.

일반적으로 비혼과 이혼이 증가하는 시대가 그렇지 않은 시대보다 여성들에게 더 좋은 시절이라고 말할 수 있다. 결혼을 선택할 수 있게 되었기 때문이다. 원하는 결혼이라면 선택을 하지만 그렇지 않다면 피할 수도 취소할 수도 있다. 그 반대는 아무리 불행한 결혼이라고 하더라도 거기에서 벗어날 자유가 없는 사회다. 이혼을 금지한 사회, 이혼을 하면 생계가 막막해지는 사회, 비혼이 떳떳지 못한 사회,

결혼하지 않고는 먹고살아갈 수 없는 사회, 이런 사회는 여성이 살아가기 불편한 사회다.

거꾸로 생각해보면 남성 위주의 사회는 온갖 수단을 동원해서 여성에게 결혼을 강요한 사회였다고 할 수도 있다. 결혼은 누구에게 이익을 가져다주었을까? 남성들은 결혼이 여성보다는 남성에게 더 이로운 제도라는 것을 충분히 자각하고 있었음에 틀림없다.

그렇게 생각하면 '평생의 한 번뿐인 결혼'이라는 것도 여성들에게는 고마운 것이 아닐지도 모른다. 남편에게 폭행을 당하더라도 평생 동안 벗어날 길이 없으니 말이다. 언젠가 남편을 집에 두고 혼자서 노인시설에 들어가던 여성이 "이제야 겨우 밤에도 푹 잘 수 있을 거다"라며 안심했다는 이야기를 들은 적이 있다. 집에서는 오랫동안 언제 남편의 욕설과 폭행이 날아올지 몰라 한시도 마음 편할 날이 없이 생활했던 노인이 처음으로 남편에게서 벗어날 수 있었던 계기가 노인시설에 입주하는 것이었다니….

부모의 인프라로 가능한 독신

남편도 없고 아이도 없는 독신 여성 '마케이누'에게는 '독신의 자원'이 필요하다. 결혼을 하지 않아도 살아갈 수 있는 경제력이나 자격, 주택이나 생활력 등이다. 사카이 준코처럼 스스로 자산을 벌어들일 능력이 있는 여성은 물론 소수지만, 여성에게는 또 하나의 강력한 아군이 존재한다. 다름 아닌 부모라고 하는 인프라다. 남녀의 경제격차는 변함이 없고 오히려 여성의 고용상황이 악화되고 있는 오늘날

'혼자서 살아갈 수 있는' 여성은 그렇게 많지 않다. 그러나 아무리 수입이 적더라도 부모의 집에서 기생(패러사이트)할 수 있다면 가처분소득은 늘어날 수 있다. 주택 기반뿐만 아니라 '식사, 목욕, 세탁'을 맡아서 해주는 '가정주부가 딸린 남자' 같은 생활, 이것을 딸들이 할 수 있게 된 것은 저출산 덕분이다.

이렇게 되기 위해서는 부모 세대의 부유함이 필요조건이다.

사카이 준코는 이른바 '마케이누'의 선구적인 세대라고 할 수 있다. 그때의 부모들은 이제 70~80대가 되었다. 1945년 이후의 고도경제성장기를 떠받쳐온 세대다. '사축'이 되어 평생을 담보로 주택 대출을 받아 내 집을 마련한 남편과 전업주부의 아내. 아이는 둘만 낳은 덕분에 길고 긴 육아기 이후의 시간을 보내야 했던 일본에서 처음으로 등장한 세대. 자기 방을 할당받은 아이들이 언제까지나 자기 방에 머물러 준다면, 노년의 부부만 남겨지는 '빈 둥지 증후군'은 겪지 않아도 될 것이다.

남성의 '마케이누' 상황도 마찬가지다. 부모의 인프라 덕분에 높아진 가처분소득은 피규어나 게임 같은 취미생활에 마음껏 쏟아부을 수가 있다. 게다가 자식을 돌보는 일이 삶의 보람이 된 부모에게서 그 일을 빼앗을 수도 없다. 집에 가면 식사가 준비되어 있고, 목욕물은 따뜻하게 데워져 있으며, 옷을 벗어두면 깨끗하게 세탁되어 옷장에 정리되어 있다. 섹스는 밖에서 얼마든지 해결할 수 있고 성인비디오를 보면서 '자가 해결'도 가능하다. 아무런 불편 없는 생활을 보낼 수 있다. 이렇게 아이 방에서 자라나 성장한 다음에도 아이 방에서 나가려고 하지 않는 아이들이 등장한 것이다. 더욱이 그들은 자립을 재촉하는 부모의 잔소리가 말뿐이지 마음속으로는 아들이 떠나기를 바라지 않는다는 것을 교활하게 눈치채고 그것을 이용하고 있다.

그런 기생족들 중에 은둔형 외톨이가 된 남성들이 있다. 은둔형 외톨이의 이데올로그(이념적 기수)인 가츠야마 미노루의 『은둔형 외톨이 달력』(문춘네스코 2001)을 읽어보면 자신이 은둔형 외톨이를 계속할 수밖에 없는 이유가 전업주부인 어머니를 "실업으로 몰아갈 수 없기 때문"이라고 말한다. 염치도 없는 도둑놈 심보라 치부해야 할까, 아니면 아무리 나쁜 짓을 해도 거기에는 나름의 이유가 있다고 이해해야 하는 것일까? 가츠야마 미노루의 주장에 일리가 없지는 않다. '돌보는 성'으로서 어머니는 그 대상이 사라지면 일종의 '실업자' 상태가 되기 때문이다. 그의 주장에 따르면 은둔형 외톨이가 '자녀의 자립'을 목적으로 하는 어머니라는 직업의 정년을 연장해주고 있는 셈이다. 요컨대 '은둔형 외톨이'란 혼자서 틀어박혀 지낼 수 있는 '자기 방'이라는 주택 인프라, 남편의 경제력에 의존해서 가사와 육아가 전업인 아내로 이루어진 '근대가족'이라는 존재 없이는 성립하지 못하는 현상인 것이다. 그리고 여기에 등장하지 않은 또 하나의 캐릭터를 추가한다면, 아들과 아내의 고통스러운 처지를 보고도 모른 척하는 무관심과 불간섭으로 일관해온 아버지이자 남편의 존재일 것이다.

『사회적 은둔형 외톨이─끝나지 않은 사춘기』(PHP신서 1998)의 저자이자 은둔형 외톨이 전문가인 정신과 의사 사이토 다마키는 한때 '은둔형 외톨이 백만 시대'를 예견해서 물의를 빚은 적이 있다. 은둔형 외톨이가 되는 원인이나 연령대는 각양각색이다. 따돌림이나 학업부진으로 인한 등교거부, 취직 실패나 실업, 해고 등 학령기에 시작되는 경우도 있고 취직하고 나서 시작되는 경우도 있는데, 어떤 경우라도 장기적으로 지속된다는 사실은 널리 알려져 있다. 그리고 제삼자의 끈질긴 개입 없이는 은둔형 외톨이의 생활에서 벗어나기 힘들다는 것도 알려져 있다. 사이토 다마키에게 은둔형 외톨이를 가능하게 하는 인프라가 무엇인지 질문했더니 '자신의 방이 있는 주택과 어머니라고 하는 주부'의 존재를 들었다. 수입이 없어도, 밖으로 나가지 않아도, 얼굴을 마주하지 않아도 매일매일의 식사를 준비해서 방으로 가져다주는 어머니라는 존재. 어머니의 입장에서는 자신의 주부로서의 역할과 어머니라는 직업을 그만두지 않아도 되는 나날이 지속되겠지만 어느 날 문득 자신의 어린 아들이 마흔을 훌쩍 넘겼다는 사실을 깨닫게 될 것이다.

일본 후생노동성의 정의에 따르면 니트족이나 프리터에 포함되는 연령은 34세까지다. 청년층의 노동문제의 하나로 니트족과 프리터가 주목받았을 때 언젠가는 그들도 정규직으로 전환될 것이고, 과도기의 문제라고 생각되었지만 현실에서는 예상대로 진행되지 않았다. 청년층의 니트족, 프리터 상태는 장기화되면서 비정규직이나 실업자로 고정화되는 경향이 강해졌다. 그리고 이들이 고령자가 되면 노동시장의 가장 밑바닥을 차지하면서 연금이나 보험도 갖지 못한 사람들로 등장할 것이다.

여기에도 젠더의 비대칭성이 존재한다. 학교를 졸업하고 프리터나 무직으로 집에 머무는 34세까지의 미혼 여성들은 프리터나 니트족의 집계에도 포함되지 않는다. 지금까지 직업을 갖지 않고 집에 머물러 있는 여성들은 대개 결혼대기 상태라고 여겨졌다. 그래서 부모도 본인도 비정규직 일자리나 무직 상태를 그다지 심각한 문제로 생각하지 않았다. 어느 날 '근사한 만남'만 생긴다면 그녀의 인생은 새롭게 시작될 것이라는 기대감 때문이다. 결혼 전까지 일하지 않으면서 집에서 지낼 수 있는 조건으로는 당연히 부모라는 인프라의 존재다. 그런데 그 기간이 길어지고 이른바 결혼의 '유효기간'이 지나고 마침내 인생 설계의 선택지에서 결혼이라는 항목이 사라졌을 때야 비로소 부모도 본인도 당황하게 된다. 실제 결혼율은 비정규직보다는 정규직 여성이 더 높다는 사실은 앞서 서술했던 대로다.

남성의 경우도 프리터 기간이 언젠가 정사원이 되는 과도기라고 생각될 때까지는 '꿈을 추구하는 사람'으로서 허용되던 지점이 있었다. "서른까지는 내가 하고 싶은 음악을 위해 노력한다. 거기서 뭔가 보이지 않으면 그때 넥타이 매고 회사 들어가겠다"라고 선언하는 아들을, '내 자식만큼은 꿈을 위해 살았으면' 하고 바라는 부모들은 너그럽게 받아들였다. 그때까지만 해도 부모에게는 아들이 빼먹어도 좋을 만큼 튼튼한 등골을 가지고 있었다. 그러나 '기생독신'이라는 용어를 유행시킨 야마다 마사히로는 "꿈을 추구하겠다"고 스스로 선언하는 '기생독신'의 대부분은 실제로 꿈을 실현하기 위한 구체적인 행동을 전혀 보이지 않는다는 사실을 분명히 한다. 그들이 말하는 '꿈 추구'란 현재의 상황을 은폐하고 현실에서 도피하기 위한 구실에 지나지 않을 뿐이고 부모 역시도 자식의 말에 기대어 현실직시를 회피하고 있다는 것이다. 그래서 그들은 '꿈을 추구하는' 채로 40대로 돌입한다.

은둔형 외톨이에도 젠더의 비대칭성이 존재한다. 은둔형 외톨이는 남성에게 많이 나타나는 병리현상이라고 여겨지는 반면, 은둔형 외톨이 여성은 결혼하기 전까지 집안일을 돕고 있다는 식으로 은폐되어 표면으로 드러나지 않을 가능성이 있기 때문이다. 미혼의 은둔형 외톨이뿐만 아니라 기혼의 은둔형 외톨이도 있을 수 있다. 예컨대 주부가 은둔형 외톨이가 된다면 사람들은 그것을 사회문제라고 생각하지 않을 것이고, 밖으로 나도는 주부들이 비난받는 상황에서는 오히려 집안에 가만히 있는 부인, 얌전하고 좋은 부인이라고 여겨질 것이다.

은둔형 외톨이가 전국에 얼마나 있는지, 남녀비가 얼마나 되는지에 대한 데이터는 아직 없다. 더욱이 이들은 실업자로서도 집계되지 않는다. 일본의 실업률은 구직 활동을 하는 사람만을 실업자로 간주하기 때문이다.

그렇기는 하지만 은둔형 외톨이가 주로 남성의 문제라는 견해에는 근거가 있다. 철수한다는 뜻의 'withdrawal'이라는 단어에서 온 은둔형 외톨이는 과연 무엇으로부터의 철수인 것일까? 그것은 항상 타인의 평가를 받아야 하는 경쟁사회로부터의 철수를 의미한다. 그리고 그 패권을 다투는 권력 게임에 여성보다는 남성이 훨씬 더 강력하게 노출돼 있다. 은둔형 외톨이 청년들은 사실 강력한 성과주의를 자기 내면화하고 있고 그렇기 때문에 남들보다 더 엄격한 자기책임 의식을 갖고 있다고 한다. 그래서 대부분이 성실하고 상승지향적인 중산층의 자녀들이 많다는 것이다. 부모나 제삼자보다도 먼저 스스로를 끊임없이 자책하고 있다…. 이것이 은둔형 외톨이 청년들의 괴로운 현실이다. 그들은 단지 한가로이 틀어박혀 은둔하는 것이 아니라 고통스럽게 번민하면서 은둔하고 있다고 봐야 할 것이다. '필사적으로' 은둔하며 지내고 있는 것이다. 그러나 '은둔형 외톨이 청년'도 순식간에 '은둔형 외톨이 중년'이 되고 곧 '은둔형 외톨이 노년'에 이른다.

그러나 이 남성들이 온건하고 평화로운 존재로 있을 때는 그나마 괜찮다. 나의 뇌리에 떠오르는 것은 2000년에 발각된 니가타현의 소녀 감금사건의 범인인 청년이다. 1990년 초등학교 4학년이던 소녀를 유괴해 9년 동안이나 감금했던 청년이다. 한 인간을 마치 애완동물처럼 다루며 학대했던 미성숙한 남성. 이 사건에는 감금한 소녀의 존재를 알아차릴 수 없을 만큼의 넓은 집, 아버지의 사후에 남겨진 부유한 자산, 폭력적인 아들에게 더 이상 간섭할 수 없었던 무력한 어머니, 아무에게도 간섭받지 않는 지역사회에서의 고립이라고 하는 무대장치가 골고루 갖추어져 있었다. 그러나 '미성숙'하다고 치부하기에 너무나 잔인한 범죄였다. 범죄의 대상이 되었던 소녀의 '그 후'를 생각하면 나는 몸서리치지 않을 수 없었다.

남성판 『마케이누의 절규』가 나오지 않는 이유

남성판 『마케이누의 절규』가 나오지 않는 이유는 무엇일까? 그 근거로 '남자에게 선택받는' 것이 여성 정체성에서 핵심을 이루지만 그 반대는 성립되지 않기 때문이라는 설이 있다. 정말로 그럴까?

『마케이누의 절규』라는 책에는 여성에 대한 아이러니와 해학이 담겨 있다. 그것을 읽어내지 못한다면 그것은 독자로서 이해력이 부족하기 때문일 것이다. 어쨌든 이와 같은 아이러니와 해학이 '남성 마케이누'에게는 성립되기가 어렵기 때문이라고 나는 진단한다. 다시 말하면 남성 마케이누는 아이러니와 해학조차 개입될 수 없을 만큼 완벽하고 철저한 '패배자'의 모습이라 웃음의 대상으로도 치부되지 못하는 엄연한 현실 때문이다.

그와 함께 '패배'를 인정하고 싶지 않은 남성들은 자학적 초상을 이토록 극한으로 그린 책을 읽고 싶지 않아할 것이고 따라서 책을 내도 팔리지 않을 것이라는 예측도 거들었을 것이다. 아무리 책이라도 시장에서 팔아야 하는 상품이다. 팔릴 전망이 없으니 나올 리 만무하다.

다시 말하지만 남성의 수입과 기혼율 사이에는 명백한 상관관계가 있다. 2000년대 초 재계의 주목을 받았던 인터넷 기업 라이브도어의 사장 출신인 호리에 다카후미, 일명 호리에몬이 큰소리치듯이 "여자는 돈을 따라오게 되어 있다"는 명언은 어떤 측면에서는 진리라 할 수 있다. 그리고 수입의 격차는 고용형태의 격차와도 연결되어 있기 때문에 정규직과 비정규직 사이에도 남성의 결혼율에 명백한 차이가 존재한다. '결혼활동'에 열심인 여성들 사이에서도 비정규직 남성은 활동의 대상에 포함되지 않는다. '결혼활동'이란 '취직활동'에 성공한, 즉 일류기업의 정규직을 획득한 일부의 남성들을 목표로 그 배우자 자리를 얻으려는 여성의 전략이기 때문에 '취직활동'과 '결혼활동'은 한 묶음으로 연결되어 있다.

회사에 몸 바쳐 일하는 '사축' 남편과 쇼와시대의 '얌전한 전업주부' 아내의 커플은 구태의연해 보일 수 있지만, 과거와의 분명한 차이는 그 '지정석'이 부모 세대에 비해 격감했다는 사실이다. 의자 수가 줄어든 만큼 '의자뺏기 게임'은 더욱 격렬해졌다. 누구나가 '사축'이 될 수 있었던 부모 세대는 이 같은 변화를 이해하지 못할 것이다. 지금은 '사축'이 되는 데에도 엄청난 노력이 필요하고, 그렇게 되지 못한 사람에게는 '사축'조차 선망의 대상이 된다는 사실을 말이다.

고용의 붕괴가 가져온 고통 청구서

정규직과 비정규직의 고용격차 확대는 1990년대의 '노동의 빅뱅', 이른바 고용의 규제완화 때문에 야기되었다는 사실은 앞에서 설명했다. 당시의 일경련이 1995년에 제출한 보고서 〈새로운 시대의 '일본적 경영'〉을 통해 고용의 규제완화에 대한 동의의 신호를 보냈다는 것도 이야기했다. 그러나 경영자단체의 계산 착오는 고용의 붕괴가 여성에게만이 아니라 남성들에게도 직격탄을 날렸다는 것이다. 거품경제가 붕괴한 이후의 불황기에 취직빙하기와 취직활동 시기가 일치했던 세대—단카이 주니어라 불리던 세대—가 피해의 당사자였다. 그때까지 지속적으로 경기가 상승하던 시절을 살아왔던 단카이 세대의 부모들은 자녀 세대의 생활수준이 자신들보다 못할 수도 있을 거라는 사실을 믿을 수 없었을 것이다.

일본적 인사관리—신규졸업자 일괄채용, 종신고용, 연공서열에 따른 급여라는 삼종세트—아래에서는 일단 신규졸업자 채용 시장에 진입하지 못하게 되면 극단적으로 '재도전'이 곤란해지고, 이렇게 출발선에서 생겨난 격차는 평생에 걸쳐 고정화되는 경향이 있다. 정부는 '신규졸업자'로서 취급되는 기간을 졸업 후 3년으로 연장하도록 기업들에게 요청하고 있지만, 그렇게 한다고 '신규졸업자 일괄채용'이라는 구조를 그대로 유지한다면 장기축적능력 활용형 인재를 채용하는 과거의 일본적 인사관리 시스템을 무너뜨리는 것은 아니다. 오히려 '2년 신규졸업자' '3년 신규졸업자'라는 단어가 유통됨으로써 졸업한 첫해에 '취직활동'에 실패했다는 낙인효과만 더 강화될 뿐이다. 근본적인 해결책은 '신규졸업자 일괄채용'이라는 시스템 자체를 금지하는 것이겠지만, 그 밖의 다른 인사관리 시스템을 개발하지 못한 기업에게는 그것이 불가능한 일이기 때문에 사실상 정부의 요청은 무의미하다.

고용의 붕괴는 여성만이 아니라 남성에게도 직격탄을 날렸는데, 무엇보다 노동시장에 처음으로 등장한 청년들에게 그 파괴력이 집중되었다. 2011년 비정규직 노동자의 비율(이와테, 이야기, 후쿠시마현을 제외하고 1~3월의 평균)은 전체 노동자의 35.4%다. 그중 여성은 54.6%에 달하는 반면 남성은 20.1%에 머문다. 이렇게 볼 때 고용의 붕괴는 젠더의 문제에 속하지만 청년층만을 한정해서 보면 15~24세의 연령층에서 비정규직 여성은 51.3%이고 남성도 49.1%에 달한다.

2000년대 접어들면서 미디어는 '격차'의 문제를 본격적으로 다루기 시작했다. 이전부터 격차는 중요한 젠더 문제였지만 남녀 간의 격차는 '당연지사', 말하자면 자연스러운 현상으로 여겨졌다. 젊은 여성의 비정규직화에 대해서도 '결혼 전의 대기'라는 명목으로 부모나 본인도 정당화했다. 이렇듯 지금까지의 격차는 대개가 젠더의 격차였기 때문에 정치권이나 미디어에서도 그것을 본격적으로 문제 삼지 않았다. 그러나 격차가 남성들 사이에서 문제가 된 순간, 격차는 정치적인 문제가 되었다. 일본의 정치와 미디어가 얼마나 남성 중심인지를 확인시켜주는 반증이기도 하다. 더욱이 학력이 지위를 보장하지 않게 됐을 때, 다시 말하면 고학력도 워킹푸어가 될 가능성, 도쿄대학교를 졸업하고도 노숙자가 될 수 있는 상황에 직면해서야 비로소 격차는 정치적으로 중요한 주제가 되었다.

2008년 아키하바라의 무차별 살인사건의 범인 가토 도모히로는 거품경제가 붕괴한 후에 사회에 진입한 세대다. 중산층 가정에서 태어난 가토는 4년제 대학의 입학에 실패하고 단기대학에 진학한다. 단기대학을 졸업하고 경비회사에 취직했으나 그곳을 그만둔 뒤로는 등록형 파견직을 전전한다. 자동차 회사에서 일하던 가토는 제조업 파견직 계약연장 거부의 희생자였다. 물론 파견직 계약연장 거부가 가토의 면죄부가 될 사유는 아니지만 너무나 전형적인 스토리에 일본 전체가 공포에 떨었던 사건이다.

등록형 파견직은 애초에 '여성을 위한' 직종으로서, 남편이나 부모라는 인프라가 있기 때문에 가계를 '보조하는' 수입만으로도 충분하다고 여겨진 사람들을 대상으로 설계된 것이었다. 임금을 억누르면서 경기변동의 안전장치로서 이용하겠다는 경제계의 노골적인 의도에 따라 만들어진 직종이다. 그러나 가계를 '보조'하기 위해 만들어진 직종이 가계를 '책임'지는 노동으로 변질된 것은 그것을 설계한 사람들의 계산착오였다. 아키하바라 사건의 가토 도모히로도 사건 당시 가출한 상태에서 스스로 가계를 꾸려나가야 했다. 수많은 싱글 여성이나 싱글맘들도 불리한 임금 조건에서 가계를 책임지고 있다. 최저임금은 오르지 않고 표준 노동시간을 다 채워도 생활보호가구 수준에도 미치지 못하는 워킹푸어가 등장하게 된 것이다. 싱글맘 중에는 투잡, 쓰리잡을 뛰는 사람들도 있고 심지어 유흥업에 뛰어드는 사람까지 있다. 이와 비슷한 상황에 남성들도 맞닥뜨리게 된 것이다. 일본의 경영자단체는 엔고 상황에서 격렬해지는 국제 경쟁을 극복하기 위해서는 이들을 일회용 노동자로 쓰고 버릴 수밖에 없다고 합의했다. 그리고 정규직의 기득권을 장악하고 있던 노동계도 이에 동의한 것이다.

결혼하지 못하는 남자들

일본에서 '결혼하지 못하는 남자들'이 문제가 된 것은 1980년대다. 결혼시장에서 여성의 불균등한 분배현상이 일어난 것이다. 당시 '결혼하지 못하는 남자'에게는 '장남, 가업 후계자, 과소지역'이라는 삼중고가 있다는 이야기가 있었다. 그러고 보니 1980년대 '비혼 남성'의 대표였던 지금의 황태자 히로노미야가 떠오른다. 거듭 실패로 끝나는 황태자의 '결혼활동'을 바라보면서 사람들은 역시 '장남에 가업 계승자', 그리고 황실의 거주지인 치요다구 치요다 1번지라는 '초과소지역' 주민으로 삼중고의 소유자라는 우스갯소리를 했었다. 1960년생 히로노미야의 결혼은 1993년인 서른세 살 때였다. 서른을 앞두고 있던 황태자비까지 둘 다 당시의 평균적인 초혼연령에 비하면 만혼이라 할 수 있었다.

'수입 신부'가 화제가 됐던 시기도 이때였다. 농가의 대를 잇던 중고년 남성들이 결혼을 위해 필리핀이나 태국으로 건너가 일주일 만에 아내를 만들어오던 스피드 결혼이다. 지방자치단체는 앞장서서 이들의 결혼을 위해 발 벗고 나섰고 결혼 중개업자들이 한국이나 중국 여성들의 사진을 넣은 신부 후보 카탈로그를 만들던 시절이다. 동일본 대지진의 피해 지역에 구조지원의 손길이 닿기 힘든 필리핀인 아내들이 있었다는 이야기는 그 후일담이라 할 수 있다.

국제결혼의 형태도 변화했다. 일본인 여성과 외국인 남성의 조합이라는 이른바 결혼시장의 '수출 초과' 상황이 꽤 오래 지속되었지만 1975년부터는 외국인 여성과 일본인 남성의 조합이라는 '수입 초과' 상황으로 역전되었다. 신부의 국적도 1997년부터 대략 중국이 1위,

2위가 필리핀, 3위가 한국과 북한으로 아시아 국가들이 눈에 띄게 증가했다. 예컨대 장거리 트럭 운전기사 남성이 필리핀 술집에서 알게 된 여성과 '연애결혼'을 하는 식의 조합이다. 한편 고학력 남성이라 하더라도 '의사소통 능력'이 부족하면 결혼하지 못한다는 식의 야유를 받자 신랑수업을 하는 학교까지 등장했다.

1990년대 고용이 붕괴된 후로 결혼격차는 경제적 격차와 연관성이 있음이 고스란히 드러났다. 고용의 붕괴는 여성들 사이에서 훨씬 심각하게 진행되고 있었기 때문에 여성들도 여유를 잃었다. 말하자면 그녀들에게 '결혼활동'은 사활이 걸린 중요한 문제였다.

그런데 '마케이누'라는 단어가 기본적으로 여성을 전제하듯이 '결혼활동'이라는 단어에서도 여성만을 지칭하는 것처럼 느껴지는 것은 왜일까? 남자의 '결혼활동'은 없다는 것일까? 있다고 하더라도 그것이 미디어의 화제가 되지 않는 이유는 무엇일까?

그 원인으로는 남성의 '마케이누'가 세간의 화제로 떠오르는 것을 억누르는 기제와 똑같은 기제가 작동하고 있는 듯하다. 다시 말하면 남자의 '결혼활동'은 미디어에서 화제로 삼기에는 별로 재미가 없기—너무 식상해서 딱할 정도—때문일 것이다.

내가 졸업논문을 지도하던 학생 중에 '남자의 결혼활동'을 주제로 하겠다는 남학생이 있었다. 그 이유를 들어보니 '결혼활동'에 대한 압력은 남자에게 훨씬 강하게 들어온다고 생각하기 때문이라는 것이다. 자세히 들어보니 남학생의 가설이 매우 흥미로웠다.

실적 위주의 권력 사회를 살아가는 남성들에게 결혼이 곧 수입의 지표라고 한다면 기혼자임은 곧 사회적 지위의 상징이 된다. 가정을 갖는 일이 남성에게는 곧 어른이 되었다는 증표라는 언사는 예로부터 있어왔지만, 모든 남자가 결혼할 개연성이 높았던 시절에 비해 결혼하는 남자의 수가 상대적으로 감소한 지금은 소량의 '지정석'을 놓고 전례에 없는 격전이 일어나더라도 이상하지 않은 상황이 되었다. 야마다 마사히로의 말처럼 남자에게 결혼과 가족이란 유지비가 많이 드는 재화가 된 것이다(『결혼의 사회학―미혼과 만혼은 계속되나』 마루젠라이브러리 1996). 미국에서는 '트로피 와이프'가 성공의 증거라고 간주되는 경향이 있었지만 일본에서도 아내가 있다는 것, 그것도 전업주부인 아내가 있다는 것은 그것만으로도 남자의 사회적 지위의 상징이 되는 경향이 있다. 결혼이 '노력하면 얻을 수 있는' 성과주의의 대상이 된 이상 비혼자들은 "어째서 노력하지 않느냐?"는 질책의 소리를 늘 듣게 된다.

반면에 차별이 더욱 강화된 것은 독신자들이다. 중고년층의 결혼 시장에서는 이혼 경력이 있는 남성이 비혼 남성보다 더 선호되는 경향이 있다. 설령 파탄에 이르렀다 하더라도 이혼 경험자는 일단 결혼할 능력도 있으며, 아마도 아내와 섹스할 능력도 있음이 증명되었다는 셈법이다. 그에 비해서 비혼 남성은 '어쩐지 싫다'는 이유로 여성들이 꺼려 한다는 것이다. 마흔, 쉰이 되어서도 결혼 경험이 없다는 것은 말 못할 어지간한 사정이 있으리라는 억측 때문이라고 한다. 이렇게 해서 결혼 유경험자 남성은 결혼할 확률이 더욱 높아지고 결혼 미경험자 남성은 결혼할 확률이 더욱 떨어진다.

결혼을 '얼굴과 돈의 교환'이라고 지칭한 것은 페미니스트 오구라 치카코다(『결혼의 조건』 아사히신문 2003). 데이터를 훑어보면 남성에게 '금전'은 결혼의 매우 중요한 조건임을 부정할 수 없다. 그런데 과연 여자에게 '얼굴'도 결혼의 매우 중요한 조건인 걸까? 물론 여성지의 '결혼활동'이라는 테마로 꾸며진 특집을 보면, 남성들이 선호하는 '사랑받는 헤어' '따뜻하고 귀여운 패션' 아이템들로 넘쳐난다. 결혼율이 100%에 가까운 누구나 결혼하는 사회에서 결혼하지 않는 여자란 매우 특별한 사정이 있는 (그리고 어떤 남자의 선택도 받지 못한) 여성일 가능성이 높았지만, 엄청나게 많은 '마케이누'들이 등장하면서 비혼 여성들 가운데에도 얼굴과 돈과 섹스의 측면에서 기혼자에 뒤떨어지지 않는 자산을 가진 사람이 있다는 사실을 알게 되었다. 못생긴 여자는 남자에게 인기가 없다는 주장은 기지마 가나에[1]가 등장하면서 완전히 힘을 잃었다. 지금의 결혼시장에서 가장 유효한 자원은 얼굴도 섹스도 아닌 '케어(care)'라는 것을 기지마 가나에라는 여성이 증명해주었다.

요컨대 여성에 대한 평가기준은 얼굴만이 아니라 직업이나 수입, 실적 등 다원화되었는데, 남성에 대한 평가기준은 돈이라는 한 가지로 일원화되는 경향이 있다. 그리고 그러한 경향이 남성에게는 '전원결혼사회'보다 더욱 '힘겨운' 상황이라는 것이 남학생의 주장이었다. 고개를 끄덕거리며 납득했던 기억이 있다.

이렇게 보면 아키하바라 사건을 일으킨 가토 도모히로가 인터넷에 '내게 여자친구만 있었어도'라고 쓴 것을 이해할 수 있을 것이다. 여자가 있다는 것은 곧 '남자의 증명'이기 때문이다.

이런 상황을 보면서 과거와 같은 맞선이나 중매쟁이의 부활을 주

---

1 2009년 일본 열도를 발칵 뒤집어놨던 '못난이 꽃뱀'으로, 결혼을 빙자해 20명 이상의 남성을 홀리고, 그중 3명을 살해한 혐의로 사형을 선고받음―옮긴이.

창하는(주로 남성) 사람들이 있다. 하긴 '전원 결혼사회'였던 시절에도 남녀를 맺어주는 오지랖 넓은 아주머니들이 주변에 있었다. 어쩌면 이런 사람들이 존재했기 때문에 '전원 결혼사회'가 달성될 수 있었을 것이다. 더구나 가만히 내버려두면 결혼이 불가능한 지금은 더욱 제삼자 개입이 절실하다는 것이다. 시대착오적인 발상이다. 결혼의 조건이 완전히 변화한 상황을 고려하지 않고 있기 때문이다.

'전원 결혼사회'란 남자라면 누구에게나 한 명의 여자가 할당되는 사회이고 여자라면 결혼을 안 하면 먹고살아갈 수 없는 사회를 가리킨다. 무척이나 자유가 제한된 사회라고 할 수 있다. 당시의 결혼은 생활을 보장해주는 수단이었지만 지금의 결혼은 생활을 여유롭게 만드는 수단이다. 지금의 여성은 물론 남성들도 과거로 돌아가고 싶다고는 생각하지 않을 것이다.

남성 '마케이누'의 노후

앞서 살짝 언급했던 기지마 가나에의 '결혼사기' 사건은 많은 사람들에게 충격을 주었다. 결혼시장에서 유효한 자산은 얼굴도 섹스도 아닌 케어, 즉 돌봄이라는 것을 기지마 가나에가 증명했기 때문이다. 그 배경에는 초고령 사회를 맞이한 남성들의 노후에 대한 불안이 잠재되어 있다.

지금까지 대개의 남성들은 돌봄을 받는 입장에만 있었기 때문에 스스로가 돌보는 입장이 되지 않고도 평생을 살아갈 수가 있었다. 최소한 아내가 있기만 하다면, 그럴 수 있었다. 하지만 그런 시나리오는 '마케이누' 남성에 이르러서는 성립하지 않게 되었다.

'오히토리사마[2]', 즉 독신은 대부분 여성을 전제로 한다. 독신 남성에 관해서 글을 쓰기 어려운 이유는 독신 남성의 현실이 여성에 비해서 너무도 처참하기 때문이다. 내가『독신의 노후』를 썼을 때 요시다 타이치의『유품정리인은 보았다』(후소사 2006, 한국어판 2009)라는 책을 마치 무서운 것을 더 보고 싶은 심정으로 읽고 나서 깊이 안도했던 기억이 있다. 거기에 등장하는 대부분의 고독사가 50~60대, 그것도 남성에게 많았기 때문이다.

고독한 죽음 앞에는 고독한 삶이 있다. 사회학자 가와이 가츠요시는 오랜 기간 독거 고령자에 대한 연구를 계속해왔는데, 그의 조사에 따르면 고령의 남성은 사회적 고립도가 매우 높다(『대도시에서 홀로 사는 고령자와 사회적 고립』 법률문화사 2009).

사회적 고립도는 어떤 지표로 파악할 수 있을까? 가와이 가츠요시는 요코하마시 츠루미구에 거주하는 고령자 약 4천 명을 대상으로 다음과 같은 질문을 던졌다. "당신은 설날을 포함한 사흘 동안 아무도 만나지 않았습니까?" 이에 "그렇다"라고 대답한 사람은 초기 고령자(65~74세) 남성은 61.7%에 달했지만, 여성은 26.5%로 남성의 절반 이하로 낮았다. 후기 고령자(75세 이상)를 보면 남성도 46.8%로 감소한다. 일반적으로 설날은 가족과 함께 보내는 시간이다. 싱글인 사람에게는 주체하기 힘든 지옥 같은 시간일 수 있지만, 아무도 만나

---

2 결혼하지 않고 아이를 낳지 않는 30대 이상 여성을 일컫는 말—옮긴이.

지 않고 이 시간을 보내는 독신 남성이 열 명 중 여섯이나 된다는 것이다. 여성으로 가면 아무도 만나지 않고 지내는 사람의 수가 매우 적어지기 때문에 고립된 쪽은 남성임이 명백하다. 초기 고령자에 비해 후기 고령자의 고립도가 더 낮은 까닭은 독거는 하고 있어도 최소한 이 세대에게는 분가한 가족이 있기 때문일 것이다. 결혼율도 높았고 대개가 자녀를 낳았던, 더욱이 본인에게 형제자매가 많은 세대라면 독거가구라고 해도 가족의 왕래가 있는 것이다. 초기 고령자의 고립도가 상대적으로 증가하는 것을 보면 이 세대부터 이혼자와 비혼자가 증가했다는 것을 추측할 수 있다. 이 숫자는 앞으로 더욱 증가할 것이다. 왜냐하면 앞으로 독신 고령자가 될 남성들 중에는 가족을 만들지 않은 사람들이나 가족을 만들었지만 해체한 사람들이 많기 때문이다. '돌봄을 받기만 하는 성'이었던 남성들의 노후 시나리오는 여기서부터 무너졌다.

실제로 남성 '마케이누'의 노후에는 수많은 곤란이 기다리고 있다.

첫 번째가 경제력 문제다. 남성 '마케이누'는 대체로 저소득층에 집중되어 있고 비정규직이나 무직인 남성들이 많기 때문에 이들은 연금이 없거나 있더라도 매우 낮은 고령자가 될 것이다. 이들을 고령사회의 안심과 안전을 위협하는 '불량채권'이라고 부르지만 그들이 그렇게 된 원인은 다름 아닌 정·관·재계의 합동 시나리오가 만들어 낸 고용의 붕괴 때문이다. 경제계에서는 고용의 붕괴가 이후에 보내올 청구서가 장기적으로는 매우 무거운 부담이 된다는 사실을 어째서 예상하지 못했을까?

두 번째는 가사능력의 결여다. '홀아비 생활은 이가 서 말'이라는 속설은 옛말이 되었다. 문명은 가사능력을 높이는 방향으로 발전하지 않고 남녀 모두가 가사능력이 없어도 살아갈 수 있는 방향으로 발전해왔다. 지금은 편의점이라는 문명이 남성 '마케이누'의 강력한 인프라가 되어주고 있다. 편의점만 있으면 다소 영양이 불균형적이어도 어느 정도 생활의 질을 떨어트리지 않고 살아갈 수 있게 되었다. 편의점만 있으면 주부가 없어도 되는 세상이다. 더구나 오랫동안 부모에게 기생해서 살다 보면 어머니가 '주부'의 역할을 맡아서 해주기 때문에 가사능력이 없어도 아무런 문제 없이 생활을 할 수 있다.

세 번째는 케어 능력의 결여다. 돌보는 역할을 담당한 적이 없는 남성도 마침내 늙은 부모를 돌봐야 하는 상황에 맞닥트리게 된다. 부모와 그에 기생하던 남성 '마케이누'의 관계는 부모가 고령이 되면 그 역학관계가 반전된다. 부모가 자식에게 의존하는 상황이 되는 것이다. 이렇게 늙은 부모를 돌봐야 하는 상황에 놓이면 문제가 발생하는데, 케어 능력을 지니지 못한 남성은 자신의 의도와 무관하게 부모를 돌보지 않거나 방치하는, 소위 '고령자 학대'로 분류되는 행동을 일삼는 경향이 있다. 실례로 부모가 몸져누워 있을 때 편의점에 가서 자기 도시락만 사서 먹었다는 이야기가 있을 정도다. 아내가 몸이 아파 누워 있을 때 "밖에서 밥을 먹고 들어올 테니 내 걱정은 하지 말라"며 '다정하게' 이야기했다던 어이없는 남편의 에피소드를 떠올리게 한다. '돌봄을 받기만 하는 성'으로서의 남성은 이렇듯 자신이 누군가를 돌봐야 하는 입장이 된다는 것을 한 번도 생각하지 않은 것이다.

심지어 부모를 돌보다 지쳐서 신체적인 폭력을 휘두르는 말 그대로의 '학대'를 자행하는 경우도 있다. 고령자 학대 조사를 살펴보면 가해자의 1위가 동거하는 아들이다. 사회학자 가스카 기스요의 보고서(《변화하는 가족과 돌봄》 강담사현대신서 2010)를 보면 요양보험제도에서 대부분의 '처우곤란 사례'는 고령의 어머니와 중고년의 아들이 함께 거주하는 가구의 경우라고 하는데, 현장에서 일하는 요양사들은 이런 가구들이 증가하고 있음을 실감하고 있다고 한다. '(아들과 부모가) 거주 공간을 분리할 수만 있다면 우리들의 개입이 더 쉬울 텐데 안타깝다'라는 요양사들의 생각을 가로막는 것은 아들이 부모의 연금에 기생하면서 생활하고 있기 때문이다. 이렇게 해서 생긴 문제를 '경제적 학대'라고 부른다.

그러나 가스카 기스요는 아들에게 동정적인 입장이다. 해고나 불황 때문에 어쩔 수 없이 부모 집에 동거하면서 부모의 연금에 기생할 수밖에 없는 '마케이누'의 아들들. 그들은 사회적으로 궁지에 몰려 있는 상황이라 자신의 상태만으로도 힘이 부쳐서 여유 없는 삶을 보내고 있다. 자신의 곤경조차 대처하지 못하는 아들들이 부모의 곤경에 신경 쓰지 못하는 건 어쩔 수 없다는 것이다. 그렇다고 그것이 자신보다 약한 고령자를 학대해도 되는 이유가 되지 않지만 말이다.

마지막으로 소통능력의 결여다. 고독사를 초래하는 것은 그 이전의 고립된 생활이다. 제거 대상은 사실 '고독한 죽음'이 아니라 '고립된 생활'인 셈이다. 그러나 더 큰 우려는 소통능력보다는 소통하려는 의욕이 부재하다는 것이다. NHK 프로그램 〈클로즈업 현대〉의 취재팀에서 펴낸 『도움을 부탁할 수 없는』(문예춘추 2010)이라는 책이 있다. '지금 30대에게 무슨 일이'라는 부제가 붙어 있다. 하지만 '도움을 부탁할 수 없는' 30대도 머지않아 40대가 되고 또 50대가 된다.

생활보호가 끊겨서 아사에 이른 규슈의 한 남성은 50대였다. 죽기 전에 '삼각김밥이 먹고 싶다'는 메모를 남겼다는 이 남성은 어째서 살아가기 위해 사람들과 관계를 맺으려 노력하지 않았을까? 중고년층 남성의 자살률은 현격하게 높은 편이다. 고령의 부모를 돌봐야 하는 남성들의 문제는 똑같은 어려움을 떠안고 있는 여성에 비해서 타인에게 도움을 청하지 못하기 때문에 혼자서 궁지에 몰리다가 결국 학대하기에 이르게 되는 것이라고 관계자들은 지적한다.

이렇게 문제점을 하나하나 열거해서 보면 남성 '마케이누'가 얼마나 가혹한 상황에 놓여 있는지 알 수 있을 것이다.

그런데 남성 '마케이누'를 주제로 한 서적이나 연구가 여성의 경우에 비해 눈에 띄지 않는 이유는 무엇일까? 맨 처음 던졌던 질문으로 돌아가게 된다.

남성의 필살기

남성은 위기에 처했을 때—남성학의 연구에서는 위기에 직면한 남성들의 반응에 몇 가지 유형이 있다고 한다. 남성의 위기라면 해고나 실업에서 질병이나 이혼, 자녀문제까지 다양하다. 사회학자 요다 히로에의 연구를 통해서 새로운 점을 발견했다(『장애인 차별의 사회학—젠더·가족·국가』 이와나미서점 1999). 요다 히로에는 본래 장애아 연구자다. 그는 연구를 통해서 장애를 지닌 아이가 태어났을 때 그 아이를 받아들이는 과정에서 아버지와 어머니 사이에 커다란 차이가 있음을 알게 되었다고 한다.

첫 번째로 보이는 반응은 부정이다. '설마 내 인생에 그런 일이 일어날 리가 없다. 우리 집안에 그런 아이가 태어날 리가 없다.' 선천성

장애를 지니고 태어난 아기를 두고 충격에 빠진 아내에게 남편과 시어머니가 입을 모아 "그런 아이는 우리 집안의 아이가 아니다"라고 하면서 이미 벼랑 끝에 서 있는 아내를 더욱 밀어내는 언행을 일삼는 경우도 있다고 한다.

두 번째의 반응은 도피다. '받아들이기 싫은 현실과 직면하고 싶지 않다. 그러니 보고 싶지도 듣고 싶지도 생각하고 싶지도 않다.' 장애가 있는 아이를 키우는 과정에서 앞으로 일어날 과제에 대해 상담사가 부모의 면담을 요청해도 나타나는 쪽은 어머니다. 아버지는 바쁘다는 구실로, 혹은 육아는 아내의 역할이라고 미루면서 자신이 직면한 문제와 맞서려고 하지 않는다. 학습 장애나 등교거부를 경험한 아이들의 부모에 대해서도 학교 상담사들은 유사한 보고를 하고 있다. 부모의 면담을 요구해도 찾아오는 사람은 어머니뿐이라는 것이다. 아버지가 없는 가정이라고 착각할 정도라고 토로하는 전문가도 있다.

장애를 가진 아이를 키우는 일이 그렇지 않은 아이를 키우는 일보다 훨씬 더 많은 과제와 곤란이 있으리라는 것은 당연한 예상이다. 그래서 부모 두 사람이 양육에서 '전우'가 되어야 하는데도 일찌감치 전선에서 도망쳐버린 남편에게 절망감을 느끼는 아내가 있으리라는 것도 쉽게 추측할 수 있다. 실제로 장애아를 가진 부부의 이혼이 예상 밖으로 많은 것도 사실이다. 위기를 겪는 가족이 결속하는 이야기가 미담이 되는 이유는 그런 경우가 매우 드물기 때문이다. 위기를 만난 가족은 곧잘 해체하는 쪽으로 기운다.

세 번째의 반응은 중독이다. 남성의 도피처에는 중독으로 빠질 만한 메뉴들이 다양하게 준비되어 있다. 사회적 승인까지 부여된 경우도 있다. 술, 여자, 도박, 약물—그것들에 '빠지는' 것이 남자다움을 증명하는 행위라고 여겨지기도 했다. 이 같은 중독이 괴로운 현실의 일시적 도피라는 것, 그리고 그것이 강도가 높아지는 중독성을 지니고 있다는 사실은 널리 알려져 있다.

이런 사례가 있었다. 좁은 아파트에서 돌봐야 할 노모와 동거하게 된 회사원 남편이 집에 돌아오면 하루 종일 시어머니와 지낸 아내의 푸념을 들어야 했다. 남편은 아내의 푸념이 듣기 싫어서 점차 귀가시간을 늦추었다. 처음에는 회사 일을 핑계로 삼았지만 귀가를 늦추기 위해 들르던 술집 여성과 가까워져 아예 집에 들어가지도 않게 되었다. 집에 남겨진 시어머니와 아내는 서로를 끔찍해하는 지옥 같은 상태가 되었다. 이러한 사태를 초래한 장본인은 남편이지만 현실과 책임을 부정하고 도피하다가 여자에게 빠지고 마는 전형적인 수순을 밟게 된 것이다. 남편의 어머니와 함께 집에 남겨진 아내는 도대체 뭐란 말인가?

위의 부정과 도피, 중독이 남자의 필살기인 셈인데 얼마나 '남자다운' 모습인가?

강연에서 이런 이야기를 했을 때의 일이다. 청중 속에서 한 여성이 덧붙여야 할 덕목이 있다고 발언했다. 그것은 다름 아닌 '폭발'이라는 것이었다. 나는 그녀의 통찰에 탄복했다.

그리고 납득했다. 남성들은 곤궁해지면 적반하장으로 돌변하는 경우가 많다. 아키하바라 사건의 가토 도모히로 또한 그런 종류의 남성이다. 곤경에 처한 여성의 공격성은 대개가 자신에게로 향하는 반면 남성의 공격성은 타자에게로 향하는 경향이 있다. 이것도 남녀 비대칭성의 하나다.

이렇게 하나하나 쓰고 보니 '남자라는 문제'의 참혹함에 암울할 따름이다. 이토록 심각한 문제가 주목받지 못하는 이유는 '꼰대' 미디어가 전적으로 '부정'한 결과가 아닌가 의심하고 싶다.

어쨌거나 문제가 있음이 인지되었고 더는 감출 수 없을 정도의 징후들이 표면으로 드러났으니 남성 스스로가 자신의 문제에 직면했으면 좋으련만, 그들은 언제까지 '보고 싶지도 듣고 싶지도 생각하고 싶지도 않다'는 '남자다운' 태도를 견지할 것인지….

8장

누가 여성혐오를 부추기는가

신자유주의와 내셔널리즘

2000년대 신자유주의 개혁이 추진했던 '남녀공동참여' 정책[1]에 대한 반발과 내셔널리즘은 동시에 진행되었다.

계속해서 언급했듯이 신자유주의는 격차를 확대시켰다. 그리고 그 과정에서 피해를 입은 기득권 집단은 보수적인 내셔널리즘과 결탁하여 '여성공격'을 시작했다. 그래서 내셔널리스트는 남성들의 동성연대(호모소셜)이면서 동시에 여성혐오(미소지니)[2]를 갖고 있다. 그들은 여성들이 신자유주의를 통해 이익을 챙겼다고 느꼈기 때문일 것

---

1 앞에서 서술했듯이 '남녀공동참여' 정책은 정부 주도의 국책사업이다. 페미니즘과는 실제 모습이 전혀 다르다. 이후로 정책에 대해서 언급할 때는 '남녀공동참여', 여성해방의 사상과 운동에 대해서 언급할 때는 '페미니즘'이라고 구분해 사용할 것이다.

2 동성연대와 여성혐오의 관계에 대해서는 우에노 지즈코의 『여성 혐오를 혐오한다』(기노구니야서점 2010)를 참고하길 바란다.

이다. 신자유주의와 페미니즘의 관계는 사실 '동상이몽'에 지나지 않았지만 국책을 등에 업은 신자유주의는 페미니즘과 연맹을 맺은 것처럼 보이면서 다른 한쪽으로는 내셔널리즘과도 기묘한 결탁을 맺었다. '기묘하다'고 하는 것은 애초에 논리적으로 연결될 까닭이 없어 보이는 두 이념이 서로 결부되어 있기 때문이다. 신자유주의의 원리는 기본적으로 경쟁과 선별을 바탕으로 한다. 사용 가능한 사람은 누가 됐든 사용한다는 점에서는 최소한 '기회의 균등' '경쟁의 공평함'이라는 원칙을 가지고 있다. 그런 점에서 성별도 국적도 문제시하지 않는 보편주의의 원리라고 할 수 있다. 반면 내셔널리즘은 '남자다움'과 '여자다움'을 매우 선호하고 국경이나 국적을 중요시하는 이른바 배타주의를 기반으로 하고 있다. 말하자면 근거도 없이 무조건 '일본이 최고'라는 식의 지역적 특수주의가 내셔널리즘이다. 이와 같이 서로 용인될 수 없는 신자유주의와 내셔널리즘이 무슨 까닭에서인지 결탁을 했고 그것을 통해 신자유주의는 이득을 취했다.

다시 한 번 1990년대부터의 정권의 흐름을 떠올려보면 알기 쉬울 것이다.(1장 도표 1-1 참조)

1996년의 하시모토 내각 때부터 행정개혁 노선과 남녀공동참여 행정이 적극적으로 추진되었고, 그리고 1999년의 오부치 정권하에서 '21세기 우리 사회의 가장 중요한 과제 중의 하나'로 선전되던 '남녀공동참여사회 기본법'이 국회에서 만장일치로 통과되었다. 놀랍게도 같은 국회에서 '국기국가법'도 함께 가결되었다. '남녀공동참여사회 기본법' 제정에 찬성한 같은 국회의원이 동의했다고 받아들이기 힘든 이 법률이 만들어짐으로써 각지에서는 기미가요와 일장기를 둘러싼 공방전이 벌어졌다. 도쿄의 공립학교에서는 입학식과 졸업식

때마다 기미가요 제창과 일장기 게양을 거부해서 법적 처분을 받은 교직원들이 상당수 나왔다.

또 다른 사례의 경우도 마찬가지다. 신자유주의 개혁의 기수로 이름을 떨쳤던 고이즈미 정권은 차기 내각의 수반으로 아베 신조를 지명했다. 아베 신조는 국가와 가족의 가치를 무엇보다 소중히 여기는 신보수주의 정치가다. 고이즈미와 아베는 정치적 신념도 다르고, 미국으로 비유하자면 클린턴이 후계자로 부시를 지명하는 꼴이라고 할 수 있을 것이다. (물론 대립하는 정당의 정적끼리 이런 일이 일어날 리 만무하지만 말이다.) 이렇게 해괴한 바통 터치는 없을 것이다. "자민당을 와해시키고 말겠다"고 목소리를 높였던 개혁가 고이즈미 준이치로는 결국 자민당을 와해시키는 성과를 이루었다. 그러나 보수권의 균열을 복원시키기 위해서는 내셔널리즘이라는 비단을 덧댄 깃발이 효과적이라는 사실은 아베 신조는 물론이고 고이즈미 준이치로 역시 잘 알고 있었을 것이다. 이렇듯 신자유주의는 웬일인지 신보수주의하고도 친구다.

여자라는 이유

앞에서 신자유주의 개혁은 두 가지 방향에서 작용했다고 지적했다. 한쪽에서는 기득권 집단을 둘로 분열시키고, 다른 한쪽에서는 지금껏 기득권이 될 수 없었던 집단도 둘로 분열시켰다. 신자유주의는 전자의 집단에게는 위협이고 후자의 집단에게는 기회라 할 수 있다. 전자에는 꼰대 및 꼰대 예비군 집단이, 후자에는 여성들이 속한다.

그때까지는 '여자라는 이유'로 한 묶음으로 차별받았던 여성들에게 신자유주의는 다양한 선택지라는 기회를 가져다주었다.

신자유주의가 '남녀공동참여' 정책과 친화적이라는 것은 앞서 이야기했다. 유능한 여성에게는 남자처럼 일을 시키고, 그렇지 않은 여성이라도 편리한 일회용 노동력으로 일을 시키겠다는 신자유주의 정권은 여성의 사회진출을 후원하는 정책을 추진했고 일부 여성 노동자들 중에는 그 같은 변화를 환영하는 사람들이 분명히 존재했다.

한쪽에는 시대의 바람을 타고 성장하는 신흥세력, 다른 한쪽에는 발을 딛고 있는 지반이 무너져가고 있다는 불안에 떨며 더 이상 기득권을 보장받지 못하게 된 과거세력. 후자가 전자를 원망과 선망의 심정으로 바라보리라는 것은 상상하기 어렵지 않다. 개혁의 과정에서 기득권 집단에서 급전락한 '하층 남자'와 급성장한 '출세한 여자' 사이의 대립이 강화되어갔다.

신자유주의의 '남녀공동참여' 정책이 진전되면서 여성공격이 시작된 것이다. '자기주장이 강한 여자'의 아이콘으로서 대표적인 타깃이 된 것이 페미니즘이다. 신자유주의 개혁에서 승자가 된 종합직 여자들, 결혼도 출산도 하지 않고 가족을 부양할 책임도 지지 않으면서 남자와 같은 월급을 받는 엘리트 여자들, '결혼활동'을 하면서도 돈 없는 남자는 안중에도 없고, 쉽게 이혼하고 아이도 안 낳아 저출산 현상을 가속화시키는, 그래서 일본의 아름다운 가족제도의 전통을 파괴하는 터무니없는 여자들… 이들이 맹비난의 대상이 되었다.

특히 2000년대부터 신자유주의 개혁의 효과가 남성 간의 격차 확대로 드러나기 시작했을 때부터 여성공격은 더욱 심화되었다. 거기서는 '젊은 남자들의 희생으로 신자유주의 개혁 과정에서 이득을 본 여자들'이 공격의 표적이 되었다. 이것은 여성들이 확실히 사회 안에서 일정한 지위를 획득한 것에 대한 반동이기도 했기 때문에 이를 백래시(backlash, 반발)라고 부르기도 한다.

다른 나라들에서도 페미니즘이 침투하면서 동시에 부산물로서 백래시가 등장했다. 미국의 페미니스트 수잔 파루디가 『백래시―역습당하는 여자들』을 출판한 것은 1991년이다. 미국에서도 일본과 유사한 일이 일어났던 것이다. 일본에서는 20년 뒤늦은 신자유주의와 함께 20년 뒤늦은 '반발'이 시작되었다고 해도 좋을 것이다. 그렇다면 페미니즘의 영향력 역시 20년 뒤늦게 인식될 만큼 일본의 페미니즘의 발걸음도 느렸다는 의미다. 그래서 반발(여성공격)이 시작되었을 때, 나는 '마침내 일본의 페미니즘도 더 이상 무시할 수 없을 만큼 힘을 갖게 되었구나!'고 생각했을 정도다. 왜냐하면 역풍은 곧 실력의 증명이기 때문이다. 그렇다고 해서 상대방의 공격을 얕잡아볼 수 없었다.

여성에 대한 공격은 보수(保守, conservative)가 아니라 반동(反動, reactionary)이었다. 1945년 전후 일본에서 가장 훌륭한 보수 사상가의 한 사람인 에토 준은 '보수란 말로 하지 않는 사상'이라고 했다. 왜냐하면 보수란 현상유지의 사상, 현재가 변화하지 않기를 바라는 태도이기 때문이다. 현상유지를 위한 가장 좋은 것은 '아무것도 하지 않는 것'이다. 그러나 세상에는 모든 것을 말로 하는 천박한 보수 언론인들로 차고 넘친다. 그것을 진정한 보수인 에토 준은 쓸쓸한 마음으로 바라보았다. 신흥 보수 사상가들 입장에서 보자면 현재는 보수의 위기이고, 그래서 더욱 과거의 가치를 지켜야 한다고 주장하지 않을 수 없는 절체절명의 순간이었다.

이와 같은 위기감을 인식하고 있는지 아닌지가 보수와 반동을 나누는 분기점이다. 반동이란 글자 그대로 이미 일어난 변화에 반응하며 일어나는 움직임이다. 그들은 자신들이 열세에 처해 있고 반격으로 전환해야 한다는 위기감을 안고 있었다. 그들은 '수구(守舊)'파가 아니라 '신보수(新保守)', 말하자면 보수주의자보다 한층 과격한 '반동'세력이었다.

그럴 때 공격하기 쉬운 표적이 '여자'였다. 왜냐하면 강한 여성이 출세한 신흥세력으로 부상하고 있었고 더욱이 '남녀공동참여'라는 국책의 비호 아래 '일장기'까지 두르고 있는 것처럼 보였기 때문이다.

세계화라고 하는 거대한 힘, 그 안에서 시스템을 유지하고 있는 정·관·재계의 복합권력에 맞서보았자 어차피 승산은 없다. 그러니 개혁으로 혜택을 누리는 것처럼 보이는 약자, 게다가 시대의 흐름을 타고 '호가호위'하듯 뛰어오르고 있는 '강한 여자'를 표적으로 삼아 철퇴를 던지겠다는 것이다. 정말로 맞서야 할 강한 적에게는 대항하지 못하고 공격하기 쉬운 적을 찾아 때려주겠다는 것이 그들의 시나리오였던 것이다.

이 시나리오가 오로지 그들의 망상 속에서 이루어진 것이라는 사실은 지금까지의 설명으로 충분할 것이다. 첫째, 신자유주의 개혁으로 여성들이 정말로 혜택을 누렸다고 하기는 어렵다. 둘째, 페미니즘은 신자유주의 개혁을 지지하지 않았다. 셋째, 그들은 '강한 여자'라고 묶은 테두리 속에 페미니스트와 페미니스트가 아닌 여자들까지 한꺼번에 집어넣었다. 거기에는 '설쳐대면서 눈에 거슬리는 여자'를 향한 소박한 '꼰대적' 반감, 소박해서 오히려 대화할 필요도 없이 공감을 부르기 쉬운 부정적 감정이 있을 뿐이다.

그들은 진정한 적이 누구인지 잘못 보고 있다. 여성들에게 기회를 준 것은 신자유주의 개혁이지 여성 스스로가 아니다. 그렇게 된 배경에는 전 세계의 모든 나라를 휩쓴 세계화라는 거대한 흐름이 있다. 신자유주의 개혁은 이른바 세계화라고 하는 거대한 변화에 따른 각국의 대응 전략의 하나였을 뿐이다. 기득권의 위협을 받은 집단의 '패자'그룹이 새롭게 기회를 얻어 성장한 '승자'그룹에 원한을 갖는 것은 이해할 수 있지만, 그들이 진짜로 공격해야 할 대상은 그렇게 만든 정·관·재계의 엘리트들이다. 그런데도 그들이 공격의 방향을 여성으로 바꾼 것은 마루야마 마사오[3]가 말하는 '억압위양의 원리'가 작용하고 있기 때문이다.

원한이라는 감정은 본래 승산이 없는 상대를 향한 약자의 부정적 감정이다. (참고로 대등하거나 하위라고 간주되는 상대를 향한 부정적 감정은 '분노'다.) 절대적인 힘의 격차 때문에 부정적인 감정의 표출을 억압당하다가 자신보다 약한 사람을 찾아내어 분출하는 행위를 '억압위양'이라고 한다. 과거 일본군에서 장관급 장교에게 당한 하사관은 병사를 괴롭히고, 병사는 군속(군무원)을 괴롭히고 위안부를 감정의 분출구로 삼는 방식으로 피해가 아래쪽으로 파급되었다.

마루야마 마사오라는 이름에서 연상되는 인물이 있다. 인터넷 언론인 아카기 도모히로. 그는 〈마루야마 마사오를 때려주고 싶다─31세 프리터. 희망은 전쟁〉(『청년 자살을 방조하는 나라 - 나를 전쟁으로 내

---

3 쇼와시대 일본의 정치학자이자 사상사가─옮긴이.

몰고 있는 것은 무엇인가』소후사 2007)이라는 논문으로 단숨에 유명인이 된 인물이다. 격차의 확대라는 뜻밖의 재난을 당한 '잃어버린 세대'의 논객으로서 '전쟁이라도 일어나면 군인 간의 격차는 사라질 것'이라는 '망상'이 '꼰대' 논단의 주목을 받았다. 그의 글에는 이런 문장이 있다. "나라면 '서른한 살의 일본인 남성'으로서 재일 조선·한국인이나 여성, 그리고 경기회복으로 속 편히 직장을 잡은 어린 녀석들보다는 존경받을 입장에 설 수 있다. 프리터든 힘없는 빈곤노동자 계급이든 사회가 우경화된다면 인간으로서의 존엄을 회복할 수 있을 것이다."(아카기 도모히로 〈결국, '자기책임'입니까?〉, 〈논좌〉 2007년 6월호)

여기에는 내셔널리즘, 배타주의, 민족차별, 여성차별 등 온갖 차별들이 패키지로 담겨 있다. 인종이나 성별, 연령만으로 서열이 결정되는 속성주의와 경쟁을 통한 우열성패의 원리가 신조인 신자유주의의 성과주의는 양립하기 어려움에도 신자유주의는 이러한 불만을 생산하면서 반대로 그 불만을 이용하면서 추진되었다.

여성공격의 추동자들

여성공격의 추동자로서는 세 집단이 있었다.

첫째는 '네우요(ネウヨ)'라고 불리는 인터넷 우익이다. 내셔널리즘이나 혐한, 혐중이라는 담론과 함께 '여성공격'이 등장했다. 인터넷 발언자들은 성별이나 연령을 특정 짓기가 어렵다. 익명성을 이용해서 남성이 여성을 사칭하는, 이른바 '네카마(ネカマ, 인터넷 오카마)'라 불리는 인터넷 성전환자들까지 있는 마당에 아이디만으로 그들이 어

떤 사람들인지 알 수 없다. 그러나 웹포럼이나 채팅 등의 헤비유저에 대한 연구를 통해 그들이 청년층 남성에 집중되어 있음은 잘 알려져 있다. 업로드 시간대 분석을 통해서도 그들의 대부분은 무직이거나 프리터일 것이라는 추측도 있다.[4] 거기에 올라온 글에는 '못생긴 것들은 입 닥쳐라' '저 여자를 윤간해버릴까'라는 식의 차마 듣기에도 힘든 '여성혐오' 발언들이 등장한다. 희화적으로 말하자면 '하층 남자의 적은 출세한 여자'라는 구도가 성립하면서 '여자'가 공격의 대상이 된 것이다. 이렇게 '패자 남성'의 시선으로 보자면 자신이 결혼을 못 하는 것도 여자들 때문이고, 취직을 못 하는 것도 여자들이 자기들 일자리를 빼앗았기 때문이다.

둘째는 신구 보수파 언론인들이다. 아니, 앞서 언급한 정의에 따라 '보수파'라기보다는 '반동파'라 부르는 것이 나을 듯하다. 잡지 〈정론〉이나 〈제군!〉(2009년 휴간)에 등장하는 사람들이다. 여기에는 니시오 간지[5], 하야시 미치요시(도쿄여자대학 교수)와 같은 구세대와, 후지오카 노부가츠(도쿄대학 교수), 다카하시 시로(메이세이대학 교수), 야기 히데츠구(도호쿠대학 교수), 니시오카 츠토무(일본의 한반도 문제 전문가), 고바야시 요시노리[6], 하세가와 미치코(사이타마대학 명예교수) 등의 신세대가 있다. 여기서 말하는 신세대는 1945년 이후에 태어난 단카이 세

---

4 아카기 도모히로가 데뷔한 것도 자신의 블로그를 통해서다. 인터넷에서 주목을 받자 '꼰대' 잡지 미디어에도 진출하게 된 것이다.

5 일본의 대표적 극우단체인 '새 역사교과서를 만드는 모임'의 초대 회장―옮긴이.

6 한국의 각필구결 자료의 발굴과 연구에 선도적으로 이바지함―옮긴이.

대를 포함한 사람들이다. 이들은 페미니즘이 일본의 가족과 전통을 무너뜨린다고 주장하면서 공동 캠페인을 벌이기도 했다. 그중의 한 사람인 하세가와 미치코는 UN의 여성차별철폐조약에 일본이 비준하는 것을 반대하고 남녀고용기회균등법에도 반대했던 내로라하는 안티 페미니스트 여성이다.[7]

셋째는 각지에 뿌리내린 풀뿌리 보수와 그 세력을 기반으로 한 신구 보수 정치가이다. '참의원의 교황'으로 불리면서 오랫동안 군림해 온 무라카미 마사쿠니는 부부별성 선택제를 가능하게 하는 민법 개정안의 국회 상정을 목숨을 걸고서라도 저지하겠다고 고집했던 꼰대라 할 수 있고, "남자는 강간이라도 할 만큼 기운이 넘쳐야 한다"는 고견을 말씀하신 미우라 슈몬 전 문화청 장관도 거기에 포함시켜야 할 것이다. 이들 구세대 남성들에게는 남자는 여자를 깔아뭉개고 여자는 남자에게 복종하는 것이 지극히 자연스럽고, 그 반대는 견딜 수 없이 부자연스러운 일일 것이다. 그 뒤를 남녀공학을 경험했던 전후 세대가 따르고 있다. "일본도 핵무장을!"이라고 외쳤던 니시무라 신고, 미국의 강요로 만들어진 헌법의 개정을 숙원사업으로 여기는 아베 신조도 거기에 포함된다. 그리고 이런 남성 정치가들에게 바짝 붙어서 아첨하는 다카이치 사나에, 야마타니 에리코 같은 여성 정치가들도 있다. 자민당의 중의원인 다카이치 사나에는 무라카미 마사쿠

---

7 하세가와 미치코 〈'남녀고용평등법'은 문화 생태계를 파괴한다〉(《중앙공론》 1984년 5월호). 이 시기에는 '남녀고용기회균등법'이 아직 '남녀고용평등법'이라 불렸다. '고용평등'이 '고용기회균등'으로 변화한 것에 관해서는 2장에서 설명했다.

니의 뜻을 이어받은 것인지 부부별성 선택제 반대의 선봉에서 활동하고 있다. 자신은 동종업계의 국회의원과 결혼해서 성을 바꾸었는데도 국회에서는 결혼 전의 이름인 '통칭'을 사용하는 '언행불일치'한 정치가다.[8] 이들은 전통과 가족의 가치를 너무나 사랑하는 사람들로 '부부별성은 가족을 파괴한다'고 주장한다. 그래서 부부별성을 추진하는 페미니스트는 '가족파괴자'라는 오명을 쓰게 되지만, 페미니스트 입장에서 반박하자면 (1) 부부별성 정도의 이유로 가족은 파괴되는 것이 아니며 (2) 부부별성 때문에 파괴될 가족이라면 오히려 파괴되는 게 낫고, 그리고 (3) 가족은 이미 오래전에 파괴되었고 그 원인 제공자가 페미니스트가 아님은 분명하다. 반대로 부부별성을 추진하던 논자들은 대부분 부부별성이 가능하다면 결혼하고 싶다는 사람들이었기 때문에 이들은 반대파들이 원하는 '가족을 매우 사랑하는' 사람들이었다.

이상의 세 집단은 세대나 배경도 다르고 동기도 각기 다른 사람들이지만 같은 시기에 '여성공격'의 연합전선을 형성했다. 그들의 표적은 모든 악의 근원으로서의 페미니즘이다. 페미니즘이 결혼하지 않는 '마케이누' '독신'들을 부추겨서 비혼과 저출산을 만들고, 성희롱을 내세워서 직장 분위기를 흐트러뜨리고, 가정폭력과 학대를 폭로해서 가정을 파괴했다는 것이 그들의 주장이다. 억울한 누명이라는

---

8 참고로 다카이치 사나에는 부부별성은 반대하지만 통칭 사용은 괜찮다는 입장이다. 그러나 대부분의 부부별성 추진론자들은 호적상의 이름과 통칭의 불일치가 가장 큰 불편을 초래한다고 주장하고 있다.

말 외에는 달리 할 말이 없다. 비혼과 저출산은 페미니즘 때문이 아니고 성희롱과 가정폭력은 예전부터 숱하게 자행되어왔던 일이다. 그들의 주장과는 반대로 많은 페미니스트들이 느끼는 감정은 세상의 변화를 실감할 수 있을 만큼 페미니즘의 영향력이 강하다면 얼마나 좋을까 하는 것이다.

반동세력의 공통점

이들 '반동세력'에게는 몇 가지의 공통점이 있다.

첫 번째는 '여성공격'에서 노출된 성차별 의식이다. 그들의 생각으로는 얌전히 '조수석'에나 앉아 있어야 할 여자들이 거리낌 없는 얼굴로 행동하기 시작한 것에 대한 반감이다. '여자는 뒤로 물러나 있어라' '앞에서 나대지 말라'고 하는 식의 뿌리 깊은 남존여비의식이 심지어 2011년에 일어났던 동일본 대지진의 피난지에서도 드러났다고 한다. 이런 '머리'를 가진 사람들을 히구치 게이코 교수는 '풀뿌리 봉건꼰대'라고 부른다. 1945년 이후에 태어난 신보수주의와 구태의 남존여비의식이 느슨하게 연결되어 있는 상황을 보고 있으면 봉건제도는 이미 오래전에 무너졌는데도 히구치 게이코의 명명이 굳이 틀린 말은 아니라는 생각마저 든다. 그런데 더 심각한 문제는 '봉건꼰대'가 꼭 나이 든 사람들에게만 있는 것은 아니라는 것이다. 정부의 '남녀공동참여' 행정의 공격에서 급선봉에 선 사람들 중에는 40대 지방의회 의원이나 지역의 청년회의소 회장 출신들도 있기 때문에 세대나 연령만으로 단정 지을 수 없다. 이런 정치가들 중에는 해외 유학파들까지 있다. 세상에나, 다른 나라에서 공부하고 오면 발상이 조금은 유연해지는 줄 알았건만, 오히려 일장기를 '너무나 사랑하는' 애국주의자가 되어서 오기도 한다. 실은 이해하지 못할 일도 아니다. 해외 유학을 경험한 일본인 남성들 중에는 언어에 곤란을 겪는 사람들이 많기 때문에 자존심에 심한 상처를 입고 오히려 배타주의자가 되어 돌아오는 경우가 적지 않기 때문이다. 생각해보면 '새로운 역사 교과서를 만드는 모임'을 만든 후지오카 노부가츠도 걸프전 때 미국에 체류하면서 깊은 상처를 받고 귀국한 연구자의 한 사람이었다.

두 번째는 이미 알아챘겠지만 성차별 의식은 인종차별, 민족차별과도 연결되어 있다는 사실이다. 인터넷에서 오가는 "못생긴 여자는 입 다물고 있어라"라는 발언은 재일 한국인, 재일 조선인, 재일 중국인에게 "싫으면 나가"라는 악다구니로 쉽게 이어진다. 중국이나 한국에서 반일 데모나 반일 행동이 있을 때면 혐한, 혐중 담론으로 인터넷이 떠들썩하다. 인터넷 발언들을 보고 있으면 당장이라도 전쟁이 터질 것 같은 분위기다. 그 발언들의 배후에는 자신의 능력도 모르고 위세를 부리는 야랑자대[9](夜郎自大)의 대국의식과 내셔널리즘이 있다. "건방지다" "철퇴를 쳐라"라는 식의 표현은 자신들이 얕잡아 봤던 존재라고 생각했기 때문에 갖게 되는 분노의 감정이다. 인터넷에서 떠드는 사람들은 전쟁을 체험한 적이 없는 세대다. 전쟁 체험이 없으면서도, 아니 그렇기 때문에 더욱 쉽게 전쟁을 주장하는 것이다. 아

---

9 용렬하거나 우매한 무리 가운데서 세력이 있어 잘난 체하고 뽐냄을 뜻하는 말—옮긴이.

무릇지 않게 핵무장론이 등장하는 것도 이 세대들의 특징이다.

세 번째는 그들끼리 주고받는 발언들 속에는 공공의식과 국제 감각이 부재하다는 점이다. 전형적인 예가 니시오카 마사노리의 〈나치의 가스실은 없었다〉라고 하는 문제적인 논문을 게재하는 바람에 1995년에 폐간할 수밖에 없었던 잡지 〈마르코폴로〉 사건일 것이다. 원인의 하나는 '나치의 가스실은 없었다'라고 하는 근거 없는 주장을 펼치는 역사에 대한 무지와 무교양 때문이고, 또 하나는 그런 내용의 논문을 싣는다 해도 일본인 외에는 아무도 읽지 않을 것이라고 생각한 거의 완벽에 가까운 쇄국의식 때문이다. 그러나 실제로 이 논문이 미국의 유대인 단체의 눈에 띄어 잡지 〈마르코폴로〉를 발행한 문예춘추 앞으로 엄중한 항의가 오는 바람에 광고 거부 사태로까지 번져서 결국 문예춘추는 〈마르코폴로〉를 폐간하기에 이르렀다. 이 때문에 '유능한 편집자'로서 평판이 높았던 하나타 가즈요시 편집장이 자리에서 물러났지만, 이것은 외국인이 읽지 않을 것이라는 국내 지향적인 저널리즘 의식의 결과물이었다. 독일은 홀로코스트의 역사적 사실에 반하는 언론은 발표 자체를 위법행위로 간주한다. 그러한 국제적 상식도 없는 일본 편집자의 '유능함'은 〈마르코폴로〉라는 국경을 초월한 잡지명을 배반하는 국내에서만 통용되는 것이었다.

똑같은 무지와 무교양은 현재 진행중인 '남계천황'설에서도 드러난다. 보수파 언론인들은 '여성 천황'을 강하게 반대하고 있지만, 천황의 영성(靈性)이라는 것이 남계 DNA인 XY유전자에서 유독 Y유전자에만 이어진다는 것은 완전히 근거가 없는 주장이다. 애초 고대의 천황 일족이 유전자라는 개념을 알고 있었을 리도 만무하고 일본의 역사를 보면 강력한 여제가 있었다는 사실은 이미 알려진 바다. 여제는 선대 천황과 후대 천황을 이어주는 '중간다리 역할의 천황'이었을 뿐이라는 설은 '만세일계'의 '남계천황'설을 정당화하고 싶은 과거의 어용 역사가들이 만들어낸 견강부회라는 것도 이미 밝혀진 사실이다. 보수파들이 천황을 숭배하고자 해서 '남계천황'설을 주장하면 할수록 천황가는 계승자의 선택지가 좁아져서 결과적으로 천황가의 존속을 불리하게 한다는 것을 생각한다면 자신들이야말로 불경불충의 일족임을 자각해야 할 것이다.

네 번째 공통점은 강한 위기의식과 소수파로서의 정체성이다. 신기하게도 도덕적 다수파여야 할 그들은 심정적으로는 소수파로서의 곤궁한 처지에 있다는 자기인식을 지니고 있다. 그들은 '남녀공동참여'가 국가정책이 된 것, 남녀공동참여사회 기본법이 만들어진 것 자체가 국가가 여성을 출세시킨 증거라고 생각하기 때문에 그것을 참을 수가 없는 것이다. 이 같은 강한 위기의식은 언론에서 과격한 발언으로 이어진다. 그러나 행동파 우익들로부터 표현만 과격하지 행동하지 않는 언론 우익에 대한 비판이 쏟아진다. 여기서부터 행동파 우익은 페미니스트들의 집회를 적극적으로 방해하면서 선전차를 타고 길거리로 몰려나가 자신들이 문제가 있다고 생각하는 강사를 억지로 끌어내리고 발언하기 시작했다. 2001년에는 정부가 주최한 신숙옥이나 마츠이 야요리의 강연회가 직전에 갑자기 취소되는 일도 있었다. 남녀공동참여사회 기본법이 만들어질 때 활약했던 젠더 학자 오사와 마리는 공개 강연회 전에 '저격하겠다'는 익명의 협박을 받고 경비가 출동했을 정도였다. 나 역시 피해자의 한 사람이었다.[10]

이러한 반발의 움직임은 얼마나 영향력이 있었을까? 일부 보수 미디어에 등장하는 언론인들은 '여성천황'론에도 '가정방위'론에도 '혐한 및 혐중'론에도 항상 등장하는 이른바 '돌려쓰기'인 상황으로 보아 기반이 썩 튼튼하지는 않다고 짐작된다. 또 인터넷 언론은 웹 공간에서 끝없이 증식되지만 그 실체를 정확히 알 수는 없다. 인터넷 인격은 얼마든지 만들어낼 수 있고 더욱이 인터넷 언론에 접근하는 사람들의 수가 한정되어 있다는 것을 고려한다면 거기에서 아무리 과격한 정보들이 오가고 있다 하더라도 인터넷 바깥으로 퍼져나갈 것이라고 생각하기는 힘들다. 물론 반발 언론의 영향력을 과대평가하지 않는 것은 중요하지만, 인터넷을 통해 집결이 가능했던 후지TV 항의데모 같은 가두행동도 있었고,[11] 온라인의 동원을 통해 오프라인의 행동들이 효력을 발휘하고 있기 때문에 인터넷 우익들의 영향을 단순히 얕볼 수만은 없다.

인터넷 언론에 관한 미디어 연구자의 흥미로운 발견이 있다. 미디어 연구자의 한 사람인 기타다 아키히로는 인터넷 언론에는 '스타일로서의 냉소주의와 낭만주의적 아이러니'가 있다고 지적한다(『야유하는 일본의 '내셔널리즘'』 NHK출판 2005). 고바야시 요시노리가 정치적으로 올바른 사람들을 '순수하고 바른 정의 군'이라고 빈정거리는 이

---

10 도표 8-1, 8-2에도 제시했듯이 우에노 지즈코는 2005년 도쿄도가 개입한 고쿠분지시(国分寺市)의 강사 배제 사건의 당사자였으며, 2008년 후쿠이현에서 일어난 '젠더 관련도서 철거사건'의 저자의 한 사람으로서 후쿠이현과 법정분쟁을 했던 당사자다.

11 2011년 여름, '방송에 한류 드라마가 너무 많다'면서 '편향보도'를 비판하는 사람들이 오다이바의 후지TV 방송국 앞에 모여서 항의집회를 벌였던 사건. 인터넷 동원으로 약 1500명이 모였다고 한다. 인터넷 헤비유저들이 혐한과 연결되어 있음을 증명하는 사건이었다.

름을 붙인 것처럼 이전의 반발이나 야유에서 보였던 유치함을 탈피하고 그것을 웃음거리로 삼은 시니컬한 태도다. 웃음거리의 대상에는 "여성은 억압당하고 있다!"고 외치는 페미니스트는 물론 식민지 지배를 고발하는 재일 한국인이나 조선인들, 전쟁책임을 묻는 중국인들도 포함된다. 신자유주의 개혁이 빚은 격차로 고통을 받고 불평불만을 늘어놓는 '남자아이들'(이 시기에는 이미 인터넷의 헤비유저들 중에 30대까지의 남성이 많다는 것이 드러났다)은 처음부터 우익 사상을 지닌 사람들이 아니었지만 소수자의 정의에 대해 냉소적이기 때문에 내셔널리스트들과 동맹을 맺는다. '적의 적은 동지'인 셈이다. 그뿐만 아니라 내셔널리즘은 그들에게 자존심과 정체성을 부여해주고 이데올로기적인 이론장치를 제공해준다. 이렇게 해서 '소수자의 정의'를 더 강한 소수자 의식에서 비난하던 사람들이 인터넷에서 '권력자에게 편승하는' 다수파의 동조자로 변질되어간다. 그 결과는 '열등생'이었던 사람들이 가장 보수적인 모럴머조리티(Moral Majority) 쪽에 가담한다고 하는 역설이다.

　기타다 아키히로의 조사에는 더 흥미로운 점이 있다. 그들에게 "페미니즘을 싫어하는가?"라고 물어보면 이들은 페미니즘에 대해 호감도 반감도 가지고 있지 않고 대답한다는 것이다. 왜냐하면 '페미니즘'이라는 말을 들어본 적도 없고 그것이 무엇인지도 모르는 사람들이 대부분이기 때문에 '좋다 싫다'라 대답할 수 없는 것이다. 그래서 기타다 아키히로는 조금 다른 항목을 만들었다. '여성 상사 아래에서 일하는 것은 괜찮은가?' 그러자 대부분이 '싫다'는 대답을 했다고 한다. 요약하자면 그들은 '페미니즘'에는 무지하지만 소박한 '여성차별' 의식을 지닌 사람들인 것이다. 조사에 답한 사람들 중에서도 고소득

계층은 '여성 상사 아래에서 일하는' 것을 허용하는 분위기가 있다. 자신에게 자신감이 있으면 여성 권력도 인정할 수 있지만 그렇지 않을 경우에는 '건방진 여자'라고 용서할 수 없는 것이다. 이렇게 보면 남성들의 편협함이 경제력과 역상관 관계에 있음을 알 수 있다.

반발의 수법

그들이 여성을 공격하는 수법은 상당히 진화된 것이었다.

첫째, 전략적이고 조직적이다. 둘째, 시민운동에서 배웠다. 셋째, 인터넷 강자로서 뉴미디어를 사용한다. 넷째, '여성공격'의 전면에 여성을 앞세워 '여자 대 여자'라는 대립구도를 의식적으로 만든다. 하나하나 설명해보자.

첫째, 그들은 상대방의 약점을 정확히 꼬집고 있다. '젠더프리'에 대한 근거 없는 비난을 떠올려보라. 2000년대에 들어서 정부와 지방자치단체에서는 '젠더프리'를 사용하지 않는다는 움직임이 커졌다. 그들은 '젠더프리'를 '성별을 부정하는 것'이라고 단선적으로 '오해'하고 학교나 정부가 '여자다움'과 '남자다움'을 없애고 여자아이를 위한 히나마츠리[12]나 남자아이를 위한 단오절까지 금지하고 남녀학생이 같은 곳에서 옷을 갈아입게 하는 데다 기마전에 여자아이도 참

---

12 일본에서 매년 3월 3일에 여자아이의 행복을 기원하며 히나단에 히나 인형을 장식하는 민속 축제—옮긴이.

가시키고[13] 남성도 여성도 아니라면서 성소수자인 강사를 교단에 세워 우리의 딸과 아들들을 레즈비언과 게이로 만들려고 한다며 학부모들의 소박한 차별의식을 자극하는 유언비어를 퍼뜨렸다. 사실 '젠더프리'라는 용어는 알기 쉬운 일본식 영어로 행정기관이나 교육계 일부에서 유통되었지만 개념 정의에 엄격한 전문가들은 이 용어를 사용하지 않는다. 그렇기 때문에 '젠더프리'에 대한 비난이 일어났을 때도 전문가들은 이 용어를 옹호하지 않았고 그런 상황에 대한 위기의식을 갖지 않았다. 나 역시 그랬던 사람 중의 하나지만 그 당시에 위기의식을 갖지 못했던 것을 반성한다.

일본어에서 '프리'라는 단어가 지니는 이미지는 그다지 좋지 않다. '자유'라는 말은 곧바로 '제멋대로'거나 '자기 마음대로' 같은 말로 대체되기 때문이다. 젠더프리(성별로부터의 자유)는 프리섹스(성의 자유, 경우에 따라서는 난교를 가리킨다)를 연상시키고 성교육은 '가만히 내버려두면 될 것을 공연스레 바깥으로 꺼내는 문제'로서 비난의 표적이 되었다. 세상을 시끄럽게 했던 나나오 양호학교 사건이 일어난 것이 바로 2003년. 나나오 양호학교에서는 지적장애가 있는 아이들이 성적 피해를 당하지 않도록 하려는 양심적인 선생님들이 인형을 교재로 만들어 성교와 생식에 대해서 구체적으로 가르쳤는데, 그것이 공격의 대상이 된 것이다. 도쿄도의 교육위원과 일부 시의원이 단체로 양

---

13 참고로 체육학 연구자는 기마전에 여학생이 참가하는 것에 어떤 불합리함도 없다고 한다. 2012년 런던 올림픽에서 보여준 여자 격투기의 활약을 보면 그럴 수도 있겠다고 수긍할 것이다.

호학교를 방문해 현장에서 교재로 사용되었던 인형들을 몰수하고 선생님들에게 처분을 내린 터무니없는 사건이었다.

이 시기에 어떤 사건들이 일어났는지 도쿄도와 지방으로 분류해 연표를 작성해보았다.(도표 8-1&2) 지방에서 일어난 대부분의 반발 사건들은 중앙의 미디어에 보도되는 경우가 거의 없어서 모르는 사

도표 8-1 양성평등 정책에 대한 반발(도쿄도)

1999년	이시하라 신타로 도쿄도 지사로 당선
2000년	도쿄도 남녀평등참여 기본조례 제정 도쿄 여성재단 폐지 명령(2002년 해산)
2001년	치요다구 남녀공동참여센터 마츠이 야요리의 강연 중지 다이토구 남녀평등추진플라자 신숙옥 강연 중지 이시하라 신타로 '할매들' 발언
2003년	나나오 양호학교 사건 도쿄도 교육위원회 '부적절한 성교육' 비판, 교원들 대량 처분 도쿄도 교육위원회 행사 전 국기국가 실시 통달
2004년	도쿄도 교육위원회 '젠더프리 사용 중지' 통달
2005년	고쿠분지시 사건(도쿄도가 고쿠분지시와 공동으로 개최한 인권강좌에 개입해 강사 후보자인 우에노 지즈코를 거부)
2006년	와카쿠와 미도리 등 1808인의 항의서명을 도쿄도 교육위원회에 제출 도쿄도 남녀공동참여 심의위원으로 다카하시 시로가 취임
2007년	도쿄도 지사로 이시하라 신타로 3선
2011년	도쿄도 지사로 이시하라 신타로 4선 나나오 양호학교 사건에서 교직원 쪽의 승소
2012년	도쿄도 교직원들에 의한 도쿄도 교육위원회 소송이 최고재판소에서 패소

도표 8-2 **남녀공동참여 정책에 대한 반발**(기타 지방자치단체)

2004년	토요나카 관장직 계약연장 거부 및 반발사건
2006년	후쿠이현 젠더 관련도서 153권 철거 사건(17권이 우에노 지즈코의 저서)
	이치카와시 남녀평등 기본조례 폐지, 남녀공동참여사회 기본조례 제정
2008년	츠쿠바미라이시에서 남녀공동참여사업으로 실시될 예정이었던 하가카와 가즈코를 강사로 한 가정폭력방지법 관련 인권강좌가 우파의 방해에 의해 직전에 취소됨→항의서명 운동
	사카이시 도서관에서 BL관계 도서[14] 5499권이 '시민'의 요청으로 철거, 처분되기 직전에 항의로 중지.
2011년	관장직 계약연장 거부 및 반발 재판, 최고재판소에서 전 관장 측의 승소

람들이 많을 것이다.

'반발'로서 불명예 지역의 최선봉은 도쿄도로, 1999년 이시하라 신타로가 지사로 당선되고 나서부터다. 그러다 점차 전국으로 확대되었다. 전국 각지에서 유사한 형태의 반발이 지방의회나 교육위원회에서 일어났다. 참고로 이시하라 신타로가 도쿄도의 지사로 취임한지 1년째에 결정한 정책 중에는 여성재단의 해산명령이 있다. 그리고 하시모토 도루가 오사카부의 지사로 취임한 지 1년째에 내세운 방침 중에는 오사카부립 남녀공동참여·청소년센터를 매각한 일이 있었다. 이 두 사람의 공통점은 '여성혐오'인 듯하다. 그리고 하시모토 도루는 오사카시의 시장으로서 변신한 후 취임 첫 해에 오사카시

---

14 일본식 영어 Boys Love의 줄임. 남성 간의 동성애를 소재로 한 소설, 만화─옮긴이.

의 남녀공동참여센터를 통폐합시켰는데 이것도 그의 성향으로 보자면 예상을 벗어난 일은 아니었다.

그들의 행동이 마치 판박이처럼 유사해서 어떤 조직적인 매뉴얼이 있는 게 아닌가 생각했을 정도다. 그런데 그런 것이 실제로 존재했음이 드러났다. 통일교 계열의 '세계일보'라는 신문이 각 지역의 정보를 보도하면서 정보의 공유를 꾀했던 것이다. 그 외에도 종교계의 의원연맹 등이 관여하고 있다는 사실도 드러나서 배후에 조직과 자금의 힘이 작용하고 있음을 추측할 수 있다.

그런 상황이 국정 수준으로 파급된 것은 2005년에 자민당이 발족한 '과격한 성교육과 젠더프리 교육 실태조사' 프로젝트팀이 그 계기가 되었다.(도표 8-3) 아베 신조가 팀의 좌장을 맡았고 야마타니 에리코가 사무국장을 맡았다. 여기에서 남녀학생들의 탈의실 문제나 과도한 성교육의 사례를 전국적으로 수집해서 '젠더프리'의 위험을 호소했다. 수집된 수천의 사례 중에는 중복이 많고 '~라더라'라는 간접적인 사례들이 많아서 실체적인 증거가 없을 뿐만 아니라, 남녀 공동 탈의실과 같은 사례에서는 '젠더프리'의 영향 때문이 아니라 단순히 '교실이 부족해서'라는 이유도 있었다. 거짓말도 백 번 하면 진짜가 된다고 하는데 불도 안 피운 굴뚝에 연기를 피워서 유언비어를 퍼뜨린 터무니없는 프로젝트였지만, 팀의 좌장인 아베 신조는 나중에 고이즈미의 후속 내각의 수반으로까지 지명되기에 이르렀다. 헌법 개정을 주장하고 교육기본법을 개악한 이 위험한 보수 정치가가 최고 권력자가 되었을 때 페미니스트의 위기감은 정점에 달했다.

둘째, 그들은 시민운동에서 다양한 수법들을 배웠다. 시위, 청원이나 서명운동 같은 수법을 이용했고, 행정에 대한 시민참여 제도를

도표 8-3 남녀공동참여 정책에 대한 반발(국정 수준)

2002년	중의원 의원 야마타니 에리코가 국회에서 『미래 교육의 기본』『사춘기를 위한 사랑과 몸의 BOOK』을 문제로 삼아 절판으로 몰아감
2005년	자민당 '과격한 성교육과 젠더프리 교육 실태조사' 프로젝트팀 발족(좌장, 아베 신조/사무국장, 야마타니 에리코)
	내각부의 신 국내행동계획의 책정에서 '젠더프리' 사용 금지 통달
2006년 9월	아베 신조 내각의 발족
	야마타니 에리코를 교육재생 담당 총리 보좌관에, 다카이치 사나에를 저출산 담당 장관에 임명
2007년 2월	남녀공동참여사회 기본법 철폐를 목적으로 한 '아름다운 일본을 만드는 모임'을 발족
2007년 4월	'가족의 유대를 지키는 모임' 발족

적절히 활용했다. 2006년의 젠더 관련 도서 153권을 서가에서 철거하려고 했던 후쿠이현 도서 철거사건의 발단은 행정기관이 모집했던 '남녀공동참가 시민추진위원'에 참여한 교장 출신의 남성이었다. 2008년에 츠쿠바미라이시에서 심리치료사 히라카와 가즈코를 초대해서 실시될 예정이었던 가정폭력방지에 관한 인권강좌를 방해한 것도 '가정폭력방지법 희생가족지원회'라는 이름의 시민단체였다.[15] 이 단체의 대표는 여성이었다. '자이니치(재일 한국인 및 재일 조선인)의 특권을 용납하지 않는 시민의 모임', 이른바 재특회라고 하는 민족차별단체에 모여든 사람들 중에도 다양한 불만과 불안을 안고 있는 평범한 회사원이나 주부들이 많았다. 조금만 다른 계기가 있었다면 다른 방향으로 갔을지도 모를 사람들을 그들은 효과적으로 조직화한 것이다.

셋째, 그들은 인터넷 강자들이다. 인터넷 헤비유저들과 이들이 겹치기 때문일 것이다. 블로그나 트위터, 홈페이지 등을 활용하는 그들의 장기는 반대 세력들이 본받아야 할 정도로 특출나다. 히라카와 가즈코의 츠쿠바미라이시에서의 강연이 이들의 방해로 갑자기 취소된 뒤 다시 일주일 후에 예정되었던 나가오카시 강연에는 '항의참가'를 호소하는 온라인상 선전으로 눈 내리는 1월의 나가오카시에는 요코하마나 도쿄에서 사람들이 모여들었다고 한다.[16]

마지막으로, 이런 단체에는 항상 남자들과 부화뇌동하는 여성들이 있다. 부부별성 선택제 반대의 최선봉에 섰던 사람은 다카이치 사나에, 남녀공동참여 정책을 적극적으로 비판하는 하세가와 미치코, 혐중을 부추기는 사쿠라이 요시코, 페미니즘이 세상을 살아가기 힘들게 만들고 있다고 주장하는 야마시타 에츠코(『여자를 불행하게 하는 남녀공동참여사회』 양천사 2006) 등등, 꼰대 미디어가 중히 여기는 여성 언론인은 언제든 등장할 준비가 되어 있다. 부디 이 여성들이 꼰대 미디어에 이용당하다 결국은 일회용으로 버려진다는 사실을 하루바삐 깨달았으면 좋겠다.

이상과 같은 반발의 역풍은 2000년대를 거칠게 강타했다. 자세한

---

15 그들의 주장에 따르면 가정폭력방지법이 아내가 도망치는 것을 도와주고 격려해서 면회를 금지하기 때문에 아내와 아이를 빼앗기고 혼자 남겨진 불우한 남편이 법의 희생자가 된다고 한다.

16 구글에서 '페미니즘'을 검색하면 맨 처음에 '페미나치 게시판'이 나오는 상황을 개선해야 한다는 생각으로 우리는 인터넷에 '우먼즈 액션 네트워크'라는 포털 사이트(http://wan.or.jp/)를 만들었다.

경과에 대해서는 앞서 제시한 연표 외에『반발! 왜 젠더프리는 공격을 당하는가?』(쌍풍사 2006)『'젠더'의 위기를 뛰어넘다! '반발' 철저 토론!』(청궁사 2006) 등을 참고하길 바란다. 나 역시 당사자의 한 사람이었던 탓에『불혹의 페미니즘』(이와나미현대문고 2011)에 그 경위를 자세히 기록했다.

'여성공격'의 역사

이와 같은 여성공격을 목격할 때마다 기시감을 느낀다. 언젠가 어디선가 본 듯한 풍경.

사회에 커다란 변동이 있을 때마다 변화를 따라가지 못하고 뒤처진 사람들 사이에서는 언제나 '여성공격'이 있어왔다. 여성들과 청년들은 누구보다 재빠르게 사회의 변동을 감지하고 다른 사회집단보다 한 발 앞서 변화를 체험하기 때문일 것이다.

사회적 변동은 그 사회의 모든 집단에게 똑같이 경험되는 것은 아니다. 구체제에 편입되어 거기에서 기득권을 차지한 집단은 변화가 느리고(변화할 이유가 없기 때문이다), 배제된 주변부의 집단일수록 변화를 환영하는 혁신자가 되는 경향이 있다. 야생 원숭이의 서식지로 유명한 미야자키현 코지마(幸島)의 '감자를 씻어서 먹는 원숭이'들 중에서 감자를 바닷물에 씻어서 먹는 새로운 식습관을 가장 먼저 터득한 것도 암컷과 젊은 원숭이들이었다. 늙은 원숭이에게까지 그 습관이 도달하기까지는 시간이 걸렸다.

보수주의자들은 '국가'와 전통을, 특히 가족을 매우 사랑한다. 그들은 가족을 망가뜨리는 것이 외국물 든 여자들이라는 논리를 가지고 있다. 변화의 바람에 편승한 여자들은 모성을 거부하고, 아이도 낳지 않고, 남편에게 순종하지도 않고, 쉽게 이혼하고, 남편의 교육(가정폭력)에도 반항하고 도망치는 제멋대로 나대는 여자들인 것이다. 그들은 그런 여자들의 자기주장을 부추기는 것이 페미니즘이라고 이해한다.

어디선가 많이 들어본 스토리다.

과거 메이지시대에도 유사한 일이 있었다. '여성공격'은 메이지시대부터 한 패턴이다

메이지유신의 문명개화로 노도와 같은 변화를 경험한 일본인들 중에는 새로운 변화를 따라가지 못하고 영락한 사족(士族) 같은 하급무사나 지배층이 많았다. 메이지유신으로부터 20년이 지나자 국수적인 반동의 시대가 시작되었다. 그때 비난의 표적이 된 것이 바로 '여학생'이었다. 적갈색 하카마를 입고 서양식으로 머리를 묶은 채 부츠를 신고서 외국인 선교사가 가르치는 미션계 여학교에 다니는 젊은 여성들이다. 특히 '자전거를 타는 여학생'은 해방의 상징이었지만 한편으로는 비난의 표적이었다.(도표 8-4) 국수주의자들이 보기에 '자전거를 타는 여학생'은 말 그대로 경박한 망국의 상징이었다. '양가집 처자'는 처녀를 잃을 수 있으니 자전거를 타면 안 된다는 유언비어까지 나돌았을 지경이었다. 근거 없는 비방이었지만 당시에는 진지하게 믿어지기도 했다. 대개의 여학생들이 미션계 학교로 진학한 것은 다른 여자고등교육기관이 적었기 때문이다. 호기심과 향학심이 강한 젊은 여성들이 새로운 풍속에 적응해갔다.

여성학 연구의 고전으로 고야마 시즈코의 『현모양처라는 규범』(케

이소서방 1991)이라는 명
저가 있다. 고야마에 따
르면 지금은 고색창연
한 보수 이데올로기의 집
합체로 보이는 '현모양
처 사상'이 메이지시대에
는 진보적인 사상이었다
고 한다. 근거 없는 비방
으로 궁지에 몰린 여성의
고등교육을 국수주의자
들로부터 보호하기 위한
이론적 무장이었다는 것이다.

도표 8-4 자전거 타는 여학생

출처: <신판 광고지 견본첩>(메이지 36년)

이후로도 시대적 변화가 도래할 때마다 유사한 '여성공격'이 되풀
이되었다. 다이쇼시대(1912~1926)에는 양장 차림의 이른바 '모던걸'
이 비난의 표적이 되었다. 풍속의 개화기에 누구보다 먼저 머리카락
을 자르고 서양식 복장을 받아들인 사람들은 남자들이었지만, 여성
들은 오랫동안 전통적인 머리 모양과 복장을 고수했다. 내셔널리스
트들은 남성들은 변화하더라도 여성들은 전통을 고수하길 바라는 자
기중심적인 소망을 가지고 있는 듯하다. 그런 이유로 이슬람권에서
는 티셔츠와 청바지로 변모한 남성들과 달리 여성들의 스카프나 히
잡 착용은 사라지지 않고 있으며, 재일 조선인들의 민족학교에서도
남학생의 교복은 민족색을 지우고 있지만 여학생의 교복은 한복을
연상시키는 디자인을 고수해서 간간이 민족차별의 타깃이 되는 일들
이 벌어지고 있다.

가깝게 1970년대의 여성해방운동을 떠올려보아도 마찬가지다. 일본에서의 여성해방운동은 미국물이 든 경박한 여자들의 집단적 히스테리라는 식의 공격과 비아냥 세례를 받았다. 내셔널리스트들은 일본에 문제가 되는 것들은 모두 외국에서 들어왔고, 그런 것들에 쉽게 영향을 받는 이들은 무지하고 어리석은 여자들이며, 그 여자들이 일본 고유의 전통을 파괴하고 있다는 식의 참으로 단순하고 억지스러운 스토리를 체화하고 있는 듯하다.

이러한 여성에 대한 반발은 역사적으로 자주 되풀이된다. 그러나 그 논리는 지겨울 만큼 한 패턴을 유지하고 있다. 이토록 단순하고 뻔한 논리에 편승하는 사람들이 존재하는 한 우리는 그것들과 싸우는 방식을 배워야 한다.

신자유주의와 신보수주의의 '기괴한 결탁'

요즘 또 다시 내셔널리즘 대결의 전운이 감돌고 있다. 센카쿠 열도를 둘러싸고 중국의 항일과 일본의 혐중이 불붙고 있으며, 독도를 둘러싸고는 한국의 반일과 일본의 혐한이 대립하고 있다. 영토분쟁은 가장 단순한 형태의 내셔널리즘 표출이다. 그것에 의존해야 할 만큼 중국 내 사정이나 한국의 정권 기반이 위태로운가 하는 생각이 들지 않는 것도 아니지만, 이와 같은 분쟁에 가세한다면 불붙는 대립에 기름을 붓는 격이고 결국 수습하기 힘든 혼란에 휘말리게 될 뿐이다.

물론 일본에도 '망언망동'을 되풀이하는 어리석은 정치가는 있다. 고이즈미 준이치로 역시 그런 사람 중의 한 명이었다. 그는 역대 총리들 가운데 미키 다케오(1974~1976), 후쿠다 다케오(1976~1977), 스즈키 젠코(1980~1981), 나카소네 야스히로(1982~1987)에 이어서 다섯 번째로 8월 15일에 야스쿠니신사 참배를 강행한 총리이다. 고이즈미는 재임기간 중에 몇 번이나 '공인'으로서 야스쿠니신사를 참배했다. '내각총리대신'이라는 이름으로 헌화를 했으니 개인으로 참배했다고 볼 수는 없다. 그의 행동은 당연히 이웃나라인 한국과 중국을 자극해서 중일관계 및 한일관계를 급격히 얼어붙게 했다. 결과를 알면서도 하는 행동이니 '어리석다'는 말밖에 할 말이 없다.

그 후계자인 아베 신조는 재임 중에 "구 일본군에 의한 위안부의 강제연행을 뒷받침하는 자료는 없다"는 발언으로 물의를 빚었다. 심지어 다른 보수 정치가들과 공동서명으로 미국의 신문에 의견광고를 싣기까지 했다. 이에 격렬한 반발을 사서 2007년 미 하원에서 일본 정부에 사죄를 요구하는 '위안부 결의안'까지 끌어내게 했다. 이는 심각한 외교적 실책이다. 아베는 2001년에 NHK가 '일본군 위안부' 문제를 둘러싼 여성국제전범법정을 ETV에서 방영하려 했을 때 사전에 정치적 개입을 했다는 의혹을 받는 악평 난 보수 정치인이다. 그 아베가 2007년 여름, 참의원 선거에서 역전의 패배를 맛본 후 신경성 설사로 총리직을 내던졌을 때, 이 소심하고 위험한 정치인이 권좌에서 물러났다는 사실에 깊이 안도했었다.

그러고 보니 최근에는 오사카시의 시장인 하시모토 도루가 "위안부가 필요한 것은 누구라도 이해할 수 있는 일이다"고 발언해서 또 한 번 '망언' 비판의 대상이 되고 있다. 하시모토 일파가 내놓은 선중팔책(船中八策)[17]은 정책패키지로서 논리적인 일관성도 없고 정치적인 비전이나 세계관을 찾기 어려운, 이를테면 짜깁기 정책집인데

'투명성'과 '공개성', '경쟁'과 '효율'을 사랑하는 하시모토는 정책적으로는 신자유주의적인 개혁자라 할 수 있을 것이다. 그가 주장하는 '탈원전'도 환경이나 에너지를 둘러싼 장기적인 세계관에서 나온 것이라기보다는 독점 시스템 아래에 있는 전력수급의 효율화를 추구한다는 점에서, 정당 가운데서도 가장 신자유주의적인 '민나노당(모두의 당)'에 가까운 것이다. 이 하시모토가 다가올 국정의 수반으로서 아베 신조를 맞이해야 한다며 구애의 신호를 보냈을 때는 참으로 아연실색하고 말았다. 아니, '역시나'라고 해야 할 것이다. 기성 정치인과 야합하지 않겠다고 호언장담하던 하시모토의 신당이 낡아빠진 실각한 정치가, 그것도 신보수파 정치인을 재활용하려 하는 모습에서 신자유주의와 신보수주의의 '기괴한 결탁'을 다시 한 번 깨닫게 되었다. 아베에게 버려진 후 하시모토는 결국 또 한 사람의 위험한 보수 정치인, '일본의 르펜'[18]이라 불리는 이시하라 신타로에게 빌붙었지만 말이다.

2012년 말, 원전사고 이후 처음으로 치러진 총선거에서 아베 신조는 정권의 수반으로 복귀했다. 정치가로서는 재기불능 상태로 정계를 떠났던 아베가 다시 한 번 총리로서 복귀한 것을 보고 나는 2차 아베 정권을 '좀비 부활 내각'이라 부른다. 게다가 과거 이 정권의 원전정책으로 인해 경고된 원전사고를 일으켰다는 점에서 '원전사고

---

17 일본의 역사를 바꾼 비책. 메이지시대 하급무사인 사카모토 료마가 뱃전에서 구상해 낸 국가운영의 청사진─옮긴이.

18 프랑스 극우정당 국민전선의 당대표─옮긴이.

전범 내각'이기도 하다. 게다가 원전 재가동을 추진하면서 원전 수출
에도 열을 올리는 이 정권은 경제계의 단기성 이익을 우선시하는 신
자유주의 정권이기도 하다.

9장

신자유주의는
여성에게 득인가 독인가

답은 YES or NO

지금까지 서술한 신자유주의 개혁으로부터 여성들은 이익을 얻었을까, 아니면 손해를 입었을까?

대답하기 어려운 질문이다. 이유는 신자유주의 개혁을 통해 이익을 얻은 여성도 손해를 입은 여성도 함께 존재하기 때문이다. 그러나 이익을 얻은 것은 극소수의 엘리트 여성들이고, 손해를 입은 것은 특별한 자원을 갖지 못한 대다수의 여성들이다. 전자는 지금까지 얻지 못했던 기회를 얻어 성공한 여성들이지만, 후자는 종전과 같은 노동조건 아래에서 더 강도 높은 노동을 강요받거나 혹은 종전과 같은 일을 하더라도 노동조건이 현저히 열악해진 상황에 놓인 여성들이었다. 다시 말하자면 신자유주의 개혁은 여성을 엘리트와 대중으로 분열시키는 결과를 초래했다고 말할 수 있다. 한줌의 엘리트와 대다수의 대중으로 말이다.

그러나 반발 세력들의 눈에는 해가 비치는 엘리트 여성들만 보이기 때문에 '여자들 때문에 손해가 막심한 우리들'이라는 원망의 소리가 나오는 것이다. 그것은 상황의 일면만 보고 있는 것이다.

그렇다면 자유주의 개혁으로부터 여성들은 이익을 얻었을까, 아니면 손해를 입었을까?

내가 내린 답은 Yes and No.

Yes.

그것은 여성의 삶에 지금까지 손에 넣지 못했던 다양한 선택지가 등장하게 되었기 때문이다. 결혼을 해도 좋고 안 해도 좋다. 아이를 낳아도 좋고 안 낳아도 좋다. 싫으면 이혼해도 좋다. 결혼하고 출산하고 나서 일을 해도 좋고 안 해도 좋다. 정규직으로 일해도 좋고 비정규직으로 일해도 좋다. 종합직으로 일할 수도 있고 일반직으로 일할 수도 있다. 파견직으로 일할 수도 있다. 여성들의 선택이 이토록 다양해지니 어떤 선택을 하더라도 특별하지 않고, 어떤 선택을 하더라도 차별이나 편견으로 바라보는 일이 과거에 비해 적어졌다.

'선택'이라는 단어에 위화감을 느끼는 독자들도 많을 것이다. 선택한 것이 아니라 선택할 수밖에 없었을 뿐이라고 말이다. 출산 후에 직장을 그만두는 것은 '일하지 않는' 것을 선택한 것이 아니라 일하고 싶어도 '일할 수 없기' 때문이고, 일부러 파견직이나 파트로 일하는 것이 아니라 정규직이 되고 싶어도 그럴 수 없기 때문이라고 주장하는 여성들도 많다. 그러나 한쪽에는 '결혼해서까지 일하고 싶지 않다'는 여성들도 있다. 파견직이나 파트직 노동자에게 "정규직이 되고 싶은가?" 하고 물어보면 "No"라고 대답하는 사람도 있다는 데이터가 있다.[1]

그렇다면 여성들의 삶의 방식이 이렇게 다양화한 것은 여성들 스스로 선택한 결과인지, 아니면 사회적 요구의 결과인지 하나로 결론

내리기 힘든 문제지만, 이 역시 두 가지 요소가 상호작용한 것이라고 밖에 대답하기 어렵다.

다만, 9시부터 5시까지 근무하고 야근을 하는 정규직 직장에 적응하기 힘든 여성이 일을 그만두는 것 외에 다른 옵션이 없었던 시대와 비교하면 그 중간 형태의 '다양한 근무방식'—이것을 유연한 노동이라고 한다—이 메뉴로서 등장한 시대는 분명 선택지가 늘었다고 할 수 있을 것이다. 뿐만 아니라 결혼퇴직, 출산퇴직, 청년퇴직 같은 온갖 제도를 동원해서 여성들을 조기에 직장에서 내쫓는 것을 관행으로 일삼았던 1970년대까지의 직장 환경과 비교했을 때 지금의 여성들은 직장에서 없어서는 안 될 중요한 인력이 되어 있다.

삶의 방식에서 선택지가 늘었다는 것은 어떤 선택지를 고를 수 있게 되었다는 것뿐만 아니라 어떤 선택을 하더라도 사회적 불이익을 당하지 않는다는 것을 의미한다. 이혼이나 비혼이 늘어난 것은 결혼하지 않아도 살아갈 방법이 여성에게 열렸기 때문이기도 하지만, 그와 더불어 그런 선택지에 따라붙는 낙인효과가 줄어들었기 때문이기도 하다. 한때 이혼 여성은 마치 삶의 패잔병 취급을 받았고, 비혼

---

1 파트직 노동자가 정사원이 되기를 원하지 않는다는 의식 조사 데이터는 오랫동안 '파트직 차별'을 위한 정치적 도구로 이용되어왔다. 그러나 단시간 노동을 원하는 것과 임금차별을 승인하는 것은 별개의 문제다. 파트직 노동에 '신분차별'과 같은 부당한 임금차별이 있다는 것에 대해서는 오사와 마리의 명저 『기업중심 사회를 넘어―현대 일본을 젠더로 읽기』(지지통신사 1993)를 참조하기 바란다. 가정과 양립하기 위해 장시간 노동이나 야근은 하고 싶지 않다고 생각하는 사람들이 있는 것은 당연하다. 그런 사람들에게 임금차별 없이 '동일노동 동일임금'의 원칙을 적용하면 그만인 일이다.

여성은 여성의 규격품 외 취급을 받았다. 그러나 "맞아요, 전 '마케이누'랍니다"라거나, "이혼 한 번 했네요"와 같이 명랑하게 말할 수 있게 된 것은—설령 '마케이누'나 '이혼'이라는 부정적인 표현을 담고 있다고 하더라도—단순히 그런 사람들이 늘었기 때문만이 아니라 사회가 그런 삶의 방식에 관대해졌기 때문일 것이다.

신자유주의와 여여격차

또 다른 대답은 No.

왜냐하면 여성들의 분열은 여성들의 분단을 가져왔기 때문이다. '여여격차'라 말해도 좋다.

남녀격차는 오래전부터 존재했었다. 임금에만 한정해서 보더라도 일본의 남녀 임금격차는 남성이 100이라면 여성은 상용노동자(기간이 정해지지 않거나, 1개월 이상 기간을 정해 고용된 노동자)의 경우 52.2이고, 일반노동자(정사원)의 경우는 66.9.(2007년) 독립행정법인 국립여성교육회관에서 내놓은 〈남녀공동참여 통계 데이터북스 2009〉에 따르면 '일본의 성별에 따른 임금격차는 선진국 중에서도 가장 크며 더욱이 축소되고 있지 않다'고 지적한다. 이것이 비정규직 노동자일 경우에는 정사원 임금의 70%. 정사원의 급여는 남성의 경우 연령과 함께 상승 곡선을 그리는 것과 달리 여성은 30대부터 평행선을 그린다. 연령과 함께 남녀 간의 임금격차가 확대되는 경향이다. 다만 대졸여성의 종합직에만 한정할 경우는 성별에 따른 임금격차는 축소되는 경향이다. 근속연수와 함께 격차가 벌어지는 것은 관리직으로 진급했느냐에 따라 영향을 받지만 균등법 이후 세대일 경우는 근속 20년이 지난 후에 남성들처럼 승진한다면 이후로도 격차는 줄어들 것이다. 그러나 그런 사람은 기업에서 살아남은 극소수의 여성들이다. 일본에서는 정규직과 비정규직의 격차가 크고 비정규직에서 일하는 비율은 여성이 남성보다 높기 때문에 비정규직 여성의 임금격차는 더욱더 벌어진다. 이것은 남녀격차에 더해서 여여격차, 다시 말하면 엘리트 커리어 우먼과 그렇지 않은 여성 간의 격차가 확대되었다는 것을 의미한다.

균등법이 찬양되던 시기에 대기업과 금융기관들은 그룹 내에 인재파견 회사를 계열사로 줄줄이 설립했다. 퇴직한 여사원들을 등록해두고 육아기가 끝나면 직장에 복귀시키려는 전략이었다. 직장 경험이 있는 여사원은 연수의 필요도 없고 사내 관행은 물론 암묵적인 약속들을 숙지하고 있는 덕분에 즉시 투입할 인력으로 활용할 수 있었기 때문이다. 고객의 비밀을 제삼자에게 누설하지 않는다는 '수비의무'가 있는 금융기관에서는 신원이 확실한 경력직 여사원들이 직장으로 복귀하는 것을 환영했다. 그러나 이 여성들은 옛 직장에 과거와 같은 조건으로 돌아갈 수 없었다. 기업의 입장에서는 베테랑 여사원을 저임금으로 사용할 수 있는 매우 유리한 조건이었다.

충분히 일할 수 있는 여성들은 열심히, 그리고 가정과 육아의 책임 때문에 충분히 일할 수 없는 여성들은 그에 맞게… 그 결과 생겨난 '여여격차'를 일부 여성들은 환영했다. 왜냐하면 이전에는 격차도 생겨날 수 없을 만큼 모든 여성들이 싸잡아서 차별 당했기 때문이다.

2000년대 들어서부터 '격차'가 사회적으로 문제화되고 정치적 과제가 되었을 때 고용의 비정규직화가 격차의 주범으로 지목되었다.

당시 여성의 비정규직화를 주장하며 그것을 비즈니스 기회로 삼아 인재파견 회사를 성장시켰던 오쿠타니 레이코는 반성을 요구받았지만 끝내 자신의 주장을 꺾지 않았다. 대담한 확신범이다. 똑같이 고이즈미 정권 아래에서 비정규직의 규제완화를 적극적으로 추진했던 경제학자 다케나카 헤이조도 정치를 떠난 후 인재파견 회사에 이사로 취임했었다. 가히 일관성이 있다. 오쿠타니 레이코가 창업한 〈더 알〉이나 다케나카 헤이조가 참여한 〈파소나〉는 주로 여성을 대상으로—'먹잇감으로'라고 표현해도 틀리지 않는다—등록파견을 운영하는 기업이다. 여성의 고용붕괴에 힘을 실었을 뿐 아니라 그로부터 이익을 취했다.

그러나 노동의 유연화 자체가 나쁜 것은 아니다. 애초 인간의 생활에서 9시부터 5시까지라는 중요 시간대, 즉 태양이 머리 위에 떠 있는 가장 활동적인 시간의 대부분을 팔아넘기지 않으면 먹고살아갈 수 없는 노동 방식에 더 문제가 있다고 할 수 있다. 그러니 반나절만 일하겠다거나 일주일에 사흘만 일하고 싶다는 사람이 있다 한들 전혀 이상할 게 없다. 무엇보다 9시에서 5시까지의 근무시간은 육아와 양립할 수 없음은 이미 검증된 사실이다. 그래서 노동유연화를 통해 조기에 플렉스타임제를 도입한 국가들은 그렇지 않은 국가들에 비해 출생률이 높다. 문제는 일본에서는 노동유연화가 극단적인 임금격차를 동반한다는 것이다. 다시 말하면 〈유연한 노동=불리한 노동〉이 되어버린 것이다. 파견직이든 파트직이든 고용의 안정성을 보장하고 정규직과 비정규직 사이의 임금격차 해소와 비정규직의 사회보장을 확대하는 것에 대해 다케나카 헤이조는 일관되게 반대하고 있으니, 유연한 노동을 '불리한 노동'으로 묶어두려고 하는 것에는 변함이 없다. 더욱이 '불리한 노동'의 약 80%를 여성들이 차지하고 있다.

여성의 분열과 대립

신자유주의가 선별과 경쟁의 원리를 바탕으로 한다는 것은 여러 차례 서술했다. 그것은 경쟁에 참가한 사람들에게 우승열패, 자기결정, 자기책임의 원칙을 심어주었다. 남녀고용평등법이 '남녀고용기회균등법'으로 환골탈태한 경위를 떠올려보라.

'기회균등'의 경쟁은 결승점에서 반드시 승자와 패자를 가른다. 거기서는 승자는 자신의 노력과 능력 덕분에 승리를 쟁취했으며 패자는 승자의 승리를 찬양하는 것이 공정한 경쟁의 규칙이라고 규정한다. 그러면 패자는 자신의 패배는 노력과 능력이 모자랐기 때문이라고 스스로에게 책임을 물을 수밖에 없다. 그래서 자신의 불리한 상황에 대해서도 납득하지 않을 수 없게 된다. 요컨대 '기회균등'이란, 소수의 승자를 다수의 패자가 떠받치고 있는 원리라고 해도 좋다.

우승열패의 원리하에서는 승리도 패배도 모두 자신의 책임이기 때문에 승자는 패자에 대해 이해와 동정심을 갖지 않는다. 반대로 패자는 승자에 대해 선망과 질투심을 갖게 된다. 이렇게 '여여격차' 아래에서 여성들이 분열되면 여성들끼리 이해득실을 공유하기가 대단히 어려워진다.

젊은 사회학자 묘키 시노부의 『왜 여성끼리 싸우는가?』(청토사 2009)라는 흥미로운 저서에 따르면 여성 간의 대립은 삶의 방식에 대한 선택지가 다양화되면서 심화되는 경향이 있다고 한다. 결혼과 출산의 경험 유무로 '가치이누(승자)'와 '마케이누(패자)'가 결정되고, 직업적인 성공 여부에 따라 '승자그룹'과 '패자그룹'이 결정된다. 여성의 삶이 결혼을 하고 주부가 되는 것이 일반적이었던 시대와 다르게 같은 학교에서 나란히 공부했던 친구가 졸업하고 20년이 지나 한쪽은 대기업 관리직이 되어 있고 다른 한쪽은 전업주부의 수험생 엄마가 되어 있다. 그 간극이 클수록 선망하는 마음과 조바심은 심화된다. 비교 대상이 존재하기 때문에 자부심도 자책감도 더욱 강해진다.

현실의 수많은 데이터들은 일본의 직장이 조금도 '기회균등'한 것도 '공정'한 것도 아니라는 사실을 보여준다. 그러나 표면적으로 평등한 교육기관에 다니고 있을 때는 성차별을 의식하지 않을 수 있다. 학업경쟁은 공평하게 치러지고 시험성적이 남녀별로 표시되는 일도 없다. 그래서 학교 친구끼리 결혼한 사람들 중에는 아내가 남편에게 "학교 다닐 때는 내가 훨씬 더 공부를 잘했다"는 말을 할 수 있다.

내가 교육현장에서 경험한 것은 수험전쟁의 '승자그룹'으로서 대학에 들어온 여학생들에게 신자유주의 의식이 철저히 내면화되어 있다는 것이었다. 그것은 스스로에게 상처 입힐 정도로 체화되어 있는 의식이었다. 자신의 나약함을 자책하며 고립해가는 젊은 여성들을 바라보면서 이러다가는 타인과 어떤 관계도 맺지 못하고 스스로를 망가뜨리며 결국은 정신적인 병을 앓게 될 뿐이라는 생각에 암담한 심정이었다.

현재의 자기 상황이 '자기결정, 자기책임'의 결과라고 한다면 설사 그 상태가 불만스럽다 하더라도 다른 누군가를 탓할 수가 없다. 그렇게 되면 외부에서 적을 찾아 비난할 수도 없고 여성들의 공동의 적을 찾아내기도 힘들어진다. 분열되고 고립되어가는 여성들을 바라보면서 차라리 "꼰대들의 사회가 나쁘다"고 외치면서 외부의 적을 공격할 수 있었던 시절이 평화로웠나, 하는 생각을 하지 않을 수 없다.

신자유주의와 페미니즘

신자유주의 개혁에 페미니즘은 도대체 어떻게 반응했을까?

신자유주의는 페미니즘이 대응하기 어려운 상대였다.

지금까지 서술한 대로 견고해서 움직이지 않을 것처럼 보였던 가부장제의 암반을 신자유주의 개혁이 뚫어버린 것처럼도 보인다. 생각해보면 남녀고용기회균등법은 신자유주의 개혁의 일환이기는 했지만 균등법 이전에는 생각지도 못했던 직종이나 지위에서 여성들이 일할 수 있게 만들었다. 신문사에서는 여성기자도 지국에 근무하면서 한밤중에 일어나는 사건 현장으로 뛰어갈 수 있게 되었고, 시차 때문에 24시간 가동해야 하는 트레이딩 룸에서도 여성들이 금융 트레이더로 일하게 되었다.

물론 이와 같은 변화는 균등법이 가져다준 것도 아니고 신자유주의 개혁 덕분도 아니다. 좀 더 커다란 세계사적 변화, 에스핑 안데르센이 복지국가론에서 언급한 '미완의 혁명'[2]이라 할 만한 지각변동

---

2 Gøsta Esping-Andersen(2009) *The Incomplete Revolution: Adapting Welfare States to Women's New Roles*, Cambridge Polity Press. 『평등과 효율의 복지혁명—새로운 여성의 역할』(이와나미서점 2001).

같은 사회변동의 결과물이다. 사실 신자유주의 개혁이란 이와 같은 세계사적 변화에 대한 각국의 정·관·재계의 대응전략이었고 페미니즘은 그 같은 사회변동 속에서 태어난 역사적 산물이었다. 변화 속에서 생겨난 균열로부터 새로운 여성의 가능성을 깨닫게 되었다. 변화는 사회적 소수자에게는 항상 기회다. 변화가 없는 정체된 사회에서는 페미니즘과 같은 마이너리티 사상은 태어나지 않는다. 어디까지나 역사적인 변화가 먼저 일어나고 그 이후에 사상이 태어난다. 부디 페미니즘이 역사를 바꿨다고는 생각하지 않길 바란다. 만약에 그랬다면 얼마나 좋을까 하고 생각할 정도다.

에스핑 안데르센이 말하는 '미완의 혁명'이란, 한때 남녀의 역할을 분리해서 각자에게 지정석을 부여했던 근대사회—사상가 이반 일리치는 이것을 '성적 아파르트헤이트'라고 했다—가 붕괴하고 여성이 남성과 똑같이 사회에 참여하게 되는 일련의 변화를 가리킨다. 그것이 '미완'인 이유는 그 변화가 대부분의 사회에서 어설픈 상태에 머물러 있기 때문이다. 그리고 그것이 좌절하거나 어설픈 상태인 탓에 일어나는 다양한 문제를 안고 있기 때문이다.

그 배경에는 탈공업화라는 커다란 사회사적 변화와 그것을 가능하게 했던 정보혁명이라는 기술혁신이 있다. 정보를 장악하는 사람이 시장을 장악하는 지식산업이 생겨나면서 제조업을 대신해 정보서비스 중심의 경제의 소프트화가 이루어졌다. 2차 산업의 시대가 끝나고 지금은 국민의 절반 이상이 3차 산업에 종사하는 시대가 되었다.

생각해보면 중화학공업의 시대는 '남자의 시대'였다. 군대처럼 조직된 노동자들이 효율성이라는 깃발 아래 물건 만들기에 힘을 기울였다. 그러나 지식집약형 정보산업에서는 체력이 문제되지 않는다.

체력은 차치하더라도 지력에서는 편차치의 분포에 남녀차가 없다는 것은 이미 데이터를 통해 증명된 사실이다. 제철소의 용광로 앞은 남성 노동자가 적합할지 모르겠지만 컴퓨터 앞에서는 성차가 문제되지 않는다. 초기 컴퓨터 산업에서 정보를 입력하는 키펀치 오퍼레이터의 대부분은 여성이었다. 정보화가 노도와 같이 진행되던 시기에는 머지않아 노동에서의 성차는 사라질 것이라고 예측하는 논자도 있었다.

그와 같은 변화를 상징하는 사건이 있다. 베트남전쟁은 이른바 최후의 '남자의 전쟁'이었다. 군인이 중화기를 어깨에 메고 진흙탕을 기어가는 글자 그대로 '더러운 전쟁'—이념적으로도 실천적으로도—이었던 베트남전쟁에서는 같은 시기에 여성해방운동의 움직임이 있었음에도 "여자도 종군하라"는 소리는 크지 않았고 남녀 보수주의자들도 '여자를 시킬 수 없다'고 저항했다. 그러나 걸프전부터는 형세가 바뀌었다. 여군의 참전이 촉구되었을 뿐만 아니라 여군들 스스로도 후방지원에 머물지 않고 전선에 참가해서 전투하기를 요구했던 것이다. 그것을 가능하게 한 것은 전투기술의 첨단화였다. 공격목표를 조준해서 폭격하는 컴퓨터 게임 같은 전투에서는 기기의 조종능력이 문제가 될지언정 체력은 문제시되지 않는다. 더욱이 여군의 참전이 '더러운 전쟁'에서 '깨끗한 전쟁'으로 전쟁의 이미지를 바꾸는 데 공헌했다.

정보기술 혁신이 공업사회라고 하는 야만적인 남성중심 시대에 종지부를 찍고 남녀가 동등하게 일할 수 있는 탈공업화 사회로의 시대적 전환을 이룰 것이라고 기대를 가진 사람들이 많았다. 그러나 정보혁명이 진행되고 10~20년이 지나자 드러난 것은 정보혁명은 노동의 성차를 해소하지 못하고 단순히 재편성했을 뿐이라는 현실이었다.

어느 사회에서나 정보산업의 최고경영자 자리는 남성들이 점유하고 새로운 산업분야에서도 여성은 프로그래머나 오퍼레이터 같은 하위 직종에 고정되는 경향이 있었기 때문이다.[3]

지금까지의 남성중심 사회의 구조를 무너뜨리는 변화의 계기에 페미니즘은 기대를 품었다. 그러나 기대는 배반당하고 말았다. 성차별은 사라지지 않았고 그저 형태를 바꾸었을 뿐이었다. 그러므로 페미니즘이 필요가 없어진 것은 아니다.

그럼에도 여성들이 공동의 이해를 목표로 연대 투쟁하는 것은 무서우리만치 힘겨운 상황이 되었다.

국책 페미니즘

신자유주의 정권이 '남녀공동참여'라는 이름의 국책 페미니즘을 추진한 것, 그리고 그 이유가 무엇인지에 대해서는 앞서 서술했다. 저출산·고령화 사회에서 '여자도 일을 하라'는 것은 누구도 거역할 수 없는 명령이었기 때문이다. 게다가 '여자들은 아이도 낳아야 한다'는 이중의 기대를 떠안게 되었다.

우리들 페미니스트는—적어도 나는—'남녀공동참여'라는 용어를 사용하지 않는다. 그것은 영어에 대응하는 개념이 없는 일본 국내에

---

3 Osawa, et al. ed.(2007) *Gendering the Knowledge Economy : Comparative Perspectives*, Basingstoke and New York : Palgrave Macmillan.

서만 통용되는 조어이기 때문이다.

그런 용어를 만든 것은 행정기관이다. 왜 이렇게 알아듣기 어렵고 복잡한 용어를 만들어냈을까? 추측컨대 젠더 평등정책을 추진하는 페미니스트 관료(일명 페모크라트)들이 저항세력과의 충돌을 가급적 최소화하려 했기 때문일 것이다. 일본에서의 젠더 평등정책 법제화의 정점은 1999년에 제정한 '남녀공동참여사회 기본법'이다. 이것을 통해서 '젠더의 주류화'가 성립되었다고 할 수 있다. '남녀공동참여'라는 용어가 선택된 것은 당시 정권 여당의 '꼰대님'들이 '평등'이라는 단어를 너무도 싫어해서 그것을 피하기 위한 고육지책이었다고 한다. 이 법률의 연원은 1985년에 비준된 UN의 여성차별철폐조약이었으니 명칭도 알기 쉽게 '남녀평등사회 기본법'이나 '여성차별철폐 기본법'이라고 했으면 좋았겠지만, 만약 그렇게 했다면 국회에서 승인되었을지는 미지수다. 이때부터 이미 반발이 시작되고 있었기 때문에 법안 제출자는 신중을 기하지 않을 수 없었을 것이다.

1990년대까지 남녀공동참여 행정과 페미니즘은 일종의 '밀월시대'였다. 각지에서 연달아 남녀공동참여센터가 오픈하고 예산과 자리가 만들어졌다. 페미니즘으로 '먹고살기도 힘들었을 텐데' 지금은 그것이 직업이 되다니…. 페미니즘 입장에서는 이른바 '시장'이 탄생한 것이다. 물론 그렇다고 해서 '먹고살 수 있는' 직업이 되었다는 것과는 별개다. 고용의 규제완화 때문에 행정기관에도 비상근이나 단시간 근무와 같은 '여성용' 직종이 증가한 탓에 남녀공동참여센터는 사실상 여성의 고용이 붕괴하는 현장이기도 했다. 그러나 무임금으로 하던 일이 임금노동으로 바뀐 것만으로도 여성에게는 커다란 변화였다.

덧붙이면 '남녀공동참여센터'라는 명칭에도 나는 위화감을 느낀다. 원래 '부인회관'이나 '여성센터'로 불려오던 유서 깊은 공간이었다. 행정기관은 그것을 멋대로 '남녀공동참여센터'라는 이름으로 바꿨다. '여성센터'라는 말은 중국어로 번역하면 '여성중심'이다. 가슴에 와 닿는 용어다. 요즘 같은 세상에 "여성센터가 굳이 필요하냐?"는 비판의 소리가 나올 때마다 나는 단호하게 "당연히 아직도 필요하다"고 답한다. 왜? 여성센터에서 한 걸음만 밖으로 나가면 세상은 온통 '남성중심'이기 때문이다. 그런 세상의 한 귀퉁이에 '여성중심'인 공간이 존재할 필요가 있다. 다만 알기 쉽게 정확히 '여성차별철폐센터'라는 이름을 붙였다면 이곳에서 하는 일이 무엇인지 누구든 오해 없이 받아들일 수 있었을 텐데 하는 아쉬움은 있다.

남녀공동참여사회 기본법에서는 남녀공동참여의 추진을 '지방자치단체의 책임과 의무'로 정하고 있다. 그 책무 중에는 '남녀공동참여조례'의 제정이라는 것이 있다. 그래서 각지에서 조례를 제정하고 행동계획을 정할 때 심의회 위원으로서 페미니스트 연구자나 행동가들을 동원했다. 도쿄도에는 2000년에 제정한 '남녀평등참여 기본조례'가 있는데, 이 조례가 만들어진 건 이시하라 신타로가 시장으로 선출된 직후의 일이었다. 당시 도쿄도 여성문제심의회 회장은 히구치 게이코[4]였다. 심의회의 보고가 갓 취임한 이시하라 신타로 지사에게 아슬아슬하게 제출되어 의회를 통과했다. 이시하라가 취임하

---

4 이후 2003년 이시하라 정권 2기의 시장 선거에서 대항마로 입후보해서 이시하라의 정적이 되었다.

고 나서 심의회의 위원들이 전면적으로 교체되었기 때문에 정말 아슬아슬한 타이밍이었다. 이 조례안의 명칭이 '남녀공동참여'가 아닌 '남녀평등참여'인 것도 '남녀평등'과 '공동참여'라는 용어가 공존하던 시절의 흔적이다. 이시하라 신타로가 도쿄도의 지사로 취임하고 나서 맨 처음 손을 댄 정책 중 하나가 도쿄여성재단의 해산이었으니 시기가 조금만 늦었더라면 이 조례는 태어나지 못했을지 모른다.

이후 남녀공동참여조례는 반발파와의 '전쟁터'가 되었다. 이미 만들어진 조례를 개정하거나 폐기하고 아예 만들지도 못하게 하려는 반대파들이 각 지방의회에서 등장했다. 기껏해야 조례다. 조례를 만들어서 무언가가 변화하는 것도 아니다. 조례의 근거법인 남녀공동참여사회 기본법 자체가 강제력도 벌칙규정도 없는 이념법이다. 그런데도 각지에서는 조례를 만들지 못하게 하려는 '꼰대들'이 안간힘으로 저항세력을 형성했다.

당시 남녀공동참여 정책을 소관한 총리부에서는 각 지자체에 예산이 필요 없는 계몽사업의 하나로서 '남녀공동참여 선언도시'임을 표명하도록 촉구했다. 선언을 표명한 지자체는 기념행사라는 덤이 따랐다. 나도 행사에 참가한 적이 있는데 참으로 납득하기 어려운 부분들이 많았다. 예컨대 기념행사를 하는 식장의 단상에 시장이나 내빈들이 나란히 자리를 잡고 앉는데 그 뒤로 일장기가 걸리는 것이다. 세상에나, 일장기 앞에서 연설을 하는 날이 올 줄이야. 단 한 번도 생각해본 적이 없었다. 그러면 머지않아 내빈으로 여성 황제가 출석하는 일도 있으려나. 아들이 태어나지 않아서 험한 꼴을 당하고 있는 여성차별 피해 당사자인 그 황태자비까지? 가부장제의 본가라 할 수 있는 황실과 남녀공동참여 정책이 과연 양립한다는 말인가? 혹시 황태자비와 동석이라도 하면 어떻게 하나? 무슨 말을 해야 하나? 떡 줄 사람은 가만히 있는데 괜한 고민을 하던 내 걱정은 역시 기우였다. 그런 일이 일어나기도 전에 남녀공동참여 행정은 반발파들 때문에 후퇴할 수밖에 없었으니 말이다

정부가 주도한 국책 페미니즘을 '일장기 페미니즘'이라고 부르는 이도 있다. 이것을 '국책 페미니즘'이라 부르는 것이 적절한지 어떤지는 알 수 없다. 왜냐하면 지금까지 논한 것처럼 '남녀공동참여 정책'과 페미니즘은 결코 같지 않기 때문이다. 그러나 겉보기에는 그 차이를 알기 어렵고 여성의 사회진출을 후원한다는 점에서는 같아 보인 탓에 반발파들에게 지금의 페미니스트들은 '일장기'를 두른 다수파로 이해되어 그들의 소수파 의식을 더욱 부추기게 된 것이다.

어째서 페미니즘은 유효한 투쟁을 할 수 없었을까

그런데 페미니스트들 중에는 이 국책 페미니즘에 휩쓸렸던 사람들, 그리고 그것을 이용하려고 했던 사람들, 또 아예 거리를 두었던 사람들⋯이 있다. 대학에 적을 둔 덕분에 '학식이 있는 사람'으로 간주되어 각종 심의회의 위원으로 발탁된 사람들이 각지에 많았다. 지자체가 남녀공동참여조례를 만든다니 적어도 의미 있는 것으로 만들겠다는 사명감으로 참여한 사람도 있다. 심의회 위원만큼 고생스러우면서도 공이 적은 일도 없으니 그들이 다만 명리를 바라고 참여했으리라고 생각하는 것은 과혹하다. 그러나 정부에 협력하기를 자처한 것은 사실이다. 비판자에서 대안을 제시하는 사람으로, 그리고 책

임을 나누어갖는 시민참가자의 한 사람으로… 지자체 행정에서 일어났던 변화는 남녀공동참여 행정에서도 예외는 아니었다.

페미니스트들 중에는 이 같은 변화를 다시 올 수 없는 천재일우의 기회로 생각하고 자발적으로 협력한 사람들도 있었다. 특히 저출산에 대한 정·관·재계의 위기감을 압박해서 변화하지 않으면 여자들은 아이를 낳지 않을 것이라고 위기감을 부추기거나 남녀공동참여 정책을 추진하지 않으면 사태가 더 나빠질 것이라는 협박도 하면서 자신의 주장을 관철하려는 사람들도 있었다. 그때 그녀들이 주장의 근거로 삼은 것은 선진국 여성들의 취업률과 출생률의 상관관계를 보여주는 데이터였다.

1989년의 1.57쇼크 이후로도 일본의 출생률은 계속 낮아지다가 2005년에는 1.26으로 사상 최저치를 찍었던 것은 아직도 생생한 기억으로 남아 있다. 일본과 같은 초저출산 사회로는 독일과 이탈리아, 아시아에서는 한국 등이 있다. 이들 사회의 공통점은 여성의 사회진출도가 낮다는 점이다. 그래서 성차별과 출생률 저하는 상관관계가 있어 보인다. 한편, 선진국 중에서 상대적으로 높은 출생률—그렇다 해도 인구 치환 수준의 2.07보다 낮은 1.8 정도로 머물러 있지만— 을 유지하는 국가들로는 스웨덴이나 노르웨이 같은 북유럽 국가들과 영국과 프랑스 등의 서유럽 국가들이다. 이들 국가에서의 여성 취업률과 출생률은 상관관계가 상당히 높다는 것을 알 수 있다. 그러므로 '여성이 노동에 참가할수록 아이들이 많이 태어난다'라는 명제가 성립하게 된다.

이 명제를 통해 도출되는 정책은 일본에서의 저출생률은 여성의 낮은 노동참여도가 원인이므로 그것을 먼저 해결해야 한다는 것이다. 예컨대 기업들의 출산퇴직 관행을 금지시키고 보육시설을 확대해서 대기아동을 없애고 육아하기 쉽게 기업이 일과 생활의 균형을 보호하는, 이른바 일과 육아의 '양립지원' 정책이 그것이다. 대기아동의 문제를 해소해야 한다는 주장은 오래전부터 있어왔던 것이고 어제오늘 갑자기 등장한 요구가 아니다. 그것을 저출산 대책으로 해결하려고 하는 것은 이상한 일이 아니다. 그러나 대기아동의 해소나 일과 삶의 균형(양립지원)을 촉구하는 것이 이미 아이를 낳은 사람들에게는 유의미한 정책이겠지만 앞으로 아이를 낳을 사람들에게도 효과가 있을지는 판단하기 어렵다. 민주당 정권이 주창했던 아이수당(2012년부터는 아동수당)을 보더라도 이미 자녀가 있는 사람들에게

도표 9-1 여성(25~34세)의 노동률과 출산율(1995년)

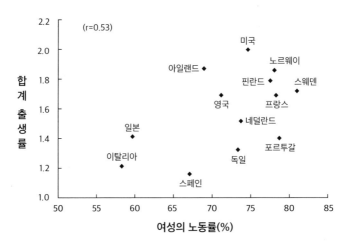

출처: 아카가와 마나부 『아이들이 줄어 뭐가 문제인가』 치쿠마신서
(자료: 여성의 노동률은 OECD, Labour Force Statistics, 1996/출생률은 Council of Europe, Recent Demographic in Europe, 1997. 출처: 아토 마코토 『현대인구학』 p202)

는 기쁜 소식이겠지만 아이수당이 생긴다고 출산을 결심하는 사람들이 증가할 것이라고 생각하기는 어렵다. 실제로 여러 국가들의 출산장려정책에서 현금을 뿌리는 정책만큼 출생률 향상에 효과가 없다는 것은 이미 증명된 일이다.

물론 일과 육아의 양립지원 정책이 있으면 워킹맘의 퇴직률은 감소하고 그럼으로써 여성의 취업률은 증가할 것이다. 그러나 그렇다고 양립지원 정책이 있기 때문에 출생률이 늘어난다는 명제가 성립한다고 볼 수는 없다.

여성들이 더 많이 일하는 사회에서 출생률이 더 높다는 명제에 대해, 페미니스트들이 데이터를 잘못 사용했다고 비판한 사람은 사회학자인 아카가와 마나부였다.(『아이가 줄어 뭐가 문제인가』치쿠마신서 2004) 그는 페미니스트들이 무지에서인지 아니면 고의에서인지 알 수는 없으나 데이터를 자의적으로 이용해서 정책 결정을 하도록 유도하고 있다고 비판한다. 왜냐하면 데이터의 대상국을 더 많은 OECD 국가들로 확대해보면 여성들의 취업률이 낮으면서도 출생률이 높은 사회는 얼마든지 존재하기 때문이다.

자주 인용되는 데이터는 생식연령 여성(25~34세)의 노동률과 합계출산율을 X축과 Y축으로 해서 지도화한 것이다.[5] (1995년, 도표 9-1)

---

5 아카가와 마나부가 거론한 것은 다음의 두 예다. 아토 마코토『현대인구학』(일본평론사 2000) p202. 오사와 마리『남녀공동참여 사회를 만들다』(NHK북스 2002) p15. 아카가와가 지적하듯이 이 데이터는 행정기관에서 발행하는 계발서적이나 여성학 연구자의 논문 등에 수차례 인용되었다.

OECD 국가들 중 13개국(영국, 프랑스, 독일, 네덜란드, 이탈리아, 스페인, 포르투갈, 아일랜드, 스웨덴, 노르웨이, 핀란드, 미국, 일본)에서 완만한 상승곡선을 보이기 때문에 '여성의 노동률이 높은 나라일수록 출생률도 높다'라는 명제를 이끌어냈다.

그러나 아카가와 마나부는 고작 13개국을 대상으로 상관관계를 판단하는 것 자체에 문제가 있다고 비판한다. OECD 국가들만 보더라도 가맹국은 모두 25개국(1995년 시점)이다. 뉴질랜드, 오스트레일리아, 덴마크, 캐나다 같은 가맹국들을 포함해서 상관관계를 살펴보면 상관계수는 마이너스, 즉 역상관관계를 나타낸다. 요컨대 전체로 보면 '여성의 노동률이 높을수록 출생률은 낮다'라는 명제가 도출되는 것이다. 앞의 데이터는 '여성이 일하는 사회일수록 아이들이 많이 태어난다'라는 명제를 이끌어내기 위해서 상대적으로 출생률이 낮은 선진국을 한정해서 모집단을 자의적으로 조작한 결과라는 비판이다.

분명히 취업률과 출생률의 상관관계만을 살펴보면 일본에서도 지방에서는 여성의 취업률이 높을수록 출생률도 높다는 것을 알 수 있다. 참고로 취업률이 높은 지역은 후쿠이현, 이시카와현, 도야마현 순이고, 취업률도 출생률도 높은 곳은 도야마현, 야마가타현, 이시카와현 순이다. 이렇게 현의 이름을 나열해보면 공통점이 있는데, 그것은 주민의 평균소득이 낮고 여성의 지위가 낮다는 점이다. 이와 반대로 도시화된 지역, 예컨대 도쿄나 교토, 가나가와, 나라와 같은 대도시권에서는 여성의 취업률은 낮고 출생률도 낮다. 만일 이것이 옳다면 출생률을 높이기 위해서는 도시화나 근대화를 진행시키지 않고 여성을 저임금으로 계속 일을 시키는 것이 더 낫다는 극단적인 결론마저 나올 수 있다. 반대로 취업률이 높아지면 출생이 낮아지는 곳에서는 출생률을 올리려면 노동시장에서의 여성차별을 강화하면 된다는 인적자본론자의 설까지 있다. 그러므로 여성의 취업률을 올리기 위해서 남녀공동참여 정책을 강력하게 추진해야 된다는 인과관계는 성립하지 않는다.

단, 저출생률을 겪는 모든 선진국만을 한정해서 앞의 데이터에 시간경과에 따른 변화를 추가하면 일시적으로 감소한 여성의 취업률이 1980년대부터 상승으로 전환하면서 출생률도 함께 올라가고 있음을 확인할 수 있다. 여기에 육아휴가나 보육시설의 정비와 같은 양립지원책을 투입한 정책적 요소를 추가하면 저출산으로 고통을 겪는 많은 선진국들 중 출생률 감소에 직면한 국가들이 서둘러 정책적 개입을 한 덕분에 취업률이 재정비되어 출생률도 동반상승했음을 알수 있다. 그래서 아카가와 마나부의 비판은 완전히 맞는다고는 단정할 수 없으나, 한편으로는 출생률을 높이는 데 정책이 효과적이었는지에 대해서는 의구심이 남는다. 왜냐하면 같은 시기에 유사한 출생률 동향을 보이는 여러 나라들 가운데 스웨덴과 핀란드, 프랑스와 영국을 보면, 앞의 두 나라는 충분한 양립지원 정책을 실시했지만 뒤의 두 나라는 충분한 정책적 대응을 하지 않았음에도 결과에 차이가 보이지 않기 때문이다.

가족정책을 실시하든 실시하지 않든 같은 결과를 나타내는 상황을 '수렴효과'라고 한다. 비교적 출생률이 높은(아이가 많은) 이민자들이 1~2세대가 지나면서 자신들이 이주한 사회의 출생률 동향에 동조하는 경향이 있는데 그 이유는 알려져 있지 않다. 이처럼 인구현상은 원인을 잘 알지 못하는 복합적 현상이기 때문에 정책적 개입이 유효

했는지 어떤지는 측정하기가 어렵다.

참고로 아카가와 마나부는 같은 책에서 "저출산은 왜 진행되고, 그것을 막을 수가 있는가?"라는 질문에 "불가능하다"고 답하면서 "남녀공동참여 사회가 저출산의 대책으로서 유효하지 않다면 남녀공동참여 정책은 필요가 없는가?"라는 질문에는 "아니다"라고 답했다. 그리고 "저출산이 계속 진행되어 인구감소 사회가 도래할 미래에 어떤 정책이 바람직한가?"라는 질문에는 "출생률 저하를 상수로 보는 제도설계가 바람직하다"라고 답하고 있다.(같은 책 p24) 다시 말하면 저출산을 막을 수는 없지만 그와는 별개로 남녀공동참여 정책은 필요하다고 주장한 것이다.

따라서 출생률을 높이고 싶다면 양립지원 정책을 추진하라는 명제는 성립하지 않는다. 그러므로 저출산을 볼모로 이번 기회에 친여성적인 정책을 정부에 실현시키고자 하는 페미니스트들의 음모(?)는 아카가와 마나부의 주장처럼 사실은 근거가 없다고 할 수 있다. 그러나 동시에 아카가와 마나부의 주장처럼 아이가 늘어나든 늘어나지 않든 이미 태어난 아이들에 대한 패밀리 프렌들리, 차일드 프렌들리 정책은 반드시 필요하다.

차일드 프렌들리라는 말을 하고 보니 최근 만원전차의 유모차가 민폐라는 논쟁이 미디어에서 시끄러웠던 것이 떠오른다. 실제로 유모차를 끌면서 길을 걷는 여성들은 장애인과 유사한 고통을 경험하게 된다. 아이를 키우는 젊은 친구에게서 전차를 탈 때 주변의 시선 때문에 긴장한다는 이야기를 들은 적이 있다. 이런 이야기를 들을 때마다 일본은 차일드 언프렌들리 사회라는 생각과 함께 이런 나라에서 아이를 낳아 키우고 싶지 않다고 생각하는 여성의 심정도 당연하다는 생각도 든다.

신자유주의 개혁파들은 여성들이 더 많이 일하기를 바라고 페미니스트들은 여성들이 더 많이 일할 수 있도록 해주길 바란다. 그래서 표면적으로는 신자유주의파와 페미니스트는 공통의 목표를 가지고 있는 듯이 보인다. 이 둘이 동맹을 맺고 함께 투쟁하고 있는 것처럼 보인 적도 있다. 반발파들에게는 그렇게 보였을 것이다.

그러나 그 둘의 차이는 노동의 방식에 있다. 신자유주의는 여성이 남성과 똑같은 경쟁에 뛰어들거나 혹은 일회용 노동에 안주하기를 요구했다. 그러나 페미니스트는 둘 모두를 거부했다. 그 결과는 다 아는 사실이다. 시장의 재편성, 노동유연화 과정에서 노동자 측은 경영자 측의 끝없는 양보의 강요로 패배를 거듭해왔다. 그것이 심각한 저출산으로 이어졌다는 사실은 지금까지 서술해온 바대로다.

페미니즘에 아쉬움이 있다고 한다면, 이 과정에서 유효한 저항을 할 수 없었던 점이다. 페미니즘만이 아니라 노동운동을 포함한 대항세력 모두가 서서히 동력을 잃어갔다. 노동의 빅뱅, 이른바 고용의 규제완화에 대해서 노조의 전국중앙조직인 연합이 동의했다는 것은 이미 이야기한 대로고 노조는 애초부터 비정규직 노동자에게 관심을 기울이지 않았다. 그런 가운데서도 비정규직 노동자의 조직화에 힘을 쏟았던 전국 커뮤니티유니온연합회 회장인 가모 모모요가 2005년 연합회 회장 선거에서 당선이 확실시되었던 다카키 츠요시 당시 회장의 대항마로서 낙선을 각오하고 입후보한 것은 그런 상황에 대한 이의제기이기도 했다. 커뮤니티유니온은 기업별 노조와 달리 중소 영세기업의 고용자라도 한 명부터 가입이 가능한 임의가입

형식의 지역조합을 말한다. 가모 모모요뿐만 아니라 그러한 조합의 담당자들 대부분은 여성들이었다.

그런데 어째서 페미니즘은 유효한 투쟁을 조직할 수 없었을까?

그 질문은 내 자신에게도 엄중하게 다가온다. 국제화라는 미명하에 격화되는 국제경쟁, 거품경제 후의 장기적인 불경기와 엔고 현상, 저출산·고령화의 진행과 인구감소 사회라는 암담한 미래, 거기에 일격을 가한 대지진과 원전사고—얼마든지 이유를 열거할 수는 있다. 좌경화하는 정치풍토에서 미디어의 몰이해와 반발파들의 공격이라는 '저항세력'을 이유로 들 수도 있다. 그러나 나는 무엇보다도 신자유주의 개혁이 만들어낸 여성의 분열, 연대해야 할 여성들을 연대할 수 없게 만든 상황에 가장 큰 원인이 있다고 생각한다. 페미니즘에 대해 들어본 적도 책을 읽어본 적 없는 젊은 여성들이 자신의 힘을 다른 여성과 연대하기 위해서가 아니라 다른 여성을 이기기 위해서 사용하고 있다.

10장

성차별은 합리적인가

노동 붕괴의 범인

지금까지 일본 사회의 노동에서 성차별이 사라지지 않고 있을 뿐만 아니라 더욱 심화되고 있음을 논했다. 남녀 간의 임금격차도 좀처럼 좁혀지지 않고, 여성의 정사원 비율은 지속적으로 감소하고 있으며, 과장급 이상의 관리직에서도 여성의 비율은 전혀 늘지 않고, 변함없이 출산퇴직은 계속되고 있다. 더구나 어렵게 정비되었다고 생각했던 노동법규는 여성을 조금도 지켜주지 않았을 뿐만 아니라 고용규제를 완화시키는 길을 달려왔다.

2012년 10월 13일 일본학술회의의 주최로 〈고용붕괴와 젠더〉라는 공개 심포지엄이 열렸다. 마치 몸속 어디에 있는지 잘 알지 못하는 맹장 같은 일본학술회의는 '학자들의 국회'라고 불리는데 이곳도 10년 전부터 개혁을 시작해서 여성회원의 비율이 20%까지 올랐다. 덕분에 젠더 관련의 분과회가 4개나 만들어졌고 마침내 네 단체가 공동으로 학술회의를 개최하기에 이른 것이다.

준비하는 과정에서 심포지엄의 주제를 '고용붕괴'로 할 것인지 '고용파괴'로 할 것인지가 문제되었다. '고용붕괴'라고 하면 무언가가 서서히 무너져 내리는 자연현상 같은 울림을 주지만, '고용파괴'라고 했을 때는 그것을 '파괴'한 범인이 있다는 느낌을 준다. 이런 논의가 있었듯 고용붕괴에는 범인이 있다. 정·관·재계의 정책결정자들, 그리고 노동계의 '꼰대'들이 공범이었다는 것은 앞서 이야기했다. 당일 심포지엄에서는 발표자들의 견해가 다음에서 일치했다. 지금의 여성들을 궁지에 몰아넣은 원흉은 1990년대 이후에 가속화된 세계화와 이전부터 직장에 단단히 뿌리내린 성차별이라는 점이다. 그리고 이 둘이 서로 얽혀서 일회용 노동력으로 사용되는 여성 노동자에 대한 규제를 완화해왔다는 점이다. 심포지엄에서 해설자의 한 사람이었던 젠더 법학자 아사쿠라 무츠코는 학문도 공범이었다고 반성했다. 1990년대 이후의 노동법학은 '규제완화의 법학'이었다고 토로했다.

그 배후에는 여성은 가계보조 노동력이라는 뿌리 깊은 통념이 있었다. 이것을 근대가족의 신화라고 말해도 좋을 것이다. 나는 '신화'라는 단어를 근거 없는 신념의 집합이라는 의미로 사용한다. 돈을 버는 남편이 있으니 여성은 저임금으로 일해도 되고 언제든 돌아갈 가정이 있으니 불안정한 고용이어도 괜찮다는 것이다. 그래서 기업은 파트노동을 '(기혼) 여성용' 노동으로 만들어낸 것이다. 영국의 페미니스트 사회학자 실비아 월비는 여성이 저임금 파트노동으로 들어가는 것이 아니라 파트노동은 처음부터 '여성을 위해' 만들어졌기 때문에 저임금이 된 것이라고 설파했다. 오사와 마리[1]도 파트노동의 저임금은 어떤 합리적 이유로도 설명하기 힘들고 '신분차별'이라는 말 외에는 설명할 수단이 없다고 했다.

그러나 여성 노동자들 중에는 기혼자만이 아니라 결혼하지 않은 여성들도 많다. 결혼한 여성이라 해도 남편이 병들어 있거나 실업 중인 상황도 있다. 결혼을 했지만 사별했거나 이혼한 경우도 있다. 더구나 만혼이 늘어나면서 미혼 여성이 증가하고 있고 비혼으로 평생을 싱글로 지내는 여성도 눈에 띄게 늘고 있다. 이렇듯 현실적으로 생계를 담당하는 여성들이 아무리 많아도 표면적으로는 '여성은 남자에게 부양받는 존재'라고 하는 사회적 통념이 여전히 유통되고 있는 것이다. 기업들이 이러한 사회적 통념을 악용해서 여성을 차별한다고 해야 할 것이다.

그래서 결혼제도에서 벗어난 여성들 중에서 특히 싱글맘의 빈곤이 가장 심각한 상태다. 혼자서 생계를 꾸려가고 있는데다가 육아까지 부담하고 있기 때문이다. 만일 빈곤이 싫다면 미혼 여성은 '결혼활동'에 노력하고 이혼 여성이나 남편과 사별한 여성도 '재혼시장'에 뛰어들어야 할 것이다. 사별한 여성이 재혼할 경우 과부공제나 유족연금은 중단된다. 이혼한 여성이 재혼할 경우도 전남편에게서 양육비를 받을 수 없다. 재혼한 남편이 여성과 아이를 부양하는 것으로 정해져 있기 때문이다. 법률혼이 아닌 사실혼에서도 마찬가지다.[2] 그래서 구청 담당자는 싱글맘이 사는 집 현관에 남자 신발이 없는지 확인하고 싱글맘들은 자잘한 사생활에 관한 질문을 받는 굴욕을 참아야 한다.

1 오사와 마리 『기업중심 사회를 넘어―현대 일본을 젠더로 읽기』(시사통신사 1993).

기업은 성차별적인가

젠더도 신분도 사실은 어렵게 말하면 경제 외적변수에 해당한다. 그리고 경제 외적변수를 이용해서 경제적 이익을 취하는 것을 '차별'이라 부른다. 차별은 확실히 불공정한 것이지만 기업이 차별을 통해 이익을 얻고 있다면 적어도 경제적으로 합리적 행위를 하고 있다고 할 수 있다.

노동시장에서의 여성차별을 합리화하는 기업들은 우선 여성들의 높은 퇴직률을 강조한다. 여성들은 고용을 해도 금방 그만두기 때문에 교육연수에 비용을 투입하기 힘들고, 그러면 승진도 어렵고 그래서 비숙련 노동에 머물게 되고 그래서 저임금이라는 논리다. 한마디로 정리하면 모든 것이 여성 본인의 책임이라는 것이다. 1945년 이후로 오랫동안 일본 여성들은 결혼과 함께 직장을 그만두는 것을 당연하게 생각했다. 그러다가 결혼이 아닌 출산과 함께 퇴직하는 분위기로 바뀐 것은 1970년대부터다. 그러나 그때나 지금이나 거의가 결혼 1년 이내에 출산하는 경우가 많기 때문에 결혼퇴직은 않더라도 출산퇴직까지 잠깐의 시차가 생겼을 뿐이다. 퇴직의 계기가 결혼에

---

2 남편과 사별하거나 이혼한 여성이 재혼을 해도 동반 자녀와 재혼한 남편 사이에 법률적 양자 계약이 이루어지지 않으면 부모-자식의 관계는 성립되지 않는다. 아이의 아버지는 사별했거나 이혼한 전남편이기 때문에 어머니의 재혼(혹은 사실혼) 여부에 따라 부모-자식의 관계가 변경되는 것은 이치에 어긋난다. 그러나 이러한 관계 변경은 혼인계약은 아내가 남편에게 소속된다는 사고방식, 이혼과 재혼은 그 소속을 변경하는 것이라는 낡은 통념 때문일 것이다.

서 출산으로 바뀌었지만 회사를 그만두는 시간이 1년 정도 뒤로 미루어질 뿐이었다. 지금은 결혼이 여성의 직장생활을 어렵게 하지 않는다는 것이 상식이지만 일본에서는 이상하게도 결혼하더라도 아이를 낳지 않는 딩크족은 거의 증가하지 않았다. 오히려 결혼의 최대 목적이 출산이라는 듯 임신을 할 때까지 결혼을 미루는 '속도위반 결혼'이 늘어나고 있을 정도다.

1980년대부터 20년 넘게 여성의 출산퇴직률은 60%대를 유지하면서 거의 변화가 없다. (도표 10-1) '역시나 여자들은 아이 키우는 일을 최우선으로 생각하고 출산하면 퇴직을 하니 고용부담이 크다. 여

도표 10-1 여성의 출산퇴직률

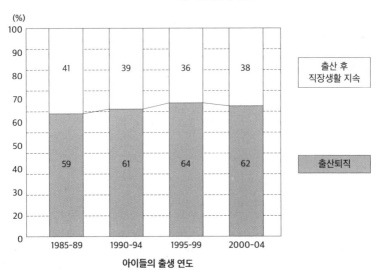

(국립사회보장·인구문제연구소 <제13회 출생동향 기본조사(부부)>를 바탕으로 작성)

자들은 안심하고 고용할 수 없다'라는 기업의 주장이 들려올 듯하다. 하지만 잠깐!

오랫동안 출산퇴직률의 변화가 적었던 이유는 무엇일까? 첫째, 비정규직 고용률 증가 때문이다. 1991년에 육아휴직법이라는 좋은 법이 제정되었음에도 육아휴가를 받지 않고 퇴직하는 여성들을 보면 결국 자기책임 아니냐고 하는 소리가 들려올 듯하지만, 육아휴직법은 정규직 고용자에게만 적용된다는 사실을 상기해야 한다. 비정규직 여성들은 상사에게 임신을 보고하는 순간 해고된다고 한다. 물론 노동기준법은 '노동자를 임신 및 출산을 이유로 해고해서는 안 된다'라고 규정해놓고 있지만 임신을 하면 비정규직 경우 계약기간 만료나 계약연장 거부로 결국 해고된다. 지금까지 이야기한 것처럼 고용구분이 다르면 남녀고용기회균등법이나 육아휴직법도 비정규직 고용자에게는 무용지물이다.

둘째, 대기아동이 늘어나는 보육행정의 빈약함 때문이다. 저출산으로 아이들 수는 줄었지만 일하고자 하는 여성은 늘고 있기 때문에 대기아동은 늘어난다. 게다가 출산퇴직한 후에도 아이가 어렸을 때부터 일하려는 여성들이 증가하고 있다. 일본은 0세부터 2세까지의 보육, 연장 보육, 야간 보육, 장애아 보육 등이 압도적으로 부족한 상태다. 그런데도 적절한 대응이 이루어지고 있지 않다. 정권교체기의 민주당은 '자녀수당'으로서 합계 2조 엔 이상의 예산을 제시했지만 그렇게 돈을 쓸 생각이 있다면 보육시설을 확충하는 것이 훨씬 효과적이었을 것이다. 오랫동안 일하고 싶어도 지속할 수가 없는 것이 자녀를 가진 여성들의 현실이다.

그러나 사실상 불황기에 여성의 취업기간은 길어지고 있다. 그만두고 싶어도 그만둘 수 없는, 결혼퇴직을 하지 않는, 아니 할 수 없는 여성들이 는 것이다. 그런데도 사용자들은 여성 노동자는 단기간에 퇴직한다는 전제하에, 아니 단기간에 퇴직하지 않으면 안 되는 인사 관리 시스템을 마련해두고 있다.

1960년대까지 직장에 결혼퇴직 제도가 있었다. 채용 때 '결혼과 함께 퇴직하겠다'는 합의서를 쓰라는 기업도 있었다. 그래도 퇴직하지 않는 여성들에게는 '30세 정년제'가 기다리고 있었다. 서른을 넘으면 쓸모없어진다니 터무니없는 사고방식이 아닐 수 없다. 실상 그 연령이 되면 직장에서 베테랑이 되어 있을 시기인데 그런 여성들이 회사에 버티고 있을 수 없는 인사제도가 있었던 것이다. 남성과 여성의 정년에 연령 차이가 있는 차별 정년제도 있었다. 남성의 정년이 55세일 때 여성은 51세. 기업의 주장은 '여자는 빨리 늙기 때문'이라는 것이다. 밥 먹다가 밥알이 튀어나올 이야기다. 지금은 여성이 남성보다 훨씬 젊어 보인다.

이러한 차별적 인사관리에 선배 여성 노동자들은 법정투쟁으로 대항해왔다. 덕분에 1970년대까지 결혼퇴직제, 30세 정년제, 차별 정년제 모두가 위법으로 판명되었다. 그러나 제도는 사라졌지만 관행은 여전히 남았다. 지금도 결혼과 출산을 이유로 퇴직을 권유받는 여성들이 적잖이 있고 인사이동이나 배치전환으로 '전력 외 통고'를 받고 버티지 못해 스스로 그만둘 수밖에 없는 여성들도 끊이질 않는다. 또 그런 수고를 하지 않아도 처음부터 여성을 비정규직으로 구분해서 고용하면 '차별한다'는 소리를 듣지 않고 언제든 해고할 수도 있다.

1980년대 고용의 유연화가 진행될 때 이런 사례를 들었다. 어떤 기업이 대졸여성을 1년 계약직 사원으로 채용하면서 최장 계약기간을 10년으로 하는 인사관리 제도를 도입한 것이다. 잊히지도 않는다. 도쿄전력의 자회사다. 계약사원이 정사원보다 초임이 높았기 때문에 인기 직종이었다. 그러나 10년 지나면 계약이 중지되어 실질적으로는 법을 어기지 않고도 30세 정년제를 자행할 수 있다. 이런 방식으로 선배 여성들이 투쟁으로 획득했던 '30세 정년제는 위법'이라는 성과가 알맹이 없는 껍데기로 변질되어가는 과정을 보고 허탈했던 기억이 있다. 그런데 이 제도에는 불순하기 짝이 없는 덤이 붙어 있었다. 계약기간 10년이 만료된 사원들 중에서 우수한 여성을 정사원으로 등용한다는 것이었다. 정사원이라는 희망을 던져놓고 계약사원들끼리 서로 경쟁을 시킨 다음 가장 높은 실적을 올린 유능한 여성만을 정사원으로 채용한다는 것이다. 한마디로 기업은 전혀 위험 부담을 안지 않고 달콤한 과실만 따먹는 셈이다. 이렇게 간교한 수법이 있나 하고 혀를 내둘렀다. 간교함에 있어서 사용자는 항상 고용자보다 한 수 위라는 것을 잊어서는 안 된다.

기업은 차별해서 고용한 여성사원이 예상보다 더 오래 직장에 머무는 것을 싫어한다. 그래서 온갖 수법으로 퇴직을 권유하는데 그래도 그만두지 않는 여성에게는 '오츠보네사마(고참 여사원)'라는 경멸적인 호칭을 부여한다. 이렇게 해서 여성의 분열 지배가 작동한다. 선배들이 그만두지 않으니 당신 같은 젊은 여성들을 채용할 수 없다고 이간질하는 것이다. 여성들을 전망 없는 곳에 격리해두기 위해 일반직과 종합직이라는 고용구분이 생겨났다고 해도 과언이 아니다. 배치나 승진에서 종합직과 차별받는 일반직은 입사하고 10년이 넘을 때부터 훨씬 더 격차가 뚜렷해진다. 실상 정사원의 기준내임금을 비교해보면 여성 고용자의 총임금은 40대부터 거의 변화가 없고 연령과 함께 남성사원과의 격차는 더욱 커진다.

이런 상담을 받은 적이 있다.

'(도쿄의 경제 1번지라고 하는) 마루노우치에 있는 회사에 입사한 지 20년인 40대 여성. 결혼 전까지 잠시 다닐 작정이었지만 결혼 기회를 잡지 못해 어느덧 40대에 진입. 단순한 일상 업무만 하다 보니 미래가 안 보인다. 어떻게 해야 할까?'

기업에는 이렇게 막다른 골목에 몰린 여성들이 수없이 많다. 그렇기 때문에 기업은 여사원을 채용하는 데 더욱 신중해지고 일반직 정사원을 파견직이나 계약직으로 전환하는 작업을 꾸준히 벌여왔다. 그리고 어느덧… 법률은 이렇게 정비되어 있건만 차별대우를 받아도 '여성차별'이라는 말도 꺼내지 못하는 구조가 완성된 것이다.

성차별은 합리적인가

경제학자 가와구치 아키라의 『젠더 경제격차』(케이소서방 2008)라는 훌륭한 책이 있다. 2008년 닛케이 경제도서문화상을 수상한 명저다. '왜 격차가 생기는가? 극복의 실마리는 무엇인가?'라는 부제를 단 이 책은 '기업은 성차별을 통해 이익을 취하는가?', 다시 말하면 "성차별은 합리적인가?"라는 질문에 정면에서 경제학적으로 답하려고 한 본격 연구서다. 이런 기개가 있는 서적에 경제계의 '꼰대'들을 위한 닛케이신문사가 상을 수여하다니 대단한 안목이 아닐 수 없다. 그리고 남성 경제학자가 순수하게 경제학적인 수법으로 "성차별은 합리적인가?"라는 질문에 진지하게 답하려 한 것도 매우 보기 힘든 태도다.

가와구치 아키라는 "젠더 경제격차는 남성과 여성 그리고 기업이라는 삼자간의 협력과 대립과 거래의 결과로 발생한다"(위의 책 p4)고 하면서 '게임이론'을 적용한다. 게임이론에서는 모든 플레이어를 자기이익을 최대화하려고 행동하는 합리적인 의사결정자라고 전제한다. 그 결과 "일본적 고용제도[3]와 가정에서의 성별분업이라는 상호의존적인 두 제도가 일본의 젠더 경제격차를 더욱 크게, 그리고 안정적인 것으로 만들고 있다"(위의 책 p14)는 것을 명확히 한다.

가와구치 아키라는 "(기업 입장에서) 차별은 합리적인가?"라는 질문을 던진다. 만일 그것이 기업의 경제적 이익을 훼손한다면 비합리적이고, 반대로 경제적 이익에 공헌한다면 합리적이라고 판정할 수 있다. 꼰대들은 미소지니(여성혐오)이면서 호모소셜(남성 집단)을 매우 좋아하기 때문에 경제적 이익을 희생하더라도 성차별을 유지한다고 하면 꼰대들은 비합리적 생물이라고 비판할 수 있지만, 만약 성차별이 경제적 이익에 합리적이라면 '우리도 여성을 평등하게 대우하고 싶지만' 유감스럽게도 여성은 능력도 없고 의욕도 없고 일을 열심히 하지

---

3 가와구치 아키라에 따르면 "이 책에서는 일본적 고용제도라는 단어를 고도경제성장기에 기초가 형성되어 두 번째 석유위기를 거쳐 거품경제기에 확립된 제도로서 사용한다."(위의 책 p4 주2)라고 서술한다. 그러나 이 설명에는 역사적 경위는 서술되어 있지만 정의가 내려져 있지 않다. 일반적으로 일본적 고용제도라고 했을 때는 종신고용, 연공서열의 임금체계, 기업별 조합이라는 삼종세트를 바탕으로 인식되기 때문에 본서에서는 이 의미로 사용한다. 또한 역사적 경위 부분에서도 '거품경제기에 확립되었다'라는 인식은 올바르지 않다. '고도경제성장기에 형성되어 거품경제기에 끝났다'고 하는 것이 더 정확하다. "거품경제가 붕괴한 후의 경제 환경의 극심한 변화 때문에 일본적 고용제도는 피할 수 없는 변화를 맞이했다"(위의 책)라고 하는 상황인식은 일치한다.

않기 때문에 '차별할 수밖에 없다'는 그들의 논리는 정당성을 얻게 된다.

여기서 말하는 기업의 성차별은 다음의 세 가지 지표로 측정된다. (1) 정사원의 여성 비율 (2) 관리직(과장급 이상)의 여성 비율 (3) 35세의 남녀 임금격차. 이 지표에 따르면 차별기업은 (1) 정사원을 고용할 때 여성보다 남성을 우선하고 (2) 관리직으로 남성을 등용하며 (3) 그 결과 근속연수가 길어질수록 남녀의 임금격차가 크게 벌어지는 기업을 가리킨다. 이들 기업의 성차별 관행은 다양한 데이터가 뒷받침하고 있다.

'기업의 이윤극대화를 위한 행동의 결과로 (통계적—인용자 추가) 차별이 발생하는 것'(위의 책 p84)이라면 기업 입장에서 성차별은 합리적 선택이다. 가와구치 아키라에 따르면 가장 강력한 설명변수가 퇴직률의 젠더 격차다. 여성을 차별 대우함으로써 퇴직에서 발생하는 비용을 치르지 않아도 될 뿐만 아니라 처음부터 차별 대우를 해서 남성에 버금하는 우수한 여성을 저비용으로 사용할 수 있기 때문이다.

이와 유사한 성차별에 대한 '합리적 가설'은 계속 유통되어왔다. 이를테면 여성은 결혼과 출산, 그리고 최근에는 가족 돌봄을 이유로 퇴직할 확률도 높기 때문에 장기축적능력 활용형 인재를 중시하는 일본적 고용제도하에서는 인재육성 비용을 회수하기 힘들다. 게다가 결혼과 출산 후에는 가정 책임 때문에 안정된 인력으로 사용하기 힘들다. 더구나 처음부터 결혼 전까지만 다닐 생각으로 입사하기 때문에 기업에 대한 충성도가 낮다는 등. 그래서 여성은 기업사회가 남성과 동일한 정규 구성원으로 받아들일 만큼의 자격을 갖지 못한 '이류 노동자'라는 결론이다. 그리고 여성이 '이류 노동자'일 수밖에 없는 귀책사유는 여성 자신에게 있다는 것이다. '회사를 그만두는 여자들이 잘못'이라는 것이다.

가와구치 아키라의 발견은 종래의 통설을 뒷받침하는 것이다. 기업 입장에서는 '여성을 차별하는' 것이 '합리적'(위의 책 p16)이다. 왜냐하면 여성의 퇴직률이 높기 때문이다. 반대로 "여성의 퇴직률이 낮아지면 기업이 여성을 차별할 합리적 이유는 거의 사라진다"(위의 책 p15)고 말한다.

"퇴직률이 높은 여성을 차별하는 것이 기업 입장에서는 합리적이므로 일본에는 그런 기업이 많다."(위의 책 p16)

… 역시.

이런 논리라면 '회사를 그만두는 여자들이 잘못'이고, 결국 성차별은 여성의 자기결정과 자기책임의 결과일 수밖에 없다. 여성은 단기간에 직장을 그만두는 퇴직리스크가 높으므로 기업은 여성의 채용을 꺼린다. 그래서 퇴직을 전제로 여성을 위한 코스를 만든다. 채용된 여성은 단기간의 퇴직을 전제로 일을 한다. 그 결과 직장에서 앞길이 막힌 여성의 퇴직률은 더욱 높아진다. 또 다시 기업은 여성의 퇴직률을 전제로 차별적인 인사제도를 운용한다…. 제자리걸음. 그 배후에는 가정 책임을 오로지 여성에게만 부담시킨 '가정에서의 성별분업'이 있다. 그리고 가와구치 아키라의 지적대로 '가정에서의 성별분업'과 '일본적 고용제도' 사이에는 강력한 '상호의존 관계'가 있지만 경제학은 시장 외적변수에 관여하지 않는다. 즉, 경제학은 시장 외적변수는 모두 전제 조건으로 취급하기 때문에 '가정에서의 성별분업'의 공정성이나 적절성은 문제시하지 않는다. 시장은 남북격차든 인종차별이든, 그것이 무엇이든 이익극대화를 위해 최대한 이용하는 '합리적 행위자'들로 구성되어 있기 때문에 '왜 여자만 가사나 육아나 돌봄을 책임져야 하는가?' 같은 질문을 던지지 않는다.

차별형 기업과 평등형 기업

그런데 가와구치 아키라의 분석은 여기에서 끝나지 않는다. 부제인 '극복의 실마리는 무엇인가?'에 대해서까지 답하려고 한다. 왜냐하면 여성을 차별하지 않고서도 더 높은 이윤을 올리는 기업도 실재하기 때문이다.

가와구치 아키라 본인의 연구도 이것을 뒷받침한다. 그는 노동정책연구·연수기구가 내놓은 〈기업의 지배구조 및 사회적 책임과 인사전략에 관한 조사〉를 바탕으로 상장기업 2,531개사를 대상으로 2005년에 조사한 데이터를 철저히 실증분석하고 차별형 기업과 평등형 기업을 비교했다. 여기에서 '성차별'의 지표는 다음의 세 가지다. (1) 정사원의 여성 비율 (2) 관리직의 여성 비율 (3) 포지티브 액션(적극적인 차별철폐 조치) 시책의 수.[4]

분석 결과, 차별형 기업과 평등형 기업은 다음과 같은 차이가 보인다고 한다. 차별형 기업의 특징은 (1) 기업규모가 크다 (2) 매출고가 높다 (3) 전투인력이 되기까지 오래 걸린다 (4) 사원의 근속연수가 길다 (5) 복지제도가 충실하다 (6) 주주보다 은행을 중시하는 경향이 있다. 이와 대조적으로 평등형 기업의 특징은 차별형 기업과 정반대다. (1) 기업규모가 작다 (2) 매출고가 낮다 (3) 전투인력이 되기까지 기간이 짧다 ⑷ 사원의 근속연수가 짧다 ⑸ 포지티브 액션(적극적인 차별철폐 조치)이 있다 ⑹ 은행보다 주주를 중시하는 경향이 있다.

이 둘을 비교해서 얻은 결론은 일본적 고용제도와 여성의 활약에 관한 두 가지 가설을 모두 포함하고 있다. 즉, 일본적 고용제도의 모든 특징이 여성의 사회적 활약을 방해한다는 것과 효율적 경영을 추구하는 기업에서는 여성들이 많이 활약한다는 것이다.(위의 책 p248) 요약하자면 차별형 기업은 고용보장과 기업복지가 충실하며 남성외벌이형 노동자를 고용하는 종래와 같은 대기업이라 할 수 있고, 평등형 기업은 맞벌이 노동자가 많은 신흥 벤처기업이라는 것이다. 가와구치 아키라는 평등형 기업을 '주주의 거버넌스가 강하고 다양한 경영개혁에 노력하는' 혁신적 기업(위의 책 p245)이라고 한다.

한 발 들어가 가와구치 아키라는 여성이 활약하는 평등형 기업은 '매출에서 영업이익률이 높다'는 것을 입증한다.

가와구치 아키라가 정리한 것을 보면 선행연구에서 이미 아래와 같은 사실이 확인되었다.

① 사원의 여성 비율이 높은 기업은 이윤이 높다.

---

4 앞에서 말했던 '35세의 남녀 임금격차'가 등장하지 않는 것은 '대졸 35세의 임금'에 유의미한 차이가 보이지 않기 때문이다. 그와 대조적으로 '포지티브 액션 시책'에는 다음과 같은 것이 존재하는지를 말한다. '포지티브 액션 전담부서나 담당자 배치(추진체제의 정비)' '여성의 능력 발휘를 위한 계획수립' '여성의 적극적인 등용' '여성이 소수인 직장에서 여성이 일하기 위한 적극적인 교육훈련' '여성 전용 상담 창구' '성희롱 방지를 위한 규정 마련' '남성에 대한 계몽' 등이 있다.(위의 책 p232)

② 사원의 여성 비율이 높은 기업은 성장률이 높다.

③ 생산물 시장의 경쟁이 심한 산업의 기업은 사원의 여성 비율이 높다.

④ 생산물 시장의 경쟁이 심한 산업의 기업은 젠더 임금격차가 작다.(위의 책 p92)

그렇다면 차별형 기업과 평등형 기업은 어느 쪽이 더 경제적 합리성을 갖고 있을까?

대기업이 매출액이 높은 것은 당연하다. 그러나 매출에서 영업이익률이 높은 쪽이 기업의 경영효율성이 높다. 사원의 생산성도 더 높을 것이다. 이 두 기업이 시장에서 경쟁하게 된다면 어떻게 될까?

기업은 상품시장에서도 경쟁하지만 자금조달을 위한 금융시장에서도 경쟁한다. 신흥 벤처기업은 주주에게 어필해야 하므로 '은행보다 주주를 중시'하는 것은 이해할 수 있다. 그런데 금융시장을 매일 화폐를 투표용지 삼아 투표하는 집단이라고 본다면 금융시장에서도 주주는 최종적으로 매출액에 대한 영업이익률이 더 높은 기업을 선호하지 않을까?

그렇게 생각하면 차별형 기업보다 평등형 기업이 더 경제적 합리성이 높다는 결론을 도출할 수 있을 듯하다. 차별형 기업도 경영개혁에 힘써서 여성사원의 비율을 높이는 것이 더 좋을 것이다. 그러나 여기서 가와구치 아키라는 무서운 답을 내놓는다. 차별형 기업은 차별함으로써 이미 합리적 균형을 유지하고 있기 때문에 내부 개혁의 필요를 느끼지 않는다는 것이다.

차별형 기업은 차별 균형 시스템을 유지하고 있고 평등형 기업은

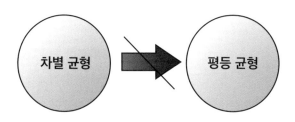

도표 10-2 명제 = 차별 균형은 평등 균형으로 이행하지 않는다

평등 균형 시스템을 가지고 있다. 각자 균형을 유지하고 있기 때문에 한쪽에서 다른 한쪽으로 이행할 이유도 필연성도 없다. (도표 10-2) 이것이 차별형 기업이 평등형 기업으로 이행하지 않는 이유다.

가와구치 아키라는 '일본적 고용제도는 여성차별을 불가결한 구성요소로 삼고 있고… 일본적 고용제도의 모든 특징이 여성의 활약을 방해한다'고 한다. 그 차별형 기업은 차별을 통해서 균형을 유지하고 있다. 그 한쪽을 무너뜨리는 것은 균형 전체를 무너뜨리는 것이다. 예를 들면 문제가 많다고 평가받는 신규졸업자 일괄채용을 생각해보자. 신규졸업자 일괄채용을 금지하자는 목소리가 아무리 높아도 그만둘 수 없는 데에는 이유가 있다. 이것이 일본적 고용제도의 '장기축적능력 활용형' 인재육성과 견고하게 연결되어 있기 때문이다. 고이즈미 전 총리는 취직빙하기에 '졸업 후 3년간 신규졸업자 취급' 방안을 내놓았지만 아무런 효과가 없었다. 신규졸업자 기간을 연장하더라도 해마다 새로운 신규졸업자가 투입되는 상황에서 경쟁은 격화될 뿐 신규졸업자 일괄채용이라는 제도 자체는 전혀 흔들리지 않기 때문이다.

또 하나의 예로 정년제를 생각해보자. 일본 기업에서 정년연장이 이토록 어려운 것은 연공서열에 따른 급여체계 때문이다. 2013년 4월 노동자를 (희망에 따라 전원) 65세까지 고용하는 것을 의무화하는 '개정 고령자고용안정법'이 시행되었지만 비용이 높은(생산성이 떨어지는) 인재를 지속적으로 고용하는 부담을 줄이기 위해 기업은 기준 내임금을 절반으로 삭감하는 재고용제도를 실시했다. 이것을 원활히 활용하기 위해서는 연령, 지위, 급여라는 삼종세트가 연동하는 구조를 무너뜨림으로써 기업의 체질을 바꾸지 않으면 안 된다. 재고용 당사자 입장에서는 자신보다 어린 상사를 받아들일 수 있어야 하고, 반대로 상사는 과거의 선배를 지휘하고 명령하지 않으면 안 된다. 쉽지 않은 일일 것이다. 그렇게 된 이유는 거의 연령만이 인사평가의 대상이었던 일본의 인사고과 시스템 때문인데 이것을 직무급, 능력급 시스템으로 바꾸는 것은 보통 어려운 일이 아니다. 이렇듯 고작 1년의 정년연장조차도 일본적 고용제도의 근간을 흔들어버리기 때문에 쉽게 이루어지지 않는 것이다.

차별로 균형을 유지하는 기업이 평등으로 균형을 유지하는 기업으로 이행하지 않는다고 하는 명제는 기존의 규모가 큰 조직의 과거 경험이 증명한다. 조직이 클수록, 특히 과거의 성공체험을 쌓아올린 조직일수록 내부 개혁은 더 어렵다. 그렇게 해야 할 이유도 필연성도 없기 때문이다. 오히려 개혁은 외부에서 온다. 완전히 이질적인 조직이 외부에서 만들어져 무시할 수 없을 정도로 영향력을 키운 조직으로 성장해 기존의 조직을 집어삼키고 이윽고 대체한다⋯. 생각해보면 시스템의 개혁이란 기존 조직의 내부에 의해서가 아니라 외부에서 암세포가 숙주를 점령하듯 일어난다. 혁신은 언제나 기존의 큰 조직 내부에서가 아니라 그 주변부나 외부에서 일어난다.

차별형 기업과 평등형 기업이 경쟁을 한다면

평등형 기업과 차별형 기업이 경쟁을 할 경우의 시뮬레이션은 우리를 더욱 무서운 결론으로 이끈다. 이 경쟁이 국내 시장에서만 일어난다면 우리들은 국내 시장에서 혁신이 일어날 것이라고 낙관할 수 있다. 산업구조의 혁신은 성장하는 분야의 발전과 함께 쇠퇴하는 분야의 추방이 있다. 이런 식의 교체가 잘만 이루어진다면 일본 경제도 구조개혁으로 상승할 수 있을 것이고 기대할 수 있다. 그러나 이것이 세계 시장에서 글로벌기업과 경쟁하게 되면 어떻게 될까? 차별로 균형을 유지하는 차별형 기업은 먼저 상품시장의 기업 경쟁에서 패배할 것이다. 뿐만 아니라 현재와 같이 외국인 투자가 증가한 금융시장의 기업 경쟁에서도 패배할 것이다.

차별형 기업이 세계 시장의 기업 경쟁에서 패배하는 이유를 조금 더 들여다보자. 세계 시장은 단일하고 균일한 시장이 아니다. 다양한 소규모 시장들의 집합으로 이루어져 있다. 그런 세계 시장에 진입하려면 상품을 현지화하지 않으면 안 된다. 'Think globally, act locally'라는 슬로건은 기업의 국제화 전략에서도 유효하다. 다양한 시장에 대응할 수 있는 조건은 시장의 다양성만큼 진입하는 쪽의 다양성이 있어야 한다. 그것이 요즘 자주 거론되는 기업의 '다양성(diversity) 전략'이다. 다양성 전략의 첫 걸음은 먼저 성별의 다양성. 그리고 인종과 국적의 다양성이다. 상품시장에 등장하는 말단 소비자의 대부분은 여성이고 구매에 대한 여성 의사결정권이 점점 확대되고 있기 때문에 '여성을 알지 못하면 물건을 팔 수 없다'는 전제는 당연하다. 가전제품도 남자들이 만들던 시대는 끝났다. 만일 원자력 발전과 같은 거대 공업제품도 여성 기술자가 더 참여할 수 있었다면 달라졌을 것이다.

차별형 기업은 평등형 기업과의 경쟁에서 패배한다···. 내부 개혁을 거부해온 일본의 대기업을 기다리고 있는 운명은 '거대한 침몰'이다. 나카소네 야스히로 전 총리가 '불침항공모함'이라 불렀던 이 나라는 지금 진흙으로 만든 배가 되어 천천히 가라앉는 중인지도 모른다. 가라앉는 배에서 가장 먼저 도망치는 것은 작은 동물들이라고 한다. 이 사회에 아이들이 태어나지 않는 것은 태어나기도 전의 작은 생명이 침몰하는 배에서 도망치고 있기 때문은 아닐는지.

24시간 싸울 수 있습니까

그러나 가와구치 아키라가 말하듯 '여성의 퇴직률을 낮추는' 것이 평등 균형을 실현하기 위한 유일한 처방전일까? 모든 여성들이 '종합직으로 입사해서 일해야 한다'는 것일까? '24시간 내내 싸울 수 있습니까?'라는 건강음료의 광고카피처럼 남자들의 싸움터에 '공동참여'하는 것일까? 나는 절대로 그렇게 생각하지 않는다. 오히려 가와구치 아키라가 장려하는 평등 균형의 '혁신적 기업'은 사실 주주의 단기이익을 우선시하는 가장 신자유주의적인 기업이라고 할 수 있다. 주가와 배당을 중시하는 주주는 금융시장에서 기업의 가치가 낮아지면 재빠르게 주식을 팔아치울 것이고 기업도 똑같이 써먹을 수 없는 노동자는 재빠르게 해고할 것이다. 은행과 기업과 고용자가 공동운명체였던 것이 과거 공동체의 특징이라면 외국자본의 주주와 기업과 노동자의 드라이한 관계가 '혁신적 기업'의 특징일지 모른다.

뿐만 아니라 가와구치 아키라의 꼼꼼한 논의에도 큰 함정이 있다는 생각을 떨쳐낼 수가 없다. 다음 11장에서는 그것에 대해 논하려고 한다.

11장

신자유주의의 덫

젠더 평등정책 캠페인

10장에서는 이 상태로 여성차별을 계속하면 일본 기업은 국제경쟁에서 패배하고 '거대한 침몰'을 할 것이라는 어두운 예측을 했다. 경제학자 가와구치 아키라의 저서 『젠더 경제격차』를 바탕으로 일본 기업이 성차별을 통해 이익을 얻고 있고, 그것이 기업의 합리적인 행위이며 차별 균형이 유지되는 한 일본 기업은 자기개혁의 필요성을 느끼지 못한다는 것을 증명했다.

변화의 요구가 있음에도 변화의 움직임이 없는 일본에 작년 말(2012년) 또다시 '부흥'이 아닌 '복구'를 이룩한 정권, 글자 그대로 옛날로 돌아가려는 정권이 탄생하고 말았다. 일본의 유권자들은 한 번 죽었던 좀비의 흙먼지를 털어내고 재활용을 선택한 듯하다. 변화보다는 안정을 선택했다고 해야 할까. 이처럼 과거를 유지하고 싶은 관성—이것을 보수라 부른다—은 뿌리가 깊다. 그러나 변화가 많은 시대에 변화에 저항하는 것은 그 자체가 역방향의 변화이기 때문에 사태는 '현상유지'되기보다는 지금보다 악화될 것이 분명하다.

총선거 시기 복수의 여성단체와 개인들(24개 단체 285명)이 연대해서 인터넷상에서 〈젠더 평등정책〉 캠페인을 실시했다. 나도 준비에 참가한 1인이다. UN의 여성차별철폐위원회 CEDAW(Convention on the Elimination of All Forms of Discrimination against Women)가 2009년에 일본 정부에 권고한 여성차별철폐를 위해 필요한 국내 정비의 5항목 19개조 리스트[1]에 근거해서 26개 정책 리스트[2]를 제시하고 모든 정당에 찬성여부를 설문조사했다. 답변은 WAN(NPO법인 Women's Action Network)의 자매 사이트인 〈시민과 정치를 잇다〉 P-WAN 사이트에 실

도표 11-1 정책 카테고리별 정책 리스트 답변서

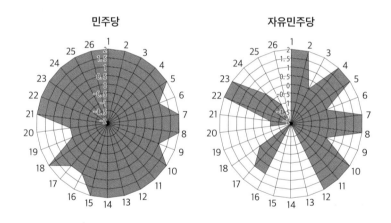

1. 헌법9조 엄수 2. 헌법24조 엄수 3. 원전제로 4. 여성참여 5. 여성고용 6. 여성할당제 7. 202030 8. 동일노동, 동일임금 9. 배우자공제 폐지 10. 돌봄 부담 경감 11. 육아지원 12. 육아휴가 13. 부부별성 14. 혼인, 재혼 금지 15. 혼외자차별 16. 성폭력 17. 가정폭력 방지 18. 고노, 무라야마 담화 19. 사죄와 보상 20. 낙태죄 21. LGBT 22. 빈곤해소 23. 차별해소 24. 국내 추진 기구 25. 선택의정서 26. 국내 인권기관

출처: 〈시민과 정치를 잇다〉 P-WAN http://p-wan.jp/site/

려 있다.(도표 11-1)

각 정당의 젠더 평등도는 전 항목 찬성일 경우의 52점에서 전 항목 반대일 경우의 −52점까지[3]다. 전체 12개 정당 중에서 10개 정당이 답변했다. 만점(52점)은 사민당과 녹색당, 최저점은 국민신당 −2점. 정권이 교체된 두 정당에서는 민주당이 44점, 자유민주당이

---

1 CEDAW가 권고한 5항목은 다음과 같다. (1)국제조약 (2)국내법 정비 (3)노동, 고용 (4)성폭력 (5)인권.

2 〈젠더 평등정책〉 리스트는 다음 12항목 26개조다. **헌법:** (1)헌법9조를 엄수한다(전쟁하지 않는다). (2)헌법24조를 엄수한다(남녀평등). **탈원전:** (3)적어도 2030년까지 원전을 제로로 한다. **재난방지복구:** (4)재난방지복구 시 여성의 참여를 추진한다. (5)재난피해지의 여성고용을 창출한다. **포지티브 액션(적극적 개선조치):** (6)정당 후보자 리스트에 쿼터제(여성할당제)를 도입한다. (7)정치, 공적 활동, 교육 분야 등 모든 분야에서 2020년까지 지도적 위치의 여성점유율을 30%로 한다. **고용, 노동:** (8)실효성 있는 동일(가치)노동, 동일임금을 실현한다. (9)배우자공제를 폐지한다. 제3호피보험자제도를 재검토한다. (10)가족돌봄의 부담 경감과 돌봄직 종사자 대우를 개선한다. **일과 삶의 균형:** (11)어린이집, 학동보육의 대기아동 해소 등 육아지원책을 강화한다. (12)육아, 돌봄 휴가제도의 보급과 계몽을 추진하고 남성의 취득을 촉진한다. **민법 개정:** (13)선택적 부부별성제를 실현한다. (14)최저 결혼연령을 남녀 동일하게 한다. 여성에게만 부과된 재혼금지 기간을 폐지한다. (15)혼외자 상속차별 규정을 폐지한다. **성폭력:** (16)성폭력을 금지하고 피해자를 보호하는 포괄적인 법률을 제정한다. (17)가정폭력방지법의 보호명령 대상을 확대하고 성별에 관계없이 교제하는 상대를 포함한다. **일본군 위안부:** (18)고노 담화, 무라야마 담화를 계승한다. (19)피해자에게 정부(국가) 차원의 사죄와 보상을 한다. **성적 건강:** (20)형법의 낙태죄를 폐지한다. (21)성적소수자(LGBT)에 대한 차별이나 사회적 배제를 없앤다. **소수자, 사회적 약자:** (22)홀부모 가구, 고령 독거여성의 빈곤해소에 실효성 있는 정책을 실현한다. (23)외국적 주민에 대한 차별이나 사회적 배제를 없앤다. **UN여성차별철폐조약 체결국으로서의 책임수행:** (24)여성의 지위 향상을 위한 국내 추진 기구를 강화한다. (25)여성차별철폐조약 선택의정서에 비준한다. (26)여성 및 성적소수자의 인권보호 권한을 지닌 독립된 국내 인권기관을 설치한다.

11점. '젠더 평등정책'은 이 선거의 '숨은 큰 쟁점'이었음이 분명하지만 유권자는 젠더 평등에 퇴행적인 정당을 권좌에 앉혔다.

답변 결과에 흥미를 끄는 점이 있다. '여성을 활용하고 싶다'는 점에서는 대부분의 정당에서 의견이 일치했지만 보수계 정당에서는 여성의 권리옹호에는 전혀 적극적이지 않다는 점이다. 그 차이는 '202030'과 '배우자공제 폐지'에 대한 지지율 차이에서 드러난다.

'202030'이란 2020년까지 다양한 분야에서 지도적 지위의 여성을 30%로 끌어올린다는 목표를 말한다. 총리로 '재등판'한 아베도 유사한 발언을 하고 있지만, 원래 자민당 정권기에 만들어진 '제3차남녀공동참여계획'의 일부이기 때문에 과거 자신들의 목표를 되풀이하고 있을 뿐이다.

그리고 '배우자공제'란 '제3호피보험자제도'와 연동되는 이른바 전업주부 우대책으로 그것을 폐지한다는 것은 남성외벌이형 가구를 표준으로 한 세제·사회보장제도를 폐지하겠다는 것을 의미한다.[4]

정부와 기업이 여성들이 일할 것을, 특히 유능한 여성들이 남성처럼 일하기를 바라는 것은 확실한 듯하다. 그런 점은 불황기에도 아주 조금씩이지만 여성 종합직의 고용기회가 증가하고 있는 것으로 드러난다. 한편 유능하지 않은 여성들도 일할 것을, 단 저임금의 일회용

---

3 득점은 제시한 정책에 대해 '찬성' 2점, '대체로 찬성' 1점, '대체로 반대' -1점, '반대' -2점까지 합계 52점부터 -52점까지 점수의 폭이 있다. '무응답'은 0점으로 처리했다. 득점이 높은 순서로 열거하면 다음과 같다. 사민당(52), 녹색당(52), 국민생활제일당(51), 일본공산당(50), 민주당(44), 공명당(38), 일본미래당(36), 자유민주당(11), 일본유신회(9), 국민신당(-2).

노동력으로 일하기를 바라고 있음이 드러난 게 '배우자공제'다. 이른바 '103만 엔의 벽'이라 불리는 제도다. 1년에 고작 103만 엔으로는 도저히 살아갈 수 없을 것이다. 배우자공제란 기본적으로 아내는 남편의 부양을 받는 자로서 단순 가계보조를 위해 일한다는 견고한 통념을 바탕으로 존재하는 제도다. 기혼 여성이 배우자 특별공제액에 해당하는 141만 엔보다 더 많이 일하면 가구 단위로는 손해가 되는 세제·사회보장제도의 가구 단위제가 여성을 불리한 비정규직 노동으로 몰아가고 있는 셈이다.

여성 종합직과 비정규직 틈바구니에서 붕괴된 것이 그때까지 여성용 사무보조직이라 불리던 '일반직' 고용이다. 고용의 붕괴는 '일반직' 고용에 직격탄을 던져 이들을 비정규직으로 바꾸어갔다. 단기간 연수로 충분히 가능한 '일반직'의 비숙련 노동을 저임금에 고용보장의 필요가 없는 파트직이나 파견직으로 교체하는 것이 비용이 적게 들기 때문이다.

한편 불황기에 '파트직의 기간제 노동'도 요구되었다. 비정규직인

---

4 '202030'과 '배우자공제 폐지'라는 두 가지 정책에 대한 답변에서 '페미니스트 정당'과 '신자유주의 정당', 여성차별적인 구시대 가족관을 지닌 전통 '보수 정당'이라는 삼자의 차이가 뚜렷하게 드러난다. 둘 다 찬성일 경우는 페미니스트 정당(사민당, 공산당, 국민생활제일당, 녹색당, 민주당과 미래당은 페미니즘에 다소 가깝다), '202030'에는 찬성하지만 '배우자공제'에는 반대한다면 신자유주의 정당(자민당, 공명당), 둘 다 반대한다면 전통 보수 정당(국민당, 유신당)이다. 논리적으로는 '202030'에 반대하고 '배우자공제'에 찬성하는 조합도 생각할 수 있지만, 만일 있다면 규제완화와 자유경쟁을 적극 옹호하는 신자유주의 정도가 더 높은 정당이다. 이 분석을 바탕으로 추론한다면 이번에 답변을 하지 않은 '민나노당'은 신자유주의 정당으로 '신당대지'는 보수 정당으로 분류될 것이다.

파트직에도 상근이 존재하는데 이들은 경험과 근무연수를 쌓으면 숙련노동자가 될 수 있다. 이들을—노동조건은 그대로 둔 채—더 책임 있는 업무에 동원하려는 것이 '파트직의 기간제 노동' 방침이다.

이런 이야기를 들려준 친구가 있다.

"오랫동안 파트직으로 일하는 직장에서 신입사원 연수를 맡게 되었어. 처음에는 신이 나서 의욕적으로 일했지만 시간이 지나면서 내가 교육시킨 아이들은 나를 지나서 더 높은 자리로 가는 것을 보고 이게 뭔가 싶었지."

처음에는 직무의 확대를 환영했던 그녀들도 임금은 오르지 않으면서 노동만 강화되고 있다는 사실을 점차 알아차렸다.

불황기의 노사관계를 보면 노사교섭에서는 항상 사용자가 한 수 위라는 것을 알 수 있다. 노동자 쪽에서는 언제나 거듭된 양보를 요구받았다. 어찌 보면 노사교섭의 과정은 노동자 쪽의 교섭력이 약해지는 과정이기도 했다. 그 과정에서 가장 큰 손해를 입은 것은 여성이었다.

그런 여성들의 뒷모습을 지켜보는 젊은 여성들이 일하면서 살아가는 것에 희망을 갖지 못하는 것도 당연하다. 2012년도 내각부의 '성별 역할분담' 관련 조사에서 '남편은 밖에서 일하고 아내는 가정을 지켜야 한다'라는 항목에 대해 20대 여성들이 43.7%나 찬성 답변을 내놓았는데 한 회 전인 2009년도 조사(27.8%)에 비해 16%나 상승한 것을 보아도 알 수 있다. 그러나 결혼이라는 문도 좁기는 마찬가지다.

직장에서 여성이 살아남으려면

가와구치 아키라의 『젠더 경제격차』에서는 직장의 성차별을 설명하는 최대변수가 여성의 퇴직률이었다. 그것을 인정하면 성차별 해소의 열쇠는 '퇴직률을 낮추는 것'이다. 다시 말하면 현 상태의 직장에서 끝까지 버티며 남자들만큼 일하고 근속연수를 늘려서 관리직 예비군이 되어 마침내 임원 자리를 획득하는 것, 그것이 '여성이 살길'이라는 것이다.

경제학의 약점은 아무리 분석이 정밀해도 그에 투입되는 변수가 주어진 조건, 즉 미리 정해진 여건일 수밖에 없다는 점이다. 주어진 조건에 의구심을 나타내는 것은 허락되지 않는다. '여성은 차별받는다. 왜냐하면 여성은 퇴직을 빨리 하기 때문이다.'라는 명제가 전제로 하는 것은 퇴직이 매우 불리하게 작용하는 '일본적 고용 관행'이다. 이런 세계에서는 취직을 하면 평생직장이 된다. 취직은 곧 그 회사의 사람이 된다는 의미이고 근속연수가 길어질수록 직위가 높아진다. 여기에서 퇴직이 불리하게 작용하는 것은 동질성이 높은 인재를 서로 경쟁시켜서 연차에 따라 승진시키는 인사관리 시스템이 완성되어 있기 때문이다. 그 결과 '사풍'에 어울리게 맞춤 제작된 '사원'으로 성장해 그 기업에서는 잘 사용되지만 다른 기업에서는 통용되지 않는, 다시 말해서 범용성이 떨어지는 인재가 탄생한다. 그래서 근속연수가 길어질수록 전직은 어려워지고 결과적으로 기업에 대한 충성도가 매우 높은 사원이 된다. 일본 기업은 사원들을 성과주의 대신에 평균적인 인재로서 기업 충성도가 높은 동질적인 집단을 만드는 것에 주력해왔다. 물론 그것이 집단의 수행능력을 높인 것은 분명하지만 그 덕분에 개인의 수행능력을 평가하는 인사관리 시스템을 성장시키지는 못했다. 그러나 불황에 빠진 기업들은 범용성이 떨어지는 중고년층 사원들까지도 인정사정없이 '인원감축'해야 할 정도로 곤궁한 처지에 놓여 있다.

가와구치 아키라를 만났을 때 "만일 퇴직이 불리하다는 조건을 제거하면 당신의 가설은 무너집니까?"라고 물었더니 "그렇습니다. 하지만 거기까지는 생각하지 않았습니다."라는 답변이 돌아왔다.

그렇다면 결론은 퇴직하지 말라고 호소하는 대신에 퇴직이나 전직 및 재입사가 쉽고 그것이 불리하게 작용하지 않는 고용 시스템을 만들면 되는 일 아닌가? 그런데 그게 가능할까?

세상에는 퇴직과 전직을 반복하는 것이 전혀 불리하게 작용하지 않는 직종이 있다. 우리 같은 연구직의 세계다. 연구직 세계에서는 더 나은 연구 조건을 찾아 퇴직과 전직을 반복하며 경력을 키우는 일이 지극히 당연하다. 오히려 첫 직장에 계속 있으면 '장래가 없는 인재'라고 평가된다. 그것이 가능한 이유는 표면적이기는 하지만 성과주의가 성립되어 있기 때문이다.

대학에는 인사부라는 것이 없다. 신규졸업자 일괄채용이라는 것도 없다. 채용은 각 부문별로 필요가 생기면 포인트 채용을 한다. 성과에 대한 평가는 동료들의 평가만으로도 문제가 없다. 연구직은 대학 같은 연구기관의 외곽에 전문분야별 학회라는 전문가 조직이 있어서 평가의 공정성은 이런 외부의 시선에 노출됨으로써 유지된다. 게다가 제3기관에 의한 대학별 순위 같은 외부 평가 시스템도 있어서 논문의 발표 수나 인용의 빈도 등으로 평가가 이루어진다. 이과계열의 경우는 문과계열에 비해 성과에 대한 척도가 용이하다. 그러나 문과계열에도 이과계열에 준하는 객관성이 유지되기 때문에 비합리적 인사가 자행되는 일은 없다.

경제학자 야시로 나오히로의 『이제 인사부는 필요 없다』(강담사 1998)라는 책이 있다. 그의 주장에 전부 동의하지는 않지만 이 책의 주장에는 공감했다. 신규졸업자 일괄채용을 금지하고 각 직장에서 필요에 따라 인재를 포인트 채용해 OJT(On the Job Training, 직속 상사가 현장에서 개별적으로 하는 교육)를 되풀이하면서 조직의 안팎을 불문하고 전직·퇴직을 통해 경력을 쌓을 수 있게 하라는 주장이다. 이것이 가능만 하다면 사실상 인사부도 필요 없고 신입사원 1인당 3백만 엔 이상 소요된다는 신규졸업자 일괄채용의 비용도 절약된다. 채용은 동료평가를 기준으로 한다. 동료들이 자신들의 직장에 필요한 동료를 선택할 권한을 갖는 것이다. 사실 대학 조직은 그렇게 운영된다. 그것이 이루어지기 위해서는 직종별 직무 내용에 대한 명확한 정의, 성과주의에 바탕을 둔 인사고가, 연령과 성별(더불어 국적)과 직위가 서로 연동하지 않는 인사, 개방적이고 유동적인 조직과 같은 조건들이 요구되지만 지금 예로 제시한 조건들은 현재 일본 기업이 갖추지 못한 대목들이다. 반대로 일본 기업은 기업 문화라고 하는 '암묵지'가 지배하는 곳이고 그것을 잘 인지할수록 '유능한' 인재가 된다. 그러나 그 암묵지는 상황의존적인 맞춤 지식이라서 어떤 기업에서 '유능한' 인재가 다른 기업에서는 '유능하지 못한' 인재가 될 수도 있다.

그러므로 가와구치 아키라가 일본 기업의 여성차별을 분석하는 데 퇴직률을 최대이자 유일한 변수로 설정한 것은 일본 기업의 현 상황을 변경 불가능한 조건으로서 무의식·무자각적으로 전제하고 있었음을 알 수 있다. 가와구치 아키라가 말하는 '혁신적 기업'에도 이 변경 불가능한 조건은 그대로인 것일까?

현재 일하는 방식은 젠더에 중립적이지 않다

가와구치 아키라가 말하는 '혁신적 기업'에서는 남녀가 대등하게 일하는 것처럼 보이는데 그 대부분은 외국계 기업이나 벤처의 중소기업들이다. 유능한 인재라면 누구든 당장 전투인력으로 받아들이는 경쟁이 치열한 직장들이다. '능력과 의욕만 있으면 보답은 따른다. 이 경쟁에 남성들과 대등하게 진입해서 싸워 이겨라. 이를 악물고 버티며 퇴직하지 말고 일하라.' 이것이 여성에게 주는 조언일까?

무언가 석연치 않은 느낌을 지울 수가 없다.

여기에서 느끼는 위화감은 균등법이 만들어진 후에 사용자 쪽에서 코스별 인사관리 제도를 도입했을 때 들었던 감정과 유사하다. '이제는 젊은 여성들에게 종합직으로 입사해서 더 열심히 일하라고 격려해야 하는가? 그러면 페미니즘이란 종합직으로 성공하려는 여성들을 응원하는 사상인가?'라는 의문과 함께 '그런 어이없는 조언이 어디 있나?'라고 느꼈을 때의 감정과 일맥상통한다.

고용에서 균등법이 신자유주의 개혁의 일환이었음은 10장까지의 설명으로 충분할 것이다. 여성들에게 "종합직으로 성공하라"고 조언하는 것은 신자유주의 세계에 순응하라는 것과 같은 말이다. 그때 느꼈던 '이상하다'는 직관은 20년 후 신자유주의 개혁을 지나고 보니 그것은 여성에게 신자유주의 개혁에 순응하며 승자가 되라는 '가츠마 노선'의 권유와 다름없었음을 깨달았다.

종합직으로 성공하라는 말은 남성들의 방식에 의구심을 갖지 말고 남성과 똑같이 살라는 것이다. 더욱이 모든 사람들이 종합직이 되는 것도 아니다. 엄격한 선발이라는 좁은 문을 힘겹게 뚫고 나온 사람만이 경쟁에서 승자가 되고 그렇지 못한 사람은 패자가 되는 것이다. 우승열패, 자기결정, 자기책임이라고 하는 신자유주의 원리가 고스란히 적용되는 세계다. 그래서 종합직이 아닌 일반직을 선택한 대부분의 여성들은 차별적인 대우를 받고도 '여성차별'에는 더 이상 고발조차 할 수 없게 되었다.

비교적 성과주의로 운영되는 연구자의 세계에서 한 번은 이런 일이 있었다. 첨단 분야에서 치열하게 국제적인 경쟁을 하는 이과계열의 남성 연구자의 발언이다. "우리 연구실은 여성차별이 전혀 없습니다. 차별하면 경쟁에서 이길 수가 없어요." 그래서 나는 되물었다. "선생님의 연구실에 여성이 얼마나 있나요?" 그랬더니 "없는데요." … 참으로 이상한 일이다.

이런 경우도 있었다.

"오래전부터 여성을 뽑으려고 했지만 적당한 후보가 없어요. 여성들은 결혼해서 아이를 낳으면 실적 경쟁에서 지기 마련이니까요. 논문 발표 실적으로 비교하면 아무래도 남자 쪽에 승점이 가죠."

그러나 하라 히로코[5]의 그룹은 이 발언과 반대의 결과를 보여주었다.[6] 대학에서 동일한 지위에 오른 남녀 연구자를 비교했더니 여성 연구자의 실적이 남성 연구자에 비해 대략 두 배 높았다는 것이다. 이것은 뒤집어서 보면 '여자는 남자의 두 배로 성과를 내놓지 않으면 남자들과 똑같은 보상을 받지 못한다'고 하는 '상식'을 뒷받침하는 데이터라 할 수 있다. 예전에 『남자처럼 생각하고 여자처럼 행동하고 개처럼 일하라』(Derek A. Newton 1980)는 책이 있었다. 30년이나 전의 책인데도 제목은 지금도 통용될 것 같아서 무섭다. 수많은 여성들의 "더는 이렇게 살 수 없어!"라는 비명이 들려오는 것만 같다.

능력을 우선시하는 세계의 시민인 나는 지도 학생들에게 좋은 실적을 보여주라고 꾸짖고 한편으로 격려하는 것이 일이다. 실적만 좋으면 타인의 높은 평가가 뒤따를 것이라고. 이 사회에서 연구직에 종사하는 대학교수의 세계는 상대적으로 공평한 경쟁이 이루어진다고 믿기 때문에 가능한 언사일 것이다. 학문의 세계는 일종의 격투기 세계라 할 수 있다. 나는 거기서 싸워서 이기는 수밖에 없다고 생각하면서도 한편으로는 그 세계에 들어가는 것만이 여성들이 살아남는 길일까 하는 의문을 털어버리지 못한 채 지금까지 살아왔다.

지금까지 이야기해온 것처럼 신자유주의 개혁은 분명 여성들에게 더 많은 기회를 주었지만, 그것은 '남성 맞춤형' 룰로 짜인 경쟁에 여성이 뛰어들어도 된다고 하는 '기회의 균등'을 의미했다. 물론 여성

---

5 일본 여성감시단과 아시아 태평양 여성감시단의 자문이며 일본과학위원회의 회원. 아시아 태평양 지역의 여성들로 구성된 아시아 태평양 여성감시단의 일원으로서 인신매매의 희생자가 된 여성들의 지원 활동, 젠더 관점에서 여성의 평생 건강을 생각하는 활동, 그리고 여성 연구자의 환경 개선에 관한 활동을 하고 있다—옮긴이.

6 하라 히로코 편 『여성 연구자의 경력 형성—연구환경 조사의 젠더 분석』(케이소서방 1999).

들 중에는 뛰어난 능력과 함께 엄청난 노력을 쏟아부을 수 있는 사람도 있다. 그런 사람들은 불리한 조건에도 불구하고 최선의 노력을 다해서 승자가 될 수 있지만 그렇지 않은 다수의 여성들은 패자가 되는 수밖에 없다. 그리고 패자는 스스로 패자임을 받아들여야 하는 것이 신자유주의 경쟁의 기본 원리다.

하지만 우리는 왜 생각하지 않는 것일까? 그 경쟁의 룰 자체에 오류가 있다는 것을. 이 경쟁에서 여성은 애초 핸디캡을 안고서 출발선에 서 있으며 결국은 패배할 운명에 놓인 것은 아닌가? 이렇게 불리한 조건에서 이루어지는 경쟁의 결과를 자기책임이라고 착각하도록 만들어져 있는 것은 아닌가?

일본의 고용제도하에서 조기퇴직은 확실히 불리한 조건이다. 근속 연수가 길어질수록 관리직이 될수록 여성 비율이 낮아지는 상황에서 설령 그것이 여성의 '자발적 퇴직'으로 인한 것이라 하더라도 이렇게 퇴직이 불리하게 작용하는 규칙이 존재하는 한 여성은 집단적으로 또 조직적으로 그리고 구조적으로 배제될 가능성이 높다. 어떤 제도나 구조가 남성 혹은 여성 집단 한쪽에 현격하게 유리하거나 불리하게 작용될 때 그것을 직접 차별과 구분해서 '간접 차별'이라고 한다. 비록 당사자가 차별하려는 의도나 자각을 가지고 있지 않더라도 차별의 실상은 다양한 데이터로 증명되고 있다. 그래서 현재의 남성 그리고 여성의 일하는 방식은 '젠더에 중립적'이지 않다.

마미트랙은 배려이지만 차별

여성의 출산퇴직으로 이야기를 돌려보자.

퇴직을 했다고 해서 퇴직자가 그대로 노동시장의 바깥에 머무는 것은 아니다. 예전에야 결혼퇴직이나 출산퇴직은 복직이 불가능한 평생 '가정인'으로의 귀착이었지만, 지금은 육아도 기간 한정이다. 말하자면 일과적인 부담이라 할 수 있다. 상황이 바뀌면 다시 직업 전선에 뛰어들고 싶은 사람이 있기 마련이다. 퇴직하고 몇 년이 지나면 복귀하는 데 허들이 높은 사람도 있을 것이고 직장의 사무자동화를 따라가지 못해 '전력 외' 통고를 받는 사람도 있을 것이다. 그러나 이 점은 각지의 여성센터에서 '재취업 준비 강좌'를 해주거나 복귀를 위한 직업훈련 기관도 있으니 활용하면 된다.

최근에는 여성들이 출산퇴직한 후에 직장에 복귀하는 시기가 점차 빨라지고 있다. 예전에는 육아의 종료 시기를 '막내의 초등학교 입학(6세)'으로 잡았지만 요즘은 출산하고 6년씩 기다릴 수 없다는 사람이 많아 3세아 육아시설에 맡길 수만 있다면 당장 아니 육아휴직이 끝나고 곧장 복귀하겠다는 사람들도 많다. 이렇듯 육아 기간이 짧아지면서 아이들은 감소하는데 '대기아동'은 증가하는 역설적인 상황이 벌어지고 있다.

개별 회사의 내부사정을 들여다보면 일반적으로 육아휴직을 받은 여성 노동자의 인사고가는 전년도에 비해 떨어진다. 육아휴직이 아무리 권리라고 하지만 그 권리를 행사했다는 것은 회사보다는 개인적 상황을 우선했다고 인식되기 때문이다. 육아휴직을 받은 노동자에 대한 낮은 인사평가는 '워킹맘에 대한 벌칙'이다.

1년의 육아휴직기가 끝났다고 육아가 종료되는 것은 당연히 아니다. 어린이집에 들어가면 들어간 대로 데려다주고 데려오기 위해서는 정해진 시간에 귀가해야 하고 아이가 아프면 회사로 연락이 오기도 한다. 남편이 협력은 해주지만 대부분의 경우는 엄마의 부담이 크다.

어떤 남성이 이렇게 말한 것을 들은 적이 있다. "가사·육아를 하나로 말하지만 부담이 큰 것은 역시 육아. 하지만 그것도 눈 깜짝할 사이에 끝난다. 요즘 같은 편리한 세상에 집안일이 힘들 게 뭐가 있나." 과연 그럴까? 가사·육아라고 할 때 어디까지가 가사일이고 어디까지가 육아인지 분리하기 매우 어렵다. 손길이 많이 가는 유아기가 금세 끝난다고 하더라도 이후로도 육아는 계속된다. 허기진 배로 정해진 시간에 돌아오는 아이의 식사를 챙기기 위해 정해진 시간에 식사 준비를 하는 일은 과연 가사일까 육아일까? 어떤 상황이라도 아이의 귀가시간에 맞춰 집에 있어야 하는 기간이 최소 10년 이상 지속된다. 편부가정일 경우 경험할 수밖에 없는 이런 생활을 아내와 힘을 모아서 또는 아내를 대신해서 남편이 떠맡을 각오는 되어 있을까? 여자의 가사노동에는 대기시간, 다시 말하면 가족 각자의 사정에 맞추어 자신의 시간을 비워두고 기다리는 시간에 대한 부담감을 대부분의 남성들은 알지 못한다.

이렇게 아이를 낳은 여성은 오랫동안 직장 일보다는 가정을 우선하기 때문에(그것은 당연한 선택이다)[7] 워킹맘을 야근이 적은 직장에 배치하거나 책임감 있는 업무에서 제외시키는 '배려'를 젠더 연구에서는 '마미트랙(엄마를 위한 코스)'이라고 한다. '배려'와 '차별'은 동전의 양면과 같다. 마미트랙이란 엄마가 된 당신을 앞으로는 이류 노동자로 취급하겠다는 이른바 '전력 외 통고'이며 '워킹맘'이라는 게토에 가두는 일이다.

　남성들과 어깨를 나란히 하면서 안간힘을 다해 직장 일을 해온 종합직 여성들의 퇴직률이 생각보다 높다는 사실은 잘 알려져 있다. 그러나 데이터만으로는 그것이 출산으로 인한 퇴직인지는 알 수 없다. 내 지도 학생이 예상보다 많은 종합직 여성들의 퇴직 이유에 대해 조사한 적이 있다. 여성들은 대개 결혼이나 남편의 전근, 임신 등을 계기로 퇴직을 하는데 퇴직 사유를 '개인 사정'이라고만 쓰고 출산이라고 적시하지는 않는다고 한다. 개인의 생활 균형을 생각했을 때 매일 저녁 10시까지 야근하는 지금의 업무방식이 가정과 양립하기 힘들다는 것을 그녀들은 이미 오래전에 알고 있었다.

　그렇다면 야근도 이동도 적은 일반직은 출산 전부터 마련된 마미트랙이라고 해도 좋을 것이다. 그러나 앞서도 말했듯이 고용의 붕괴로 가장 타격을 받은 것은 일반직 사원들이다. 애초 기업은 일반직으로 입사한 여성들이 출산 후에도 직장 일을 계속하리라고는 가정하지 않았고, 그래서 그녀들의 근속연수가 길어지는 것을 환영하지 않았다. 지금도 많은 여성 노동자들은 출산을 기점으로 퇴직하거나 직장을 바꾼다. 전직하는 곳의 대부분은 파트직이나 파견직이다. 단기간 근무에 정시 퇴근을 할 수 있기 때문이다. 그 대신에 극단적인 저

---

7 아이를 키우는 여성이 육아를 삶의 최우선 과제로 삼는 것을 나무랄 수는 없다. 그런 여성들 덕분에 아이들은 성장하고 인류가 존속되어 왔기 때문이다. 간혹 여성이 육아를 우선시하지 않고 아이를 학대하거나 방치해서 사건이 되는 경우가 종종 있는데 그런 일이 사건이 될 만큼 드문 것 자체가 놀랄 만한 일이다. 오히려 아빠가 된 남자들이 육아를 최우선 과제로 삼지 않아도 되었던 사실을 더 이상하게 여겨야 할 것이다.

임금이 그녀들을 기다리고 있었다. 일본에서 비정규직이 '마미트랙'을 대신하는 역할을 했다면 역시 출산한 여성들은 페널티를 받은 셈이다. 이렇게 불리한 상황에서 누가 아이를 계속 낳아 기르겠다고 생각하겠는가? 이런 상황에서 아이들은 늘어날 수 없다.

'일과 삶의 균형'이라는 캐치프레이즈 아래 현재 장려되고 있는 노동 방식은 이른바 마미트랙과 같은 '이류 노동 방식'이다. 그러나 그것이 가능한 사람은 복지가 잘 되어 있는 대기업의 고용이 보장된(쉽게 해고할 수 없는) 정사원 정도일 것이다. 종합직으로 채용했지만 회사의 기대와 달리 마미트랙으로 갈아탄 여성도 있고 결과적으로 근속 연수가 길어져 버린 일반직 여성도 있을 것이다. 기업들 중에는 '암묵지'를 공유할 수 있는 사무보조직의 가치를 높이 인정해주는 곳도 있다. 마치 전선으로 군인을 내몰듯 영업직을 지원하는 업무나 고객의 정보관리가 엄격한 금융기관 등이 그런 곳이다. 그러나 기업은 영리하다 못해 교활하기까지 하다. 굳이 정사원으로 고용하지 않더라도 일단 퇴직시킨 다음 자회사에 파견등록을 해두면 정사원의 절반 이하의 임금으로 다시 일을 시킬 수 있기 때문에 위험을 부담하면서까지 정사원으로 채용하지 않는 것이다. 실제로 규모가 큰 금융기관 중에는 그룹 내에 퇴직한 여성행원을 등록해두는 파견회사를 소유하고 있는 곳이 여럿 있다. 대규모의 어떤 유통기업에서는 출산퇴직한 여사원을 재고용하는 제도를 실시하는데 조건은 퇴직 시의 인사고가가 A 이상이어야 한다고 한다. 그런 사람이 과연 몇 명이나 있을까? 어쨌든 유능하다는 것이 증명된 여성에게만 재고용의 '특전'이 있는 것이다. 그 기업에서는 출산퇴직이 유능한 사원과 그렇지 못한 사원을 선별하는 장치로 작용한 것이다. 반대로 퇴직하기를 바라는 여성 사원에게는 마미트랙은커녕 출퇴근조차 힘든 지역으로 이동시켜 자발적 퇴직을 유도하는 식의 사용자 측의 다양한 수법과 괴롭힘은 일일이 열거할 수 없을 지경이다.

그런데 고용이 보장되고 복지가 잘 되어 있는 직장에서 운 좋게 당신이 마미트랙에 올라탔다고 가정해보자. 문제는 그다음이다. 일본의 인사제도는 패자부활전이 거의 어렵다. 한번 마미트랙으로 갈아타 버리면 다시는 빠져나올 수 없는 '덫'이 된다. 육아휴직을 받은 후에 복귀하면 정시에 퇴근할 수 있는 부담이 적고 책임감이 없는 업무가 당신을 기다린다. '상냥한' 상사는 정시가 되면 퇴근하라고 친절하게 일러줄지도 모른다. 그러나 거기에 담긴 메시지는 '너에게 크게 기대하지 않는다'는 것이다. 거듭 이야기하지만 마미트랙은 '배려'이지만 '차별'이기도 하다. 더 무서운 것은 당신 스스로가 그런 처우에 익숙해지는 것이다. 괜찮아, 뭐. 불편할 게 뭐람? 열심히 일해봤자 보상이 돌아온다는 보장도 없고. 임원으로 성공하는 여자들은 결국 결혼도 못하고 혼자 사는 매력 없는 여자들이잖아. … 이렇게 워킹맘 임원의 롤모델을 거의 찾아볼 수 없는 일본의 직장이 완성되어간다.

롤모델이란

아무리 권리행사라 하더라도 여성이 육아휴직을 받거나 육아휴직이 끝난 뒤에 업무 시간을 단축하면 인사고가는 낮아진다. 더구나 빠듯한 인원으로 업무가 돌아가는 직장에서는 대체 인원도 없어 한 사람이라도 업무에서 이탈하면 주변에 피해가 가기 마련이다. 빈축을 사면서까지 '권리행사'를 한다는 것은 결코 쉬운 일이 아니다.

이렇게 인사고가를 낮추는 육아휴직이나 육아를 위한 시간 할애를 하물며 남성이 받을 수 있을까? 만약 그렇다면 남성의 인사고가도 당연 낮아질 것이다. 〈남녀 모두 육아하는 모임〉이라는 단체가 있다. 노동기준법은 아이가 만 한 살이 될 때까지 하루에 두 번 30분씩 적어도 한 시간의 육아시간을 취득할 권리를 여성 노동자에게 보장하고 있다. 실질적으로 육아시기에는 시간단축 노동이 가능하다. 원래는 갓난아이를 기업의 탁아소에 데리고 오는 엄마 노동자를 위한 수유시간이던 것이 지금은 보육시설에 데려가고 데려오는 시간을 위해 사용된다. 그렇다면 엄마는 물론 아빠가 사용하더라도 전혀 문제는 없다. 〈남녀 모두 육아하는 모임〉의 남성들은 '남성들에게도 육아시간을!'이라는 슬로건을 내걸고 기업을 상대로 싸운 남성들이다. 기업들이 그들을 싫어했던 것은 말할 필요도 없다.

그들 중에 이런 남성이 있었다. 육아시간을 받고도 몇 년 후 입사동기들에 뒤떨어지지 않게 임원으로 승진했다. 그러면서 "저처럼 유능한 사원을 회사가 내버려둘 리가 없죠.(웃음)"라고 말했다고 한다.

맞는 말이다. 마미트랙이든 대디트랙이든 육아시기가 끝나고 언제든지 직장의 전투인력으로 복귀할 수만 있다면 문제가 없다. 새로운 시작과 재도전과 패자부활전이 있으면 된다. 그 사람의 의지와 능력에 맞추어서 그리고 그 사람의 일과 삶의 균형에 따라서 그 사람이 지닌 힘을 발휘할 수 있는 노동 방식이면 되는 것이다. 그리고 퇴직이나 휴직이 '경력 단절'이 아니라 또 다른 경력을 쌓는 기간이라고 생각할 수 있으면 된다. 그 기간에 경험한 가사와 육아와 돌봄이라는

316

생활인으로서의 체험은 성별에 무관하게 그 사람의 '경력'을 더욱 풍요로운 것으로 만들어줄 것이기 때문이다.

이렇게 쓰고 나서도 나는 석연치 않은 심정이다. 마치 살아가면서 무슨 일이 있든 마지막에 승자가 되면 된다는 듯이 받아들여질 수 있기 때문이다.

어떤 직장에서 노조의 여성부서와 공동 작업을 한 적이 있다. 복지가 잘 되어 있는 모 대기업이다. 여성의 정사원 비율은 결코 낮은 편이 아니었지만 관리직을 보면 여성의 비율은 심하게 감소한다. 비혼자가 증가한 직장에서 마미트랙에 올라탄 기혼 여성들은 선망과 원망의 대상이 되어 있었다. 야근을 하지 않는 그녀들 덕분에 비혼 여성들이 피해를 입는 데다가 마미트랙에 안주한 듯이 보이는 기혼 여성들에게 비혼 그룹은 시샘과 함께 조바심을 느낀다. 기혼 여성들은 또 그들대로 비혼자들을 보면서 '저들도 언젠가는 우리 처지가 되면 이해할 것'이라고 생각한다.

이 직장에서 나는 그녀들에게 세 가지 질문을 던졌다. 첫째, 이 직장에 마미트랙은 있는가? 둘째, 벗어나려고 하면 마미트랙에서 벗어날 수 있는가? 셋째, 이 직장에 아이가 있는 기혼 여성의 롤모델은 있는가?

그런데 롤모델이란 무엇인가 하는 근본적인 질문에 부딪혔다. 마미트랙을 벗어나 관리직으로 승진하는 것이 그녀들의 롤모델일까? 그렇다면 더 많은 여성들이 관리직이 되는 것이 목표인가? 이 구도는 '여성들을 더 많이 종합직으로 만들어야 한다'는 구호의 연장선 아닌가.

남성에게 맞추어진 경쟁의 규칙에서 남성과 똑같은 기회를 얻어 싸워서 이기는 것, 그것이 여성이 유일하게 살아남는 길일까? 신자유주의의 덫에서 벗어나기가 참으로 어려운 듯하다.

12장

여성은 어떻게 살아남을까

여학생들에게 주는 조언

최근 여학생들의 '취업활동'에 관련된 책들이 쏟아져 나오고 있다. 월간지 〈닛케이 우먼〉의 편집장이었던 후모토 사치코의 『취업활동을 하는 학생들의 부모가 지금 알아두어야 할 것』(닛케이 프리미어시리즈 2011)이라는 책은 '엄마와 자녀의 444일 취업활동 전쟁'이라는 광고카피처럼 저자의 아들의 취업활동 경험을 바탕으로 쓴 글인데 그 중에는 '여학생과 그 부모들에게 전하고 싶은 것'이라는 장이 별도로 마련되어 있다. 후모토는 지금 취업활동 중인 딸을 가진 부모이기도 해서 닛케이 전자판에 실시간으로 여성의 취업활동에 대해 연재하고 있다. 그것을 보면 취업활동 전선에서 남자와 여자가 현저히 다르다는 것을 실감할 수 있다.[1]

---

1 후모토는 책을 간행하고 나서 1년 후, 딸의 취업활동 시기를 맞이해서 실시간으로 〈속, 엄마와 자녀의 취업활동 전쟁〉을 닛케이 전자판 웹으로 연재하고 있다.

기업의 채용과 인사관리에 정통한 '고용의 카리스마' 에비하라 츠구오의 저서 『여성의 경력』(치쿠마 프리마신서 2012)은 '남성사회의 구조를 가르쳐주겠다'라는 부제를 달고 있는데 그는 고용에서 "가장 큰 문제는 젠더일 수밖에 없다"라고 단언한다. "비정규직 문제의 기본도 젠더의 문제"라고 말한다(PR지 〈치쿠마〉 2012년 11월호의 에비하라와 우에노 대담 p6).

신문기자로서 오랫동안 여성의 노동문제 관련 활동을 해온 다케노부 미에코의 책 『행복하게 일할 수 있는 사회로』(이와나미 주니어신서 2012)에는 '이렇게 일하기, 이대로 괜찮은가?'라며 불공정에 대한 분노로 가득 차 있다. 위의 두 권은 앞으로 사회에 진입할 젊은이들을 독자로 상정하고 쓰여진 책이다. 사실 '젊은이'라고 한 묶음으로 이야기되지만 채용과 부서 배치 및 승진에서 젠더 격차가 이토록 명백한 상황에서 남녀를 구분하지 않고 논의하는 것은 사실상 의미가 없다. 다케노부의 저서도 일하는 여성으로서의 자신의 경험을 바탕으로 여성의 노동 방식에 주목하고 있다.

후모토의 책에서는 딸에게 '전업주부'가 되기를 권유하는 어머니 세대의 시대착오적 모습과 전업주부라는 '직업'의 고위험도를 지적하고 있다. 내각부가 최근 발표한 성별 역할분담 의식에 관한 조사를 보면, '남편은 밖에서 일하고 아내는 가정을 지켜야 한다'는 생각에 찬성하는 사람의 답변이 1992년 조사를 개시한 이래 처음으로 증가했다.(도표 12-1) 특히 20대 남녀의 찬성률이 50%가 넘는 것에 놀라움을 표시하는 사람들이 많았지만, 실제로 아내의 전업주부율은 지속적인 감소 경향을 보이고 있기 때문에 전업주부가 되고 싶다는 바람이 현실에서는 희망사항으로 그치고 있는 상황이다. 그러나 젊은

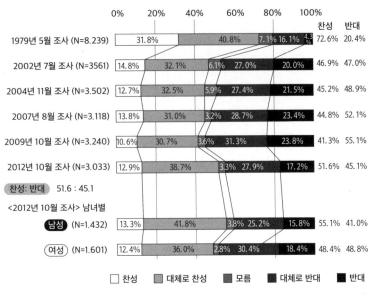

도표 12-1 <남편은 밖에서 일하고 아내는 가정을 지켜야 한다>는 사고방식에 대해

	찬성	반대
1979년 5월 조사 (N=8.239) 31.8% / 40.8% / 7.1% / 16.1% / 4.3%	72.6%	20.4%
2002년 7월 조사 (N=3561) 14.8% / 32.1% / 6.1% / 27.0% / 20.0%	46.9%	47.0%
2004년 11월 조사 (N=3.502) 12.7% / 32.5% / 5.9% / 27.4% / 21.5%	45.2%	48.9%
2007년 8월 조사 (N=3.118) 13.8% / 31.0% / 3.2% / 28.7% / 23.4%	44.8%	52.1%
2009년 10월 조사 (N=3.240) 10.6% / 30.7% / 3.6% / 31.3% / 23.8%	41.3%	55.1%
2012년 10월 조사 (N=3.033) 12.9% / 38.7% / 3.3% / 27.9% / 17.2%	51.6%	45.1%

찬성: 반대 51.6 : 45.1

<2012년 10월 조사> 남녀별

	찬성	반대
남성 (N=1.432) 13.3% / 41.8% / 3.8% / 25.2% / 15.8%	55.1%	41.0%
여성 (N=1.601) 12.4% / 36.0% / 2.8% / 30.4% / 18.4%	48.4%	48.8%

☐ 찬성 ◻ 대체로 찬성 ◼ 모름 ◼ 대체로 반대 ◼ 반대

출처: 남녀공동참여백서(2012년)

이들은 일하지 않으면 안 되는 현실과 일하는 방식이 전혀 선망의 대상이 되지 못한다는 현 상황을 일찌감치 깨달았다고 볼 수 있다. 지금은 '전업주부'를 선택하느냐 안 하느냐의 문제가 아니라 원해도 그렇게 될 수 없다는 것을 전제로 어떻게 일을 해야 하는지를 고민해야 하는 시대다.

다케노부는 저서에서 '노동시간 총량규칙'이나 '동일노동 동일임금' 같은 정책과제를 해결책으로 제시한다. 일하는 방식을 묻기보다는 '구조를 바꾸는' 것이 필요하다는 것이다. 불리한 규칙 아래에서 일할 수밖에 없는 여성의 입장에서는 그 규칙에 적응하는 것보다는 규칙을 바꾸는 쪽이 중요하다는 것을 나 역시 주장해왔고 제안도 타당성이 있지만 지금 당장 문제에 직면한 여성들은 더 기다릴 수 없는 상황에 처해 있다. 조언으로 삼기에는 너무 멀리 있다.[2]

유사한 주제를 다룬 또 한 권의 책으로 나가하마 도시히로의 『남성 불황』(동양경제신문사 2012)이 있다. 그러나 이런 종류의 책에 곧잘 등장하는 '남성의 직장을 빼앗은 것은 여성'이라고 이해될 수 있는 부분에는 동의하기 어렵다. '남자의 직장 붕괴가 일본을 바꾼다'라는 부제를 달고 있으나 '남성의 직장 붕괴'를 야기한 것은 여성이 아니거니와 오히려 지금까지 남성이 본인의 능력과 무관하게 부당한 '우대'를 받아왔음을 역증명하는 것이다. 그러나 그가 마지막에 내린 결론, "이 시대 남성은 어떻게 살아남아야 하는가?"라는 질문에 대한 답으로서 아내와의 맞벌이라는 시나리오에는 완전히 동의한다.

'그러면 나는 어떻게 해야 하나?'라고 한숨을 쉬는 젊은 여성과 이제는 젊지 않은 여성의 탄식이 들려올 것만 같다.

'열성' 커리어인가 '해피' 커리어인가

에비하라는 책의 앞부분에 인상적인 일화를 소개한다. 임신한 후배가 눈물을 흘리며 이렇게 토로했다고 한다.

---

2 다케노부는 〈마이니치신문〉에 연재한 〈리얼 30's〉 코멘트에서도 같은 주장을 반복한다.

"우리 회사는 아이를 낳으면 휴직도 할 수 있고 출산한 뒤에는 단시간 근무로 복직도 할 수 있어요. 여자들이 일하기 괜찮은 환경이죠. 회사에서 여러 가지 배려를 해주니까요. 하지만… 그렇게 되면 제가 쌓아올린 경력은, 온갖 노력으로 동기들 중에서도 최고로 인정받고 지켜온 제 경력은 임신과 출산으로 끝이라는 생각이 들어요…. 내가 다시 그렇게 미친 듯이 일하려면 최소 마흔은 넘어야 할 거예요."(같은 책 p4)

에비하라는 '직장여성의 미래'에 대해 낙관적이다. 대졸여성이 동연령 인구의 30%를 넘은 것은 2000년대 이후의 일이다. 희귀종으로 취급되던 균등법 시행 초기의 종합직 여성들과는 달리 기업 쪽에서도 여성을 제 역할을 다하는 직장의 전투인력으로 인정하기 시작한 지는 겨우 10년 정도다. 이 시기에 만혼과 비혼이 많아졌다. 물론 결혼이 여성의 직장생활에 방해물이 되지 않는다는 사실은 이미 입증된 상태였다. 그러나 생체시계는 출산의 유효기간을 정해두었다. 육아는 결혼보다 훨씬 더 여성의 생활을 구속한다. 그렇기 때문에 앞에서 소개한 임신한 여성의 한숨 소리가 더욱 커지는 것이지만, 에비하라는 기업 쪽에서도 꾸준히 학습하고 있고 점차 변하고 있다고 낙관한다. 그는 낙관의 근거로 유럽이나 미국의 상황을 제시한다. 유럽과 미국에서도 1970년대까지는 보수적인 남성 사회였지만 30년 정도 지나면서 변했기 때문에 일본도 다소 느리지만 머지않아 유럽이나 미국처럼 변할 것이라고 예측한다. 그러나 그 예측에 동의할 수 없는 이유가 있다.

기업 쪽에서 학습한 것은 '여성도 일을 시킬 수 있다'는 사실이다. 당연하다. 지금껏 그것을 깨닫지 못한 기업들이 어리석을 뿐이다.

'여성도 관리직으로 쓰기에 충분하다'는 것을 발견했다. 이 역시 당연하다. 지위가 사람을 성장시킨다. '여자도 일을 시켜보니 잘하더라'는 것이 균등법이 제정된 다음에 기업들이 얻은 체험이었다. 그와 함께 기업은 '여자들이 회사를 그만두지 않는다'는 사실도 알았다. '그렇다면 그에 어울리는 일을 시켜야 한다'는 것을 균등법 이후의 기업들은 학습한 것이다. 그 결과 계장 직급까지 하급 여성 관리직이 착실하게 증가했다. 과장으로 승진할 때까지 앞으로 10년. 여성들이 회사를 그만두지 않고 이를 악물고 버틴다면 기업은 변할 것이라고 에비하라는 주장하는 것이다.

그 해법으로 에비하라는 뜻밖의 제안을 내놓는다. 출산과 육아가 직장생활을 지속하는 데 가장 큰 걸림돌이 된다는 것은 모두가 아는 사실이다. 그러니 그 시기를 늦추면 된다는 것이다. 저서의 마지막 장에 붙인 '서른다섯이라는 나이가 여성에게는 너무 고통스럽다'에서는 거의 모든 페이지를 할애해 '사십대의 초산은 무서운 일이 아니다'라는 내용을 마치 계몽하듯이 이야기한다. 지금까지 노동 방식이나 기업의 속사정에 대한 설명을 하더니 어째서 갑자기 만산과 불임치료와 장애아 출산율에 대한 이야기가 나오는지 당황스럽지만 나중에 그 이유를 알 수 있었다. 요컨대 이런 이야기다. '30대까지 출산을 미룬 당신은 앞으로 10년 더 출산을 미루어도 괜찮다. 40대의 초산은 흔히 말하듯 그렇게 위험한 일이 아니다. 앞으로 5년이나 10년만 최선을 다해 일해라. 그러면 기업은 반드시 바뀔 것이다.' 이것은 마치 암환자에게 곧 치료약이 개발될 터이니 조금만 더 암세포와 싸워보라는 것과 같은 이야기다. 아이를 암세포에 비유하는 것은 과한 예이지만 사실 몸속에 자라는 이형세포라는 점에서는 같지 않나. 그런데 그러는 사이 태아가 쭉쭉 자라버리면 어떻게 하나?

에비하라의 책이 '직장여성'에 대한 뜨거운 응원가라는 사실을 의심하지는 않는다. 하지만 '만산의 권유'가 해결책이라니. 결국 출산과 육아는 직업, 특히 종합직과는 양립하기 어렵다는 선고나 다름없는 셈이다. 실제 그의 책에는 출산한 여성이 거의 등장하지 않는다.

여성의 거의 모든 문제는 출산 이후에 시작된다고 해도 과언이 아니다. 여성이 '아이를 낳는 성'이 아니라면 여성 문제의 전부는 아니라도 거의 많은 부분이 운해처럼 사라질 수도 있다. 그런데 출산을 미루라는 조언을 받아들일 수 없는 앞으로 아이를 낳고 싶은 여성들이나 이미 아이를 낳은 여성들은 어떻게 해야 할까?

에비하라는 커리어를 '열성 커리어'와 '해피 커리어'로 구분한다. 열성 커리어는 남성과 같은 방식으로 일하려는 열정적인 여성들을 가리킨다. 이에 반해 해피 커리어는 남편과 아이가 있으면서 적당하게 일하는 행복한 커리어 우먼을 가리킨다. 해피 커리어에만 '해피'가 붙은 것은 '여성의 행복은 가정과 아이에 있다'라고 하는 스테레오타이프를 고스란히 보여주는 명명이지만 일단 받아들여보자. 해피 커리어를 지향하는 여성들도 커리어 우먼이라 할 수 있는가? 혹시 그렇게 생각한다면 '남성사원을 보조하는 사무직도 훌륭한 커리어'라고 하는 에비하라의 의견을 답으로 대신할 수 있을 것이다. 그러나 용어에 휘둘리지 않고 냉정하게 현실을 직시하면 열성 커리어는 이른바 종합직에 근무하는 여성을, 해피 커리어는 일반직에 근무하는 여성이나 마미트랙이라는 게토에 갇힌 이류 노동자를 가리킨다고 해도 좋을 듯하다. 해피 커리어 여성들은 열성 커리어 여성들과 비교했을 때 승진·승급에서 확연한 차이가 있고 장기근속을 하더라도 40대 이후로는 임금이 상승하지 않는다.

열성 커리어와 해피 커리어 중에서 어느 쪽을 선택할 것인가? 에비하라의 이 질문은 종합직을 선택할 것이냐 아니면 일반직을 선택할 것이냐 하는 기존의 선택지와 다르지 않다. 그러나 더 심각한 상황은 지금까지 다수의 여성들의 선택지였던 마미트랙에 올라 끈질기게 장기근속으로 버텨온 일반직의 고용 자체가 붕괴되어 버렸다는 사실이다.

동세대 일하는 여성동지인 반도 마리코와 대담한 적이 있다.[3] 현실주의자인 반도 마리코는 후배 여성들에게 "직장을 내려놓지 말고 마이페이스로 계속 일하라"고 조언해왔다고 한다. 나 역시 '과격한'(웃음) 외양과는 달리 졸업생들이 '탈샐러리맨'이나 전직을 상담해올 때마다 다음과 같은 '견실한' 조언을 해왔다.

"어떤 직장이든 그곳은 밥을 먹게 해주는 곳이다. 직장과 고정 수입이 있어야 사는 일이 편하다. 직장에서 버려지면 거친 벌판을 혼자서 헤매는 것이나 다름없다…. 조직은 유능한 인간에게는 속박이 될지도 모르지만 무능한 사람을 지켜주기도 한다. 남보다 특별나게 유능하다고 생각하지 않는다면 조직에 있는 게 더 현명하다."(같은 책 p86)

게다가 아무리 노력해도 회사가 너의 공헌을 적절히 보답해줄 거라고 믿을 수 없다. 하물며 여자는 오죽하랴. 회사 일에는 너무 깊이

---

3 반도 마리코·우에노 지즈코의 『여자는 인생 후반이 재미있다』(우시오출판사 2011).

관여하지 말고 절반만 발을 걸치고 끈질기게 버텨라. 이런 사원을 회사는 '불량채권'이라 부른다지만 남자들 중에 이런 '불량채권'들이 더 많고 남자 '불량채권'을 유지하는 비용이 훨씬 많이 들 거다. 혹시 괴롭히더라도 끈질기게 버텨라.

하지만 이런 조언이 효과가 있었던 것은 일반직 여성들에게 고용이 보장되던 1990년대 중반까지다. 이제 그 시절은 과거가 되어버렸다.

다시 에비하라로 돌아와서 그의 조언은 다음과 같다.

"아직 결혼하지 않았다면 일과 가정을 양립하면서 가사노동을 해주는 남자를 만나라."

육아노동이 가사노동보다 훨씬 부담이 크다는 사실은 여러 차례 지적했다. 육아부담은 여성이 일하는 방식을 바꿔야 할 만큼 영향력을 가지고 있다. 에비하라는 여성이 부담하는 만큼 남성도 '일하는 방식에 영향을 줄 만큼 육아'에 참가하라는 것일까? '일하는 방식에 영향을 줄 만큼'이라는 말에는 야근을 하지 않으며 이동과 전근을 거부한다는 선택지가 포함되어 있다. 육아하는 남자가 화제가 되는 이유는 그들이 소수파이기 때문이다. 에비하라는 남성의 육아휴직 의무 할당제인 '파파쿼터제'를 제안하고 있지만 설령 남성에게 육아휴직의 권리나 '파파쿼터제'가 있다 해도 실제로 육아휴직을 받는 남성들은―현실에서 보는 바대로―소수일 것이고, 기업은 그 권리를 행사하는 남성을 기껍게 생각하지 않을 것이라는 상황에는 변함이 없다. 최근 데이터는 젊은 아빠들 중에는 '일하는 방식에 영향을 줄 만큼 육아'에 참가하는 남성이 서서히 늘고 있다는 것을 보여주지만, 그들은 자신의 선택에 회사가 페널티를 줄 것이라는 위험부담을 안고 있다.

실제로 아이를 '낳아버린' 후에 일하는 여성들 대부분은 남편에게 협력을 부탁하기 힘들거나 부탁하고 싶어도 집에 없거나 남편 본인이 육아에 참가하고 싶어해도 불가능하다면서 한숨을 쉰다. 이런 푸념을 들으면서 드는 소박한 의문은 에비하라의 조언처럼 어째서 그녀들은 '가사노동을 해주는 남자'를 찾지 못했을까. 어째서 결혼하고 나서라도 가사노동을 해주는 남편으로 교육하지 못했을까? 그러나 사실은 그녀들이 그런 이유를 잘 안다. 그녀들 자신이 '가사노동을 해주는 남자'를 선택하지 않았을 뿐만 아니라 남편이 '일하는 방식에 영향을 줄 정도의 육아'에 참가해주기를 바라지도 않는다. 왜 그럴까? 남자가 '육아에 참가할 의사는 있지만 할 수가 없다'는 것은 애초에 참가할 생각이 없기 때문이다. 쉽게 말하면 그들은 육아보다 직장을 우선시하기 때문이다. 남자는 육아를 더 우선시할 수 없고 우선시하지 않아도 될 이유가 있다. 그리고 그것을 사회가 공인하고 아내가 인정해주기 때문이다. 아내들의 속마음을 들여다보면 남편이 육아보다 직장을 우선시하기를 바란다. 그리고 애초에 육아를 우선시하는 남자를 남편으로 선택하지도 않았다.

내가 이렇게 말하면, "육아하는 남자들도 있고 육아휴직을 받는 남자도 있다. 주부로 사는 남편도 있다"는 반론이 돌아온다는 것을 잘 알고 있다. 그러나 거듭 말하지만 그들이 뉴스가 되는 것은 어디까지나 소수이기 때문이라는 사실을 기억해주었으면 좋겠다.

커리어 우먼 아내는 직장에서 불리해질 수 있는 육아참가를 남편에게 원하지 않는다. 그래서 어린이집에서 열이 난 아이를 데려가라는 연락이 오면 '어째서 항상 나한테만 연락을 하지?'라는 생각이 들어도 그것을 꾹꾹 누르면서 회사에서 조퇴를 한다. 남편에게 전화해서 당신이 데리러 가라고 요구하지 않는다. 만일 요구하더라도 남편이 어렵겠다고 하면 곧바로 물러선다. 왜냐하면 자신의 직업보다 남편의 직업이 더 우위에 있다고 생각하고 자신이 직업상의 불이익을 감수하는 쪽이 그 반대보다는 합리적이라고 생각하기 때문이다. 그런 상황은 부부가 모두 고수입인 전문직 의사나 변호사 커플의 경우도 마찬가지다.

여기에 엘리트 여성의 약점이 있다. 후모토나 에비하라나 다케노부도 지적하지 않은 여성들의 자승자박이다. 그것은 엘리트 여성들이 자신의 남편도 엘리트가 아니면 안 된다고 생각하는 태도다. 어디선가 "나는 아니에요"라고 외치는 소리가 들려올 듯하다. 맞다. 어떤 경향에도 예외는 있기 마련이다. 그러나 냉정하게 데이터가 보여주는 사실은 엘리트는 엘리트와 결혼한다는 것이고 여성의 경우는 그런 경향이 특히 강하고 그 반대는 적다는 것이다. 그런 까닭에 에비하라의 "가사노동을 해주는 남자를 찾으라"는 조언은 아무런 효력이 없다.

엘리트 여성들의 또 하나의 약점은 자신의 남편만이 아니라 자신의 아이도 엘리트여야 한다고 생각한다는 점이다. 아이가 학령기에 접어들면 이런 경향은 더욱 높아진다. 일과 육아 중에 어느 쪽을 우선해야 하는가 하는 갈등상황에 교육이 개입되면 문제는 더욱 더 심각해진다. 이 갈등을 다룬 혼다 유키의 『가정교육의 애로사항』(케이소서방 2008)이라는 아주 무시무시한 책이 있다.

그런데 첫 부분에서 소개했던 '뜻하지 않게' 임신한 여성에게 어떻게 조언해야 할까? 에비하라의 책 출간을 기념해서 PR지 〈치쿠마〉(2012년 11월호)에서 나는 그와 대담한 적이 있다. 나는 대담에서

에비하라에게 대답을 듣고 싶었으나 끝내 듣지 못했다.

서양의 선진국을 뒤좇아

또 하나 에비하라가 '낙관'하는 근거로 내세우는 것이 유럽이나 미국에서도 30년에 걸쳐 변화했다는 것이다. 일본은 느릴 뿐 머지않아 유럽이나 미국 수준으로 변화할 것이라는 예측이다. 그러나 그의 주장에 동의할 수 없는 이유는 변화를 경험하는 시기가 세계사의 어느 단계와 조우하는가 하는 차이 때문이다. 사회가 단선적으로 변화한다는 믿음은 이미 과거의 산물이다. 어느 사회의 변화에도 세계사적 동시성과 함께 그 사회의 독자적인 경로의존성이 있다. 30년 후에 시작되는 변화는 30년 전과는 다른 세계사적 흐름과 조우하기 때문에 30년 전에 시작된 사회의 변화를 똑같이 좇아갈 것이라고 예측할 수는 없다. 그보다는 30년 동안 동일한 세계사적 환경에 놓여 있었으면서도 변화하지 못한 일본 사회에 어떤 특징과 문제가 있는지를 더 문제점으로 여겨야 한다. 그리고 변화를 나중으로 미뤘던 빚을 갚아야 한다.

30년 전과 달리 지금 세계가 직면하고 있는 것은 동서냉전의 붕괴와 한층 더 심화된 세계화다. 아시아의 대두와 일본의 쇠퇴, 그리고 한층 심화된 저출산·고령화다. 30년 전이라면 연착륙이 가능했을지도 모를 변화를 위해서 지금은 훨씬 혹독한 고통을 치러야 할 것이다.

1973년 전 세계를 덮친 오일쇼크를 계기로 대부분의 선진국들은 탈공업화와 경제의 소프트화를 요구받았다. 이른바 산업구조의 조정이다. 그 시기 유럽과 미국 등의 선진국들은 여성의 활용을 선택했고 그것을 위한 법적·제도적인 정비를 시작했다. 여성의 사회진출은 에비하라의 지적대로 사회적 요구 때문이지 페미니즘의 영향 때문은 아니었다. 1970년대까지 유럽과 미국의 선진국들 대부분이 가족이나 성에 대해서 극히 보수적인 사회였다는 사실은 에비하라의 지적과 같지만 당시 여성의 변화는 가족과 젠더의 관계에 커다란 변화를 가져왔다. 그 변화가 오늘날 선진국에서 심화되고 있는 이혼율의 상승과 혼외자 출생률의 상승으로 귀결되었음은 지금까지 서술한 대로다.

같은 시기 일본은 '사회자본주의'—기업사회주의라고 부르는 사람(경제학자 마사무라 기미히로)도 있다—아래에서 남성 가장 노동자의 고용보호에 주력했다. 고도성장기에 형성된 노사협조 노선하에서 고용보호에 노사합의가 이루어졌기 때문이다. 그러니 '꼰대 합의'라는 말로 바꾸어도 될 것이다. 이것을 통해 남성외벌이형 일본적 표준가구가 지속되었고, 그 결과 지금도 이런 '쇼와시대의 모델'을 동경하는 젊은 남녀들이 사라지지 않고 있다.[4] 천하무적처럼 보였던 일본의 거품경제가 이 쇼와시대 모델의 생명을 연장시키는 데 커다란 역할을 했다. 같은 시기 구조조정으로 신음하던 미국과 유럽에서는 '다음의 수'를 착실하게 강구하고 있었다.

---

4 쇼와시대의 모델을 동경하는 여성을 향해 야유를 섞어 '쇼와시대 아내'라고 명명한 것은 잡지 ⟨AERA⟩다. 앞서 소개한 대로 최근 내각부의 성별 역할분담에 관한 의식조사는 '쇼와 스타일 아내'를 지향하는 20대가 상당히 많다는 것을 보여주고 있다.

1990년대 거품경제가 붕괴하고 디플레이션의 소용돌이가 시작된 시기로 구조조정을 위한 적기였음에도 이것을 더욱 격렬한 노사합의 의 '꼰대 연합'으로 극복한 것은 당시의 일경련에서 내놓은 〈새로운 시대의 '일본적 경영'〉이었다. 그 결과 여성(과 젊은이)을 일회용으로 쓰고 버려도 괜찮다는 시나리오가 완성되었고 일본은 선진국들 중에 서는 드물게 여성의 지위가 낮은 국가가 되어버렸다.

또 다른 선진국들에는 있지만 일본에는 없는 결정적인 요인이 하 나 있다. 그것은 이민 노동자다. 세계화라는 것을 간략하게 정의하면 정보와 돈, 물건과 사람의 국제적인 이동이 증가함에 따라 국내외의 질서가 재편되는 과정이라고 할 수 있다. 이들 중에서 뒤쪽으로 갈 수록 이동 속도가 늦어지는데, 사람의 이동이 가장 느리다. 그러므로 세계화의 최종 단계는 사람의 이동이 활발해지는 상태를 말한다. 여 기서 '사람'이란 관광객처럼 일시적으로 통과하는 사람들을 가리키 는 것이 아니라 노동력의 이동을 의미한다. 다른 선진국들은 대부분 이민자의 대우에 대해 고심하고 있지만, 그렇다고 해서 그들이 유입 되는 것을 막을 수 없고 그렇게 하려고도 하지 않는다. 왜냐하면 이민 자의 노동력 없이는 자국의 경제가 성장할 수 없기 때문이다. 그러나 이 역시도 선진국들 중에서 일본만이 특수한 사정을 지닌 것은 일본 은 지금도 사람의 이동에 대해 여전히 '쇄국' 상태이기 때문이다.

유럽이나 미국 같은 선진국들에서 여성의 사회진출은 육아와 돌봄 과 같은 보살피는 일을 이민 노동자의 수입을 통해 외주에 맡길 수 있게 되면서 추진되었다. 미국에서는 시장 옵션(베이비시터나 내니(보 모), 메이드)을 통해서, 유럽에서는 공공 옵션(공립 보육시설과 돌봄시설) 을 통해서 이루어졌다. 일본에서는 어느 선택지도 매우 한정적이었기 때문에 여성의 일과 가정의 '양립 문제'가 첨예화될 수밖에 없었다. 대신에 다른 사회에서는 외국인 노동력이 담당하는 역할을 여성이 맡는—돌봄 노동시장의 저변을 기혼의 중고년 여성 노동자들이 점유하는—현상이 일어났다. 물론 그렇다고 해서 일본도 유럽이나 미국처럼 돌봄 노동자를 외국에서 수입하면 되는 게 아니냐고 주장하려는 것은 아니다. 그것은 다른 여성의 노동으로 문제의 해결을 뒤로 미루는 일이기 때문이다. 돌봄 노동자의 국제적 이동—글로벌 케어 체인이라고 한다—으로 인해 아시아 국가들의 지방에서 돌봄이 붕괴되었다는 것은 널리 알려진 사실이다. 선진국들은 자국에서는 남녀평등을 이룩한 것처럼 보이지만 세계적 규모로 보면 다른 사회의 여성의 노동을 발판으로 삼은 것이다.

요컨대 일본과 서양 선진국들 사이에는 세계사적 공통성과 더불어 차이점도 있다. 이것은 어느 한쪽이 앞서거나 뒤처진다는 문제가 아니다. 그저 비교 가능하다는 것이다. 그래서 일본은 독자적인 변화를 경험할 수밖에 없는 상황인 것이고, 그러나 그 변화는 현 시점에서 여성에게 불리한 방향으로 진행되고 있다는 것이다. 그렇기 때문에 일본도 언젠가는 서양의 변화를 따라갈 것이라는 '단선적 진보사관'에는 동의할 수가 없다.

제도의 변경

마지막 장이기도 하고 제목(일본어판 『여자들의 서바이벌 작전』)으로 붙인 대로 '서바이벌 작전'을 생각해보기로 하자. 그러기 위해서 (1) 국가 레벨, 즉 정책이나 제도의 변경으로 가능한 일 (2) 기업 레벨, 즉 고용의 관행이나 노동 규칙의 변경으로 가능한 일 (3) 사적 레벨, 즉 개인이나 집단의 자조와 협조로 가능한 일이라는 세 가지 관점에서 살펴보고자 한다.

우선, (1) 국가 레벨의 정책이나 제도에 대해서 살펴보자.

사실 국가 차원의 처방전은 몇 년 전부터 이미 나와 있다. 앞서 소개했던 〈젠더 평등정책〉 캠페인 리스트의 고용·노동의 항목에 있는 것은 '동일노동 동일임금'과 '배우자공제 폐지·제3호피보험자제도의 재검토'라는 두 가지다. 육아·돌봄의 사회화에 관련해 요구된 항목은 '가족 돌봄의 부담 경감' '육아 지원' '육아·돌봄 휴직제도의 보급 및 계발의 추진과 남성의 취득 촉진' 세 가지였다. 그 안에 '정규직 고용의 확대'나 '고용 보장의 확보'가 포함되지 않았다는 사실을 눈여겨보길 바란다. "비정규직을 정규직으로!"라거나 "모든 비정규직 노동자에게 고용의 보장을!"은 이제 시대착오적인 구호가 되었다. 이매뉴얼 월러스틴의 예견대로 세계 시스템의 중심 부문에서 정규직 고용은 희소재가 되었을 뿐 아니라 더 이상 파이가 커질 가능성도 없다. 대신에 등장한 것은 유연한 노동이다. 이것이 세계사적 트렌드다. 사실 유연한 노동이라는 것 자체는 좋은 것도 나쁜 것도 아니다. 첫 번째 문제는 그것이 과연 누구에게 '유연한' 것인가라는 점이다. 일본에서는 사용자 쪽의 사정에 맞게 '유연한', 다시 말하면 한 번 쓰고 버리는 데 자유로운 노동력으로서 노동의 유연화를 추진해왔다.

반대로 노동자에게 '유연'하다면 노동의 유연화는 환영받아 마땅한 노동 방식이다. 애초에 9시부터 5시까지 정해진 시간의 '정형적 노동'을 도대체 누가 정한 것일까? 저출산 대책을 고심해온 선진국들은 정형적 노동과 육아가 양립하지 않는다는 경험 법칙을 가지고 있다. 사실상 유연한 노동을 도입한 사회에서는 거의 대부분 출생률이 상승하고 있다.

두 번째 문제는 유연한 노동이 불리한 노동으로 연결될 수도 있다는 염려다. 단시간 노동이든 비정형적 노동이든 동일노동에 대해서 임금차별이 없다면 기꺼이 유연한 노동을 선택하는 사람들도 있을 것이다. 그러나 다른 선진국들과 다르게 일본에서는 비정규직 고용이 큰 임금격차와 결부되어 있기 때문에 '동일노동 동일임금'의 요구가 필요한 상황이다. 오히려 유연한 노동에 고용 보장이 따르지 않는다고 한다면 정규직보다 위험부담이 큰 만큼 '동일노동 동일임금'이 아니라 임금을 더 높게 설정해야 한다고 생각한다.

유연화에는 '좋은 유연화'와 '나쁜 유연화'가 있다는 점에 대해 나는 츠지모토 기요미[5]와의 공저 『세대의 연대』(이와나미신서 2009)에서 이야기했다. 서유럽 국가들은 '좋은 유연화'를 정책적으로 추진해서 여성의 노동력화와 출생률 유지를 동시에 달성했다.

물론 유연화는 노동시장 규제완화의 일환이고 기업의 이익을 위한 것이기도 하다. 기업에 고용의 보장을 요구하지 않는 대신 정부가 제공한 것이 덴마크의 플렉시큐리티(고용유연형 사회보장)라는 정책이다. 이것은 기업이 노동자를 자유롭게 해고할 수 있는 대신 실업대책이나 직업훈련을 충실히 마련해서 노동시장의 이동을 쉽게 만드는 구

---

5 현재 일본 입헌민주당 정치인—옮긴이.

조다. 다시 말하면 기업을 대신해서 국가가 사회보장을 책임진다는 것을 의미한다. 그렇게 하면 노동자는 기업에 대한 의존도를 줄일 수 있다. 그러나 일본은 정반대로 해왔다. 생계에서 주택, 자산 형성, 노후까지를 기업복지라고 하는 보장 시스템에 의존해왔기 때문에 한번 기업에서 탈락하게 되면 모든 것을 잃는다. 더구나 불황이 시작되고부터는 실업급여 지급 기간을 단축하는 등 기업 의존도를 한층 높이는 방향으로 진행해왔다. 에스핑 안데르센이 비교복지유형론에서 '코포라티즘(corporatism 조합주의)'이라 부르는 기업복지가 일본적 복지의 특징이었지만 길어지는 불황 때문에 이것을 유지할 수 없게 되었다. 더욱이 일본적 기업복지의 혜택을 누릴 수 있는 사람들은 대기업에 소속된 정규직 고용자에 한정되어 있고 거기에서 배제된 사람들은 그마저도 그림에 떡이라는 사실은 일찍부터 지적된 바다.

'동일노동 동일임금'과 '배우자공제 폐지'가 동시에 이루어지면, 누구든지 어떤 방식으로든 정형적인 노동시간에 해당하는 주 40시간을 일하면 먹고살 수 있을 만큼의 임금을 확보할 수 있고, 사회보장을 기업복지에 의존하지 않아도 되고, 그리고 사회보장을 가구 단위에서 개인으로 바꾸어 아내가 남편의 사회보장에 의존하지 않아도 되고, 아내가 일정 금액 이상의 노동을 하면 오히려 손해가 되는 불합리한 제도도 사라지고, 일을 하면 누구라도 일한 만큼 세금을 납부하는 것을 의미한다. 이 같은 제도적 설계는 이미 오래전에 사회정책 학자들이 제안했던 내용이지만 아직 도입부에도 다다르지 못했다. 이 정책을 제안한 1인으로 경제학자인 진노 나오히코가 전 민주당 정권의 정부 세제조사회 전문가위원회의 위원장으로 취임했을 때는 얼마간 기대를 품었지만, 정권이 교체되면서 더 강력한 고용의 규제완화를 강조하는 다케나카 헤이조가 부활한 경제재정 자문회의의 위원이 되고 나서는 이 계획의 실현은 소원해진 것이라고 봐야 할 것이다.

이와 더불어 다케노부가 제안하는 노동시간의 총량 규제도 중요하다. 유럽이나 미국 같은 선진국들이 말하는 정형적인 노동시간은 주 35시간이다. 정형적 노동시간은 대개 노사교섭을 통해 정치적으로 결정된다. 일본의 노동시간이 40시간에서 단축되지 않는 것은 일본 노동자의 교섭력이 약하기 때문이다. 거듭 이야기하지만 9시에서 5시까지 하루에 8시간 주 40시간의 정형적인 노동시간은 육아와 양립하기 어렵다는 사실이 경제적으로 증명되었다. 그런데도 일본에서는 정규직 고용자의 장시간 노동은 더욱 강화되고 있다. 계속해서 줄어드는 정규직 고용이라는 지정석을 차지하기 위한 '의자뺏기 게임'에서 끝까지 살아남은 승자라 하더라도 사용자의 무제한 야근 요구를 따를 수밖에 없는 '블랙 기업'의 비극이 기다리고 있다.

룰의 변경

두 번째, (2) 기업 레벨에서 고용 관행이나 노동 규칙의 변경으로 가능한 일은 무엇일까?

앞서 이야기했듯이 퇴직이 모든 악의 근원이 되는 '일본적 고용 관행'을 폐기하는 것이다. 처음부터 규칙이 잘못되어 있기 때문에 잘못된 규칙 아래에서 '기회균등'을 손에 넣고 온 힘을 다해 24시간 뛰라거나 퇴직하지 말고 이를 악물고 버티라는 것은 터무니없는 요구다. 더구나 이 규칙은 여성에게 불리하게 만들어져 있어 결국은 패배할 것이라는 숙명을 갖고 있는데도, 거기서 패배하면 그것을 여성의 자기책임이라고 몰아붙인다. 가끔은 슈퍼우먼이 승자그룹이 될 수도 있겠지만 그녀들이 "내가 할 수 있는 일을 당신이 못하는 것은 결국 당신 책임이다"라고 하는 것은 과혹한 충고다. 그리고 슈퍼우먼만 살아남는다는 것 자체가 이상한 일이다.

이것을 해결하기 위한 처방전도 이미 오래전에 제시되었다. 채용에서 신규졸업자 일괄채용 제도의 폐지, 코스별 인사관리 제도의 폐지, 연공서열식 급여 체계를 폐기하고 능력급으로 개정, 공정한 인사평가를 통한 인사의 유동화, 전직 및 퇴직이 불리하게 작용하지 않으며, 지위·급여·연령·성별에 무관한 인사 시스템, 가족급에서 개인급으로의 변경, 가구별 기업복지의 폐지(사회보장으로 대체), 정년제의 폐지, 삶의 단계와 필요에 따른 다양한 노동 방식의 허용, 그로 인한 임금차별 금지 등등, 거의가 현실의 상황과는 거리가 먼 것들이다. 개혁을 위해서는 기업의 조직구조와 인사제도를 근본에서부터 변경하지 않으면 안 된다. 그러나 지금까지의 기업 행동의 관성으로 보건대 갈 길이 멀다고 하지 않을 수 없다. 10장에서 서술한 것처럼 차별적 기업이 과거의 고용 관행을 온존한 채 현상유지를 집중하는 한 혁신적 기업(대부분은 외자기업이지만)과의 국제 경쟁에서 패배할 가능성이 높다는 사실을 염두에 두어야 할 것이다.

다이버시티(Diversity)

지금까지 제안한 내용들 속에 젠더 문제가 등장하지 않은 사실에 놀랄 것이다. 맞다. 이 제안들은 남녀 상관없이 어떤 상황, 어떤 속성의 사람이든 모두가 노동하기 편한 '유니버설(보편적인) 노동'을 제안하고 있기 때문이다. 유니버설 설계라는 것이 장애를 갖고 있는 사람들에게 편리한 도구는 장애를 갖지 않은 사람들에게도 편리하다는 것을 지향하는 개념이듯이 유니버설 제도의 설계도 똑같은 취지다. 유니버설 노동은 장애를 가진 사람들의 고용 촉진에 그치지 않고 사회적 약자(워킹맘이 전형적인 사회적 약자다)도 일하기 편한 직장은 누구에게나 일하기 편한 직장이라는 것을 의미한다. 그리고 제도라는 것은 사회의 도구일 뿐이다.

그렇게 하면 기업 조직 안에서는 다이버시티(Diversity 다양성)가 진행될 것이다. 최근 기업에서는 컴플라이언스(Compliance 준법감시), CRS(Common Reporting Standard 공통보고기준)와 함께 다이버시티가 유행이다. '다양성'이라고 하면 될 것을 군이 외국어로 말하는 까닭은 기업 조직 내의 다양성을 높이는 것이 세계 시장에서 살아남는 중요한 과제라는 합의가 세계적 표준이 되고 있기 때문이다.

세계 시장은 결코 단일하고 균질적인 대규모의 시장이 아니다. 오히려 소규모의 다양한 시장의 집적체라는 사실을 앞에서 언급했다. 그렇다면 이 같은 세계 시장에 제대로 대응하기 위해서는 기업 스스로가 시장의 다양성에 부합하는 다양한 정보의 발신자들을 인재풀로서 확보해두어야 한다. 그것이 바로 다이버시티다.

다이버시티란 무엇인가? 간단히 말해서 이문화의 공생을 의미한다. 나이도 세대도 성별도 국적도 말하자면 이문화다. 정보라는 것은 이문화의 접점에서 발생한다. 어떤 사람에게는 당연한 것이 다른 사람에게는 당연하지 않은 그 간극에서 노이즈(소음)가 생겨난다. 정보라는 것은 노이즈가 전환한 것이고 노이즈가 없는 곳에 정보는 존재하지 않는다는 사실은 공학계의 정보론자들에게는 상식에 속한다.

다이버시티는 성별, 국적, 소수자 등의 다양성을 가리키는데 국적이 다른 이문화 구성원을 조직 안에 받아들일 필요가 있다면 그 전에 '여성'이라고 하는 '이문화'를 받아들이는 공부를 해야 할 것이다. 외국인하고 달리 여성은 언어와 교육을 공유하고 있으니 받아들이는 데 상대적으로 비용이 높지도 않다. 반면 여성의 진입이 원활하게 이루어지지 않는다면 외국인의 진입은 훨씬 더 어려울 것이라고 예상할 수 있다.

다이버시티를 높이기 위해서 굳이 다양한 정책을 실시하지 않더라도 지금까지 언급했던 고용 관행을 변혁한다면 다이버시티는 자연히 뒤따라올 것이라는 것이 나의 지론이다.

나만의 다이버시티

그러면 이런 환경에서 세 번째 (3) 사적 레벨에서 개인과 집단의 자조와 공조를 통해 할 수 있는 것은 무엇일까? 도대체 '나'는 어떻게 해야 할까?

(1) 정부의 제도 및 정책의 변경이나 (2) 기업의 체질 개혁이나 고용 관행의 변경도 당장 눈앞에 닥친 한 개인의 취업과 출산에는 시간적

으로 도움이 될 것 같지 않다. 내가 죽기 전에는 달라지지 않을까 기대는 해보지만 그런 변화가 과연 몇 십 년 사이에 일어날까? 그 전에 '일본침몰'의 가능성이 더 큰 것은 아닌가 하는 불안감마저 든다.

고용의 유연화로 노동 방식의 선택지는 다양해졌다. 그러나 사실은 그것이 고용의 규제완화에 따른 고용 파괴이자 다양화라는 이름의 격차 확대라는 것은 이미 지적했다. 지금은 일본 여성 노동자들의 약 60%가 비정규직이다. 대학을 갓 졸업한 젊은 여성들도 비정규직 시장으로 내던져지는 시대가 되었다. 이런 현실에서 앞 장에서 소개했던 저자 세 사람의 충고는 모두 운 좋게 정규직을 손에 넣은 사람들을 위한 것이다. 그래서 "나하고는 상관없다"는 말을 듣는다 해도 어쩔 수 없다. 지금은 기업에서 '유능한 여성'을 싸울 수 있는 인력으로 만드는 것을 최우선 과제로 삼고 있기 때문에 그 여성들이 어떻게 하면 기업에서 살아남을 수 있는지에 대한 조언들만 들려온다. 그러나 정규직을 힘겹게 손에 넣은 사람들도 완전한 안정까지 손에 넣은 것은 아니다. 노력파에 뭘 시켜도 수행능력이 뛰어난 도쿄대학 출신의 여학생들이 졸업하고 몇 년이 지나서 어두운 얼굴로 연구실을 찾는 경우가 있다. 너무 애쓴 나머지 몸과 마음이 파괴되고 만 여성들—혹은 남성들—의 발길이 끊이질 않는다. 설령 자신만은 살아남았다 해도 자신보다 먼저 기업이 언제 기울어질지 알 수 없는 시대가 되었다.

여성들의 생존전략은 지금까지 두 가지 루트가 있었다. 하나는 결혼전략, 다른 하나는 노동전략이다. 과거에는 거의 결혼전략에만 한정되어 있었다. 여성이 혼자서도 살아갈 수 있을 만큼의 자산을 손에 넣을 수 있는 직업이 한정적이었기 때문이다. 지금도 비정규직 여성들은 결혼전략이 가장 중요한 과제일지도 모르지만 현실에서는 비정규직 여성들보다는 정규직 여성들이 결혼율도 출산율도 더 높다는 사실은 앞에서 언급했다.

생존전략을 위해서는 혼자보다는 둘이, 둘보다는 셋이 그리고 여럿이 힘을 모으는 것이 더 유리하다. 여성의 생존전략은 결혼과 노동이라는 두 요소를 모두 시야에 두고 고려할 필요가 있는데 이 둘을 조합해서 가능한 선택지를 가구별 연수입 순으로 나타내면 다음과 같다.

1. 정규직 아내 + 정규직 남편
2. 무직 아내 + 정규직 남편
3. 비정규직 아내 + 정규직 남편
4. 비정규직 아내 + 비정규직 남편
5. 정규직 독신 여성
6. 비정규직 독신 여성

위의 조합들 가운데 최고의 부자는 첫 번째다. 지금까지는 1번 커플이 남편의 연수입이 2, 3번에 비해 낮기 때문에 정규직 아내의 수입을 추가해야만 2, 3번 가구의 연수입 수준에 미칠 수 있다고 설명되었는데 최근에 변화가 생겼다. 균등법 이후, 남성과 동일한 수준의 고수입을 벌어들이는 여성들이 증가하면서 1번의 고수입 커플이 늘어난 것이다. 혼자서도 고수입인데 두 사람이 힘을 더하기 때문에 가구 수입이 더 높아지는 커플이 증가한 것이다. 그 원인은 남성들의 배우자 선호도가 변했기 때문이다. 고수입의 남편은 고수입의 아내를 선호한다는 것이다. 다시 말하면 엘리트 남성은 엘리트 여성을 좋아한다는 것이다. 엘리트 여성은 원래 엘리트 남성을 좋아했지만 남성에게도 똑같은 변화가 일어난 것이다. 이와 같은 변화는 먼저 유럽에서 일어났는데 에스핑 안데르센은 그 결과 가구 간의 소득격차가 확대되었다고 경고했다. '경고'라는 단어가 붙는 이유는 가구 간의 소득격차 확대가 다음 세대로 격차를 대물림시켜 사회 전체의 '효율성을 떨어트리기' 때문이다.

2번 '무직의 아내+정규직 남편'의 조합이 3번 '비정규직 아내+정규직 남편'의 조합보다 가구당 연수입이 우위인 까닭은 남편의 수입이 충분치 않다면 전업주부로 있을 수 없기 때문이다. 비정규직 여성이 노동을 시작하는 첫 번째 이유는 어느 시대든 가계보조라는 이름의 경제적 동기에서 비롯된다. 남편의 수입이 충분하다면 누구든 자신에게 불리한 노동을 자발적으로 하고 싶지는 않을 것이다. '아내는 가정을 지키는' 것에 찬성표를 던지는 젊은 여성들은 경제적 여유를 가진 남편과 결혼하고 싶다는 소망을 젠더 용어로 대신 표현했을 뿐이다.

단독 가구는 정규직이든 비정규직이든 더블 수입 가구에 비해 가구당 연수입이 낮다. '혼자'는 경제적으로 약자인 셈이다. 그래서 빈곤율이 높아진다. 그중에도 경제적 자원을 가진 5번 '정규직 독신 여성'과 6번 '비정규직 독신 여성' 사이에는 격차가 생긴다. 내가 『독신의 노후』라는 책을 썼을 때 혼자서 살 수 있는 '자원'을 가진 독신 고령자와 그렇지 않은 고령자를 구별해야 한다는 논의가 있었다. 자원을 가진 사람을 '선택적 독신'으로 자원을 갖지 못한 사람을 '어쩔 수 없는 독신'으로 불러야 할지 모르겠다.

그리고 리스트에는 없지만 이보다 낮은 위치에 7번 '비정규직 싱글맘'이 있다. 독신도 힘겨운데 아이라는 부양가족을 안고 있는 싱글맘의 빈곤율은 그래서 매우 높고 생활보호수급률도 높다. 6번이 7번보다 우위인 까닭은 비정규직 독신 여성은 부모와 동거하고 있을 가능성이 높기 때문이다. 여성의 생존전략에는 결혼전략 외에도 부모와 함께 사는 전략이 있다. 여성들의 경제적 상황이 조금도 개선되지 않았음에도 일본 여성의 비혼화가 심화되는 이유는 부모라고 하는 인프라가 존재하기 때문이었다.

이 결과를 통해서 여성에게 할 수 있는 적절한 조언이란 정규직 남편을 찾거나 스스로 정규직을 확보하거나, 아니면 둘 다라고 할 수 있다. 다시 말하자면 예전과 다름없이 '결혼활동'을 해야 하거나 '취업활동'을 하는 것, 아니면 둘 다 하는 것이다. 그렇다면 과거와 달라진 것이 하나도 없다. 더구나 지금까지 살펴본 대로 취업에서 승리한 사람은 결혼에서도 승자가 될 가능성이 높고, 그 반대는 어느 것도 얻을 수 없다면 승자그룹과 패자그룹 간의 격차는 더욱 확대될 것이다.

새롭게 추가된 선택지는 여성도 '취업활동' 전쟁에서 승자가 될 수 있다는 것이었지만 그것도 남성들보다 훨씬 좁은 문이라는 것에는 변함이 없는 상황이다. 그리고 취직을 하면 무슨 일이 있어도 퇴직하지 말고 가정과 '양립'하라는 조언도 과거와 크게 다르지 않다. 1997년 야마이치 증권[6]의 파산이라는 충격파가 세상을 떠들썩하게

---

6 일본 4대 증권사 중 하나로 회계 부정으로 손실을 숨겨오다 1997년 11월 24일 자진 폐업―옮긴이.

한 후부터 남편들의 직장 안정성도 현저히 위태로워졌다. 힘들게 취업한 회사가 자신의 정년까지 무사히 건재하리라는 보장도 없고 지금 같은 불황기에 기업 쪽이 언제 사원들을 해고할지 알 수 없는 노릇이다. 사원의 공로를 기업이 확실히 보상해준다는 믿음을 갖기도 어렵고 회사의 사정에 따라 인정사정없이 해고당할 수도 있다. 회사에 대한 헌신이 손상된 건강과 과로사로 귀결될 수도 있다. 어이없는 남편의 과로사를 받아들일 수밖에 없는 아내의 분노를 상상하기 어렵지 않고 남편에게만 의존했던 아내는 당장 내일부터 길거리를 헤매야 할지도 모른다.

그러므로 위의 조합들 가운데 가장 위험도가 높은 커플은 2번 '무직의 아내+정규직 남편'이다. 요즘 젊은 여성들이 꿈꾼다는 '쇼와시대 아내'는 고위험 선택지라 할 수 있다. 남성들도 그것을 깨달았는지 '쇼와시대 아내'를 꿈꾸는 여성을 회피하는 경향이 있는 듯하다. 그렇다면 '쇼와시대 아내'를 꿈꾸는 여성들은 높은 결혼욕구를 안은 채 결혼시장에서 패배자가 될 가능성이 상당히 높다.

신자유주의에서 승자의 자리를 손에 넣은 가츠마 가즈요 같은 여성조차 여성들에게 회사에 의존하지 말고 자립하라고 조언한다. 어쨌든 지금 같은 시대는 그것이 회사든 남편이든 의존도가 높으면 높을수록 위험도도 높아진다고 할 수 있다. 덧붙이면 부모에 대한 의존도 위험도가 높다. 초반에는 좋겠지만 의존 기간이 길어지면 노후의 부모를 돌봐야 할 가능성도 높아진다.

전직이나 퇴직을 감행한 남성 노동자들의 공통된 특징은 아내의 수입이 있기 때문에 안심하고 회사를 그만둘 수 있었다는 것이다. 그렇다면 여기서 얻을 수 있는 교훈은 단 하나다. 수입원은 하나든 둘이든 부족하기 때문에 수입원을 다양화해서 위험률을 분산해야 한다는 것이다.

구체적으로 말하면 한 개인이나 조직에 자신의 운명을 맡기지 말고 수입은 하나보다는 둘, 둘보다는 셋, 넷으로 다양한 수입원을 만들어두어야 한다는 것이다.

생각해보면 개인보다는 기업이 먼저 자신의 생명연장을 위해 다양화 전략을 꾀했다. 조직 안팎으로 다양성에 대응하면서 경영의 다각화, 시장의 세분화 및 다양화, 인재의 다양화가 그 전략이었다. 일본에는 계열사라는 것이 있어서 모기업이 안정적이면 계열사도 자동적으로 원활하게 돌아가는 구조가 있었다. 그런데 요즘은 중소기업들도 고객의 다양화와 분산화를 꾀하고 있다. NPO단체들도 정부에 대한 의존도를 낮추기 위해 공적자금의 투입이 예산의 절반을 넘지 않도록 하는 규칙을 정한 곳도 있다. 조직이 이렇게 유연하게 다양화를 꾀하고 있다면 개인도 살아남기 위해서 다양화에 노력할 필요가 있다. 그것을 나는 '나만의 다이버시티'라고 이름 붙이고 싶다.

새로운 멀티형 삶의 방식

나는 이 아이디어를 중세사 연구가 고 아미노 요시히코에게서 얻었다. 그는 일본사를 대담하게 재해석하면서 백성은 정착한 농경민을 가리키는 것이 아니라고 주장했다. '백성(百姓)'이라는 단어는 글자대로 '수많은(백) 성씨(성)'를 의미한다. 말하자면 다양한 직업군의 사람들을 가리킨다. 이들은 기후와 풍토에 맞추어 여름에는 벼를 심고 겨울에는 보리나 유채를 심었다. 농한기에는 베를 짜고 숯을 구우면서 현금 수입을 만들고 술을 빚거나 간장을 만드는 기술을 가지고 타지에 나가 돈벌이를 했다. 농사만이 아니라 모든 직종을 조합해서 생계를 꾸려왔던 사람들이다. 최근 1차, 2차, 3차 산업을 조합해서 '제6차 산업'이라는 명칭이 만들어지기도 했지만 그런 명칭을 새로 만들지 않더라도 과거에는 임업 지역에서 목공업까지를 포함한 가공업이 번창했었고 양잠 지역에서는 직물까지 생산했다. 일본의 농민이 벼농사만을 짓는 농경민이 된 것은 그리 오래된 일이 아니다. 양잠 지역에서 최종 단계의 가공품까지 만들어내지 않고 원재료의 공급 지역으로 한정되어버린 것은 공장제 수공업으로 인한 분업화가 확립되고 나서부터다. 생각해보면 근대란 분업화와 전문화를 추진해서 한 분야에만 몰두하는 융통성 없는 전문가를 키우는 일이었다.

전문가는 아무리 전문 기술이 있어도 환경조건이 변화해서 기술이 통째로 폐기되어버리면 가치가 사라지는 존재다. 그런 방식으로 가치가 사라진 기술자들 중에 식자공이나 타이피스트가 있다. 조직이든 개인이든 특정한 기술이나 분야에 특화되지 않는 편이 좋다. 왜냐하면 우리의 생활이 그렇게 세분화되고 전문화된 것이 아니기 때문이다. 나는 근대가 종료된 후의 탈근대라는 것은 다시 한 번 탈전문화로 돌아가는 시대라고 생각한다.

아미노 요시히코의 생각을 보강한 것이 이매뉴얼 월러스틴의 세계 시스템론이었다. 그는 "앞으로 정규직은 희소재가 될 것이다. 이제부터는 싱글 수입이 아니라 멀티플 수입의 시대다"라고 했다. 이것을 '추렴식 가계'라고 한다. 추렴식 가계를 유지하기 위해서는 물론 가계를 분담할 구성원이 많을수록 좋지만 혼자서도 가계 분담은 가능하다. 그것은 자신의 수입원을 하나로만 한정하지 않는 것이다.

그래서 나는 21세기의 지속가능한 삶은 'GO Back to the 百姓 Life'라고 주장해왔다. 정확히 말하면 이것은 과거로의 회귀가 아니라 새로운 멀티형 삶의 방식의 창조다. 지금 우리가 당연하다고 생각하는 하나의 수입원에 의존해서 살아가는 샐러리맨의 생활이 성립된 역사는 그렇게 오래된 것이 아니고 이와 같은 근대적 삶의 방식은 역사적으로 일시적인 것이라 할 수 있다.

지금까지는 자신의 시간과 에너지의 대부분을 조직에 바쳐야만 비로소 정규직이라는 이름의 노동자 생활을 보장받았다. 거꾸로 말하면 그렇게 투자하지 않으면 노동자 생활은 보장되지 않았다. 기업과 자신이 운명공동체였을 때, 요컨대 기업의 이익이 개인의 이익으로 이어지고 조직의 운명과 개인의 운명이 일치했을 때는 그렇게 해도 괜찮았을 것이다. 그러나 그렇지 않다면 기업과의 관계에서는 노동만을 사고파는 계약을 하고 채권 채무 없는 정당한 대가를 받으며 기업복지를 요구하지 않고 자신의 생활과 삶을 통째로 맡기지 않는 선택이 더 현명하다고 생각한다. 그렇게 생각하면 정규직보다도 오히려 비정규직이 더 '百姓 Life(멀티형 삶의 방식)'에 걸맞을지도 모른다. 물론 정규직과 비정규직 사이에 현재와 같은 현저한 격차가 없다는 전제를 필요로 하지만 말이다.

전문직이나 창작을 하는 사람들 중에는 이런 선택지를 실천하는 사람들이 많다. 그러면서 경제적으로도 사회적으로도 성공한 사람들이 있다. 그들이 특별한 재능이나 조건을 가지고 있기 때문이라고 생각할 수도 있다. 그러나 각자의 능력과 조건에 어울리는 '百姓 Life'가 있다고 생각한다. 내가 아는 일본인 여성은 어떤 지원도 없이 혼자 미국에 가서 일본인 가정의 가정교사를 하면서 마사지사도 하고 개인적으로 수입 대행업도 하면서 꿋꿋하게 살아가고 있다. 그리고 회사 근무를 하면서 주말에는 인터넷 사업을 하고 부정기적으로 강의도 하면서 미미하지만 투자 수익도 올리면서 투잡, 쓰리잡을 뛰는 사람들도 많다. 고정된 수입을 유지하면서 NPO단체의 활동을 하는 사람도 있다. 하나의 분야에서 확실한 수입이 있기 때문에 돈이 되지 않는 일도 자발적으로 할 수 있다. 이것이 바로 진정한 봉사 아닐까?

함께 돕는 공조시스템

'百姓 Life', 이른바 나만의 다이버시티의 강점은 어떠한 환경 변화에도 잘 적응해서 살아남을 수 있다는 점이다. 나는 일본 여성의 미래를 위해서는 서스테이너블(sustainable 지속가능한)보다는 서바이벌(survival 살아남는)이 더 절실하다고 생각한다. 설령 일본이 '침몰'해서 난민이 되더라도 망명해서라도 어디서든 살아남을 수 있는 기술을 몸에 익히기를 바란다. 이것은 자격증을 따거나 전문적인 기술을 익히라는 것과는 다르다. 설령 자신에게 힘이 없다 하더라도 다른 사회적 자원을 동원할 수 있는 능력, 이른바 살아가는 데 필요한 지혜를 갖추길 바라는 것이다.

이렇게 말하면 일본이라는 침몰하는 배를 탄 사람들 중에서 당신만이라도 도망쳐서 살아남아야 한다는 뜻으로 들릴지 모르겠다. 남보다 앞서기를 권유하는 것처럼 들리면 곤란하기 때문에 마지막으로 혼자 살아남는 것이 아니라 함께 살아남는 것에 대해서도 말해두고 싶다. 일본에서 이렇게 고용이 붕괴된 것은 노동자의 힘이 약했기 때문이다. 정규직의 꼰대들이 주도하는 노동조합이 기업 측과 공모했기 때문이다. 노동조합은 비정규직을 지켜주기는커녕 그들을 깔고 앉아서 아무것도 하지 않았다. 지금의 많은 노동자들은 직장의 노동조합이 자신을 보호해줄 거라고 믿지 않는다. 그런 까닭에 노조의 조직률은 높지 않다. 일본적 경영의 삼종세트 중의 하나인 기업별 노조는 공존공영을 위한 노사협조 노선의 상징과 같은 것이다. 노사 간의 이해관계가 일치할 때는 문제가 없지만 이해관계가 대립하면 더 이상 작동하지 않는다. 기능이 마비된 기업별 노조를 대신해 등장한 것이 개인 자격으로 가맹할 수 있는 지역 유니온, 여성 유니온, 관리직 유니온 등이다. 이들은 기존 노동조합이 아무런 도움이 되지 않는 상황에서 절박한 노동자들의 피난처 역할을 해왔다. 유니온을 조직한 사람들은 부당노동 행위로 불이익을 받고 울분을 털어놓을 곳이 없었던 노동자들이다. 이른바 공조가 만들어낸 산물이다. 다케노부는 이와 같은 유니온을 적극적으로 활용할 것을 호소한다. 그러나 이 같은 활동이 있다는 것을 모르는 사람도 있다.

내 문제는 내가 해결하지 다른 사람하고는 상관없다. 단체 활동도 성가시고 촌스럽다. 이런 사고방식이 바로 신자유주의적 감성이다. 신자유주의는 강자와 약자를 생산하지만 더 큰 문제는 약자도 강자도 똑같은 사고방식을 공유한다는 점이다. 강자는 다른 사람들과 연대할 필요는 없다. 그러나 약자는 약자이기 때문에 더욱 연대할 필요가 있다. 여성은 어떻게 생각하더라도 현 상황에는 구조적으로 약자다. 하물며 가족이라는 자원을 보유하지 못한 '독신자'는 최약자라 할 수 있다. 그래서 나는 『독신의 노후』에서 약자들의 공조에 대해 이야기했다. 『독신의 노후』는 결코 남에게 의존하지 말고 눈 부릅뜨고 각오하면서 살아가기를 권유하는 책이 아니다. 제도나 정치는 바꾸기 힘들지만 자신의 주변을 보다 안락하게 바꾸는 것은 자신과 동료들의 힘으로 가능하다. 그러니 그렇게 주변을 바꾸어 편안한 마음으로 하루하루 살아가길 바라는, 그리고 그것을 위해 선배 여성들이 가르쳐준 지혜와 아이디어들로 가득한 책이다.

여성운동은 이것을 위해 존재해왔다. 설령 당장 눈앞의 문제가 해결되지 않더라도 지금의 고통을 함께 느껴주는 사람들이 있어서 그대로 주저앉지 않고 문제와 대결할 힘을 얻었다. 그렇게 하면서 여성들은 살아남았다. "서로의 상처 핥아주기"라고 야유하는 사람도 있었다. 그렇더라도 상관없다. 상처를 입은 사람들은 서로의 상처를 핥아줄 필요가 있었다. 여성들은 더욱 그럴 필요가 있었기 때문에 연대의 끈을 이어왔다. 그것을 잊어버리지 않기를 바란다.

삶의 균형

다시 한 번 맨 처음의 질문으로 돌아가보자. 에비하라의 후배 여성에게 어떻게 조언해주면 좋을까?

사실 인생은 5년이나 10년 정도의 시간으로 결산할 수 있는 문제가 아니다. 그녀의 경력은 육아로 인해 정체되면서 그때까지 남성들과 어깨를 나란히 하고 '1등'을 지켜온 그녀의 자존심은 산산조각으로 부서질지도 모른다. 하지만 만일 아이보다 직장에 우선순위를 둔다고 해서 회사가 그녀에게 합당한 보상을 해줄 것이라고 단언하기는 어렵다. 직장을 선택한 것 때문에 그 피해가 아이에게로 가서 결국 되돌릴 수 없는 후회를 맛볼 수도 있다. 그러나 눈앞의 아이를 우선해서 직장을 희생한 그녀는 대신 한 인간이 성장하는 과정을 함께하는 기쁨을 맛볼 것이다. 아이가 성장하는 시간을 공유하지 못한 남편은 나중에 아이와의 관계에서 아이와 함께하지 못한 시간에 대한 외상값을 치러야 할 것이다. "아빠하고는 할 말이 없다"고 하는 아이가 이혼할 때 아빠를 따라가겠다는 선택을 하지는 않을 것이기 때문이다. 육아와 간병은 뒤로 미룰 수 없는 일이다. 또 그토록 전문적 분화를 거부하고 인간의 종합적인 힘을 필요로 하는 업무도 없을 것이다. 육아를 통해 길러진 그녀의 종합적인 능력은 언젠가 직장에서 제힘을 발휘할 것이다. 그런 능력을 살려주지 않는 직장이라면 더 이상 희망을 품지 말고 옮기는 편이 낫다. 인생은 길어지고 육아기는 짧아졌다. 육아를 끝내고 다시 일하려는 그녀의 능력을 발휘할 직장은 반드시 있을 것이다. 그런 그녀를 마미트랙에 올려놓고 재도전을 허락하지 않는 직장이라면 그 조직에 장래성은 없다. 어쩌면 그녀의 능력을 발휘할 수 있는 곳은 더 이상 기업의 직장이 아니라 지역이나 NPO의 활동일지도 모른다. 오히려 그쪽이 사회에 참여하고 있다는 실감을 생생하게 맛보게 해줄지도 모른다. 커리어 카운슬러인 후쿠자와 케이코는 회사에서 성공하는 대신 퇴근 후 활동에서 존재감을 발휘하는 것을 '횡적 출세'라고 했다. 수입원은 물론 정신적 의지처나 아이덴티티도 다양화해서 삶의 리스크를 분산하는 것이 현명하다.

일하는 방식을 생각하는 것은 곧 삶의 균형을 생각하는 것이다. 역설적이게도 지금은 차별을 당한 덕분에 여성이 삶의 균형에 대해 더 깊이 생각할 수 있는 것 같다.

힘없는 사람들의 싸움을 떠올려주길

나는 올 7월에 '고령자'가 되었다. 얼마 전에 소속된 지자체에서 간병보험 제1호 피보험자증을 보내왔다. '백세시대'라고 해도 내 인생의 3분의 2는 이미 과거에 속한다. 그 탓인지 요즘에는 회고하는 글이 느는 듯하다.[1]

젊은 시절에는 '이런 세상, 참 싫다'는 생각을 더 많이 했다. '꼰대들, 꼴도 보기 싫다'는 생각도 많았다. 하지만 어느덧 젊은 사람들에게 '이런 세상을 누가 만들었느냐?'는 추궁을 받는 그런 나이가 되었다. 이제 와서 이 나이에 변명은 할 수 없다.

원전사고를 일으키고 말았다. 일본열도를 오염시키고 말았다. 멈추게 하지 못했기 때문에, 막아내지 못했기 때문에 나도 공범이다. 너무나 미안하다.

---

1 우에노 지즈코·하기노 미호·니시카와 유코 『페미니즘 시대를 살다』(이와나미 현대문고 2011), 우에노 지즈코 『'여자'의 사상—우리들은 당신을 잊지 않겠다』(집영사 인터내셔널 2013).

여성의 상황이 이토록 나빠지는 것을 좌시하고 말았다. 젊은 여성들이 아이를 낳고 싶지 않은 사회를 만들어버렸다. 미력하나마 반대도 했지만 이런 세상에서 아이를 낳는 것이 오히려 이상하다고 비판도 했지만, 그리고 그 예측이 맞고야 말았지만, 하지만 너무나 미력했다. 아니, 무력했다. 세상이 나쁜 방향으로 가는 것을 멈추게 하지 못했기 때문에, 막아내지 못했기 때문에 나도 공범자다. 너무나 미안하다.

진심으로 젊은 여성들에게 미안하다.

하지만 지금 젊은 여성들도 언젠가는 젊지 않게 된다.

지금 마흔 살 전후의 사람들에게 자주 이렇게 이야기한다.

마흔 살이면 삶에서 반환점이다. 아직은 발전하는 중이라고 생각하겠지만 노화는 착실하게 시작된다. 20년 정도는 힘내서 살아갈 수 있다고 생각하겠지만 앞으로 20년 지나면 뒤이어 오는 젊은 사람들은 당신들에게 이렇게 말할 것이다…. '이런 세상을 누가 만들었느냐?'

그리고 20년은 참으로 짧다.

이 책을 쓰면서 마음이 무거웠다. 작년(2012년) 12월의 중의원 선거, 올 7월의 참의원 선거 후에는 마음이 더욱 무거웠다.

아무리 생각해도 일본의 정치가 여성에게 불리한 방향으로 가고 있기 때문이다. 여성들이 소리를 높이지 않는 것이 아니다. 각종 여론조사를 보더라도 여성들의 주장은 원전에 대해서든 헌법에 대해서든 분명한 목소리를 가지고 있지만 그 목소리가 전혀 정치에 반영되지 않는다.

여러 곳에서 썼던 글과 발언들이 쌓였다. 일본 여성들이 어떤 현실을 살아가고 있는지 한 번은 제대로 써보고 싶다고 생각했다. 쓰기 시작하자 멈출 수가 없었다. 쓰고 싶은 것들이 잇달아 생겨나서 결국 이렇게 12장까지 쓰고 말았다.

이 책에서 다룬 시대는 균등법이 만들어지고 나서 지금까지 대략 30년이다. 이 기간은 신자유주의 개혁이 추진된 30년과 겹친다. 그중에서 여성에게 가장 심각한 문제라고 생각한 고용과 노동을 중심으로 이야기했다. 그 이유는 직장이 없다는 것은 곧 먹고살아갈 수 없다는 것과 같기 때문이다. 먹고살게 해줄 만한 남자들의 수가 급격히 줄었다. 여성들이 그들의 일자리를 빼앗았기 때문이 아니다. 신자유주의 때문이다. 원망하려면 여성들이 아니라 신자유주의 개혁을 추진한 범인들을 원망해야 한다.

그리고 이 30년은 내가 일을 하면서 살아온 30년의 시간과도 거의 겹친다. 이 책은 단순한 평론서도 연구서도 아니다. 그때그때 분노하고 웃고 당했다고 생각했던 순간들에 대한 동시대의 기록이다.

균등법이 만들어졌을 당시 나는 여자단기대학에서 교편을 잡고 있었다. 처음으로 여성학 수업을 개강했다. 그 수업에서 학생들에게 "여러분, 어제 국회에서 균등법이 통과되었답니다!"라는 소식을 전했다. "… 하지만 여자단기대학을 졸업하는 여러분들하고는 상관이 없는 법이죠."라고 덧붙여야 했을 때의 슬픔을 잊을 수가 없다. 그리고 파견직과 계약직의 계약연장 거부라는 수법이 등장했을 때는 '아아, 과거 선배 여성 노동자들이 눈물겨운 투쟁으로 얻어낸 결혼퇴직과 30세 정년제 금지가 속 빈 강정이 되고 말았구나.'라고 생각했다. 사용자들은 항상 노동자들보다 한 수, 아니 두 수쯤은 위라는 것을 느끼지 않을 수 없었다. 총평(일본노동조합총평의회)이 해산을 하고 연합(일본노동조합총연합회)이 설립되었을 때 전후 일본의 노동운동은 이 것으로 끝이라는 생각에 씁쓸했던 것도 기억한다. 그래서 이 책은 동 시대를 살았던 내 자신의 증언록이기도 하다.

페미니즘은 '여자도 밖에서 일할 것'을 줄기차게 요구했다. 그것이 한때는 신자유주의의 '여성도 일하길 바라는' 의도와 일치해서 순탄 한 시절을 맞이한 듯이 보인 적도 있다. 하지만 '설마 이런 방식으로' 일하게 되리라고는 추호도 생각지 않았을 것이다. 남자처럼 일하면 서 가정도 아이도 가질 수 없는 노동 방식이나 아니면 일회용으로 멋 대로 쓰이다 폐기처분되는 불안정한 방식 중에서 하나를 선택하라고 요구받은 첫 단계가 균등법이었다. 그러나 사실 여성들은 '둘 다 못 해먹겠다!'고 외치고 싶었을 것이다.

또 페미니즘은 '남자도 가정에 참여할 것'을 요구해왔다. 그러나 이쪽은 전혀 변할 기미가 안 보인다. 페이스북의 최고책임자인 셰릴 샌드버그는 『린인(한 걸음 앞으로 나간다는 의미)』에서 여성이 직장에 진 출한 지 여러 해가 지났는데도 직장과 가정에서의 남녀관계는 변화 가 전혀 없다고 토로하고 있다. 미국에서도 똑같은가 싶어 통탄스럽 다. 샌드버그는 남성의 변화가 중요하며 남성이 가정에 참여하지 않 는 한 여성의 노동 방식은 바뀌지 않는다고 지적한다. 그러나 결혼해 서 두 아이 엄마였던 그녀도 아이를 낳고 가장 힘들었을 때는 남편 의 협력을 얻지 못하고 베이비시터의 도움으로 난관을 헤쳐 나갔다 고 한다. 5시 반에는 직장을 떠나는 경영자의 모습을 실천하는 지금 도 그녀의 남편이 예전과 다름이 없는지 어떤지는 언급하지 않는다.

내가 지금으로부터 20년도 훨씬 전에 썼던 『가부장제와 자본주의』(이와나미문고 1990)에서 일하는 여성의 가사와 육아부담은 기회비용이 큰 남편의 참여를 통해서가 아니라 아웃소싱과 상품화, 그리고 기계화를 통해 대체될 것이라 예측했는데 그대로 되었다.

일본 남성들의 특징은 OECD 국가들 중에서 어느 나라보다 남성의 가사시간이 짧다는 점이다. 그리고 그 이유는 OECD 국가들 중에서 어느 나라보다 남성의 노동시간이 길기 때문이라고 한다. 일본의 아버지들은 가정에 참여하고 싶어도 할 수 없다는 말을 자주 하지만 나는 그것이 거짓말이라고 생각한다. 일본의 남성들은 애초부터 가정에 참여할 마음이 없고 회사도 그렇게 시킬 마음이 없으며 무엇보다 아내가 그것을 바라지 않는다. 그것은 아내 쪽에서 남편이 가정 때문에 직업상의 성공을 희생하는 것을 결코 원치 않기 때문이다. 그러면서도 일본 여성들은 혼자서 부담하는 육아로 가슴속에 불만과 원망을 쌓아간다. 그 갈등 때문에 남편과의 관계가 나빠지거나 아예 관계를 포기해버리는 젊은 엄마들을 나는 많이 보았다.

과거에는 '일이냐 가정이냐' 하는 양자택일이던 선택지가 '일도 가정도'라는 것으로 바뀌었을 뿐 여성에게는 선택지가 많지 않고 부담은 무겁다는 것에는 변함이 없다. 남성에게는 변함없이 '일도 일도'라는 선택만 있다. 일에 비해서 가정의 가치가 현격히 무시되고 있는 것이다. 이것이 신자유주의 개혁의 결과물이다. 일본 사회는 아이가 자라는 일, 아이를 키우는 일에 돈도 노력도 투자할 생각이 없는 듯하다. 아이에게 관대해 보이지만 실은 '아이를 싫어하는' 사회다. 이런 사회에서 어떻게 여성들이 아이를 낳아 기를 마음이 생기겠는가?

마음대로 자유롭게 써도 좋다고 지면을 할애해준 곳은 〈문학계〉라는 문예지다. 문학작품들 가운데 이 무거운 주제의 연재가 섞여 있어 위화감을 가진 독자들도 있었을 것이다. 나 스스로도 잡지를 펼쳐보고 다른 페이지에 비해 한자가 많아 글자가 검게 보여서 위화감을 느꼈다. 그러나 문학도 동시대의 현실에서 태어나는 것이다. 결코 사회와 동떨어진 세계가 아니다. 그리고 나의 연재를 기다려준 독자들도 있었다. 연재를 결정해준 사람은 편집장인 다나카 미츠코 씨다. 여성 편집장이라서 가능한 결단이었다고 생각한다. 최근 〈문학계〉뿐만 아니라 〈세계〉나 〈신조45〉와 같은 여성지라 보기 어려운 잡지들에 여성 편집장이 많아진 이유가 무엇인지 신문기자가 질문했다. "그건 잡지계가 하향세라서 그런 거 아닌가요? 힘든 시절에는 늘 여자들한테 기대잖아요."라는 나의 빈정거림에 맞장구친 사람도 다나카 미츠코 씨였다. 생각해보면 군소 정당에 여성 대표가 많은 것도 같은 이유 때문이 아닌가 싶다. 아베 정권이 여성을 이용하는 방식에서도 유사점을 느낀다.

그렇긴 하지만 여성들이 활약하는 영역이 확대된 것도 사실이다. 여성이 결정권자의 입장에 있기 때문에 "해봅시다!"라는 한 마디가 효력을 발휘한다. 셰릴 샌드버그도 높은 지위로 승진할수록 일하기가 편하다고 말한다. 그리고 "이 기획, 한 번 해보죠!"라고 말해준 것도 두 사람의 젊은 여성 편집자였다. 기누가와 리카와 도리시마 나나미. 둘 다 내 수업에서 졸업논문을 썼던 학생들이다. 도쿄대학의 우수한 학생이었던 두 사람은 문예춘추라고 하는 기업에 취직한 후 그곳이 이른바 '꼰대 회사'라는 사실에 충격을 받은 듯했다. "그걸 몰랐단 말이야?"라고 되물었을 때 그녀들은 어느 정도 예상은 했지만 실상은 그 이상이었다고 토로했다.

하긴 내 자신도 문예춘추라는 회사에서 책을 출판하게 되리라고는 꿈에도 생각지 못했다. 내가 변한 것은 아니다. 문예춘추가 그만큼 변한 것이다. 변화의 이유는 무엇보다 여성 편집자들이 회사 내에서 살아남았기 때문이었다. 문예춘추여! 내 책을 내주어 감사하다.

도리시마 나나미가 이동을 하게 되어 같은 대학 출신인 단바 겐스케가 담당으로 바뀌면서 남녀공학 출신의 두 사람이 한 팀이 되었다. 그는 대학시절 내 수업에서 탈락을 맛보았던 경력을 털어놓으며 이번에야말로 설욕전이라며 든든한 조력자가 되어주었다.

세상이 어떻든 여성들은 계속해서 살아가야 한다.

지속가능보다는 생존이다. 시대가 거기까지 와 있다고 나는 생각한다.

국가가 국민을 지켜주지 못했던 패전 후에도, 정부가 제 기능을 발휘하지 못했던 쓰나미와 원전사고 후에도 아이를 업고 부모의 손을 잡아끌고 살기 위해 도망친 것은 여성들이었다. 남자들이 서로 싸우거나 넋을 놓고 있는 동안에도 굶주린 아이에게 밥을 먹이고 안전한 곳을 찾아 정신없이 도망친 것도 여성들이었다.

젊은 사람들에게 이야기할 기회가 있을 때 '내일의 일본을 끌고나갈 사람들은 당신들'이라던 말은 이제 안 하기로 했다. 일본이 가라앉을 배라면 똑똑한 작은 동물들이 맨 먼저 배에서 도망치듯이 당신들도 도망치면 된다. 배와 함께 침몰할 사람은 선장만으로 충분하다. 당신들의 책임은 없다. 국가란 그런 것이다. 그저 세상 어디라도 좋으니 도망쳐서 살아남아주길 바란다. 어떻게라도 좋으니 세상 어딘가에서 꿋꿋하게 살아가길 바란다…. 나에게 딸이나 아들이 있다면 이 땅에 남아서 노력하라는 말 대신에 그렇게 말할 것이다.

원전사고를 일으키고 만 우리들은 더 이상 젊은 사람들에게 오염된 땅에 남아서 우리의 자손들을 키워달라고는 요구할 수 없다.

이제 와서 무슨 염치로 그걸 부탁할 수 있을까? (그런데 원전사고 때문에 고향을 떠난 사람들에게 다시 오염된 땅으로 돌아가라는 뻔뻔한 부탁을 하는 사람도 있다. 심지어 원전을 다시 가동하라는 뻔뻔하기 짝이 없는 요구를 하는 사람들까지 있다.) 그것이 '이런 세상을 만들고 만' 사람들의 인과응보다.

그러나 만일 이곳을 떠날 수 없는, 혹은 떠날 생각이 없는 당신이 있다면… 한 번 더 힘없는 사람들의 싸움을 떠올려주길 바란다. 총리관저 앞의 시위든 온갖 욕을 먹는 페미니즘이든 아주 조금은 세상을 바꾸는 데 힘을 보탤 수 있을지 모른다. 패배를 알고도 전쟁에 뛰어들었던 어른들처럼 "그때 당신은 어디에서 무엇을 했는가?"라는 다음 세대들의 비난을 부디 받지 않기를.

그리고 당신의 서바이벌을 빌 뿐이다.

2013년 한여름에
우에노 지즈코

"페미니즘은 필요 없다"던 여성들이
움직이기 시작했다

조한혜정(문화인류학자, 연세대학교 명예교수)

우에노 선생이 쓴 또 한 권의 책 번역이 끝났다고 했다. 몇 권째일까? 알라딘에 보니 저서가 148권, 국내에서 번역된 것만 24권이다. 그녀는 한국에서 가장 인기 있는 페미니스트 중 한 명일 것이다. 한국에도 페미니스트들이 적지 않지만 그들이 너무 빠른 변화 속에 우왕좌왕할 때 그녀는 페미니즘 이론부터 섹슈얼리티, 결혼과 비혼, 여성 혐오에 이르기까지 탁월한 통찰력과 재치와 전투력 넘치는 글로 답답해하는 청년 여성들을 만나왔던 것이다.

내가 처음 그녀를 만났던 1991년도 즈음, 어쩌면 그 한참 전에, 그녀는 텔레비전에 나와서 "강간이 자행되는 사회를 변화시키려는 노력을 하지 않는 남성들은 모두가 공범"이라는 발언으로 화제가 되고 있었다. 이번 책에서도 "남자의 필살기는 부정, 도피, 중독"이라는 표현을 읽으면서 그녀의 여전한 직설에 미소를 짓지 않을 수 없었다. 사회운동에 대한 감각이 없는 이들은 이런 표현을 불편해하겠지만 젠더 감수성이 높은 시민들은 남녀 불문하고 이 표현에 통쾌감을 느낄 것이다. 마이클 무어의 〈자본주의를 사랑하라Love Capitalism〉 등 금융 자본주의의 주역들을 다룬 다큐멘터리를 보면 이 표현이 무엇을 말하는지 금방 확인할 수 있다. 최근 거세게 일기 시작한 '미투 운동'을 통해서도 우리는 부정, 도피, 중독에 익숙해진 가부장들의 실체를 보고 또 보고 있다.

우에노 선생은 이번 책에서 1970년대 이후 일본의 여성해방운동과 신자유주의, 그리고 내셔널리즘의 관련성을 보여주고 있다. 그 역사의 한가운데에서 적극적 참여관찰자로 살아온 우에노 선생은 때론 후회하면서 때론 감개무량하면서 그 시대를 회고한다. "어째서 페미니즘은 유효한 투쟁을 할 수 없었을까?" 씁쓸한 질문을 던지면서. 이 책은 "누구도 시대를 선택할 수 없다"에서 시작해 "여성은 어떻게 살아남을까?"로 끝나고 있다. 나도 비슷한 주제로 책을 쓰고 있는데 "이것이 다란 말인가? – 승자 독식 사회를 홀로 살아내는 여자들"이라는 장에서 마냥 주춤거리고 있다. 그간 무슨 일들이 벌어지고 있었던 것일까?

가족과 노동 분야를 전공한 우에노 선생은 그 변화를 설명하기 위해 '균등법' 제정 과정에 대한 이야기를 들려준다. 1975년 멕시코 UN 여성대회에서 여성들은 여성차별철폐조약을 통과시켰고 그 즈음 일본에서는 여성들이 '우리들의 남녀고용평등법을 만드는 모임'을 결성해서 고용평등법 제정 운동을 펼쳤다. 일본의 남성 중심적 정치관료계는 국제적 위신 때문에 1985년 마지못해 법을 통과시키는데 그

법의 이름을 '균등법(남녀고용기회균등법)'이라고 붙였다. 우에노 선생은 이 법은 "남자와 대등하게 싸워보라"며 여자들을 노동시장에 몰아넣은 신자유주의적 조치였지 남녀고용평등 신장을 위한 법이 아니었다고 말한다. 신자유주의 정권은 균등법 개정을 통해 결혼퇴직제, 출산퇴직제, 차별 정년제, 생리 휴가제를 폐지하였고 '보호 없는 평등'을 선언하였으며 결국 여성들은 '보호도 평등'도 얻어내지 못했다는 것이 우에노 선생의 결론이다.

이와 비슷한 반동적 움직임은 새로운 것이 아니라 오히려 낯익다. 한국에서는 '여성가족부' 신설이 그 전형적인 사례가 될 것이다. 1997년 김대중 정부는 대통령직속여성특별위원회를 설립하고 2001년 여성부를 신설하는 등 성평등 정책을 본격적으로 펼치고자 했다. 1995년은 베이징 세계여성대회에서 여성행동강령이 채택되고 모든 정부정책 과정에 여성의 참여증진과 성인지적 관점을 고려해야 한다는 성주류화(Gender Mainstreaming)가 과제로 떠올랐던 때이다. 김대중 정권은 민주화 투쟁에 적극 참여한 여성들의 노고에 보답하기 위해서라도 어떤 선물을 주고 싶었을 것인데, 나는 당연히 그 기구는 일개 부처가 아니라 모든 부처를 아우르는 '성평등특위'의 위상을 가질 것이라고 생각했다. 그러나 1999년 아주 작은 규모의 대통령직속 '여성특별위원회'로 발족을 했다. 2001년 협상 끝에 역시 아주 적은 규모의 예산을 가진 '여성부'가 신설되었고, 실은 그런 부서가 생겼다는 것 하나로 세계의 주목을 끌었었다. 주요 업무는 가정폭력과 성폭력 보호 및 윤락행위 방지 등을 보건복지부로부터 이관받아 수행하는 정도였고 2005년에는 명칭조차 '여성가족부'로 바꾸고 영유아 보육과 청소년 보호 그리고 가족 관련 업무를 맡게 되면서 진취적 이념은 찾아보기 힘든 관료조직으로 되어갔다(2018년 여가부 예산은 전체 예산의 0.18%인 7685억 원). 실제 제대로 방향을 제시하고 정책을 입안할 규모나 능력이 되지 않는 상태에서 정책을 다루다 보니 부작용이 적지 않았다. 논란이 끊이지 않고 있는 '성매매 특별법'이나 청(소)년들의 역습을 부추긴 '온라인게임 셧다운제'가 그 예일 것이다.

1980년부터 활발한 운동을 벌여온 '오래된 페미니스트들'은 신자유주의의 소용돌이 속에서 일어나는 어처구니없는 상황에 망연자실하기도 했다. 이 책에서 우에노 선생은 그 배반과 반격의 경험들을 적나라하게 이야기해주고 있다. 사실 1991년 수전 파루디는『백래시』(역습)라는 책에서 이미 이런 사태에 대한 분석을 끝냈었다. 파루디는 남녀평등운동이 가능성을 보이기 시작했을 때 일어난 보수 기득권층에 의한 선제공격에 '백래시'라는 이름을 붙였다. 정치와 미디어, 그리고 시장 전 영역에 걸친 조작과 왜곡 그리고 거짓말의 유포는 페미니즘을 '공공의 적'으로 이미지화하는 데 성공했고 젊은 여성들을 자기들 편으로 끌어들였다. 어릴 때부터 페미니스트란 남자를 미워하는 못난 여자들이라는 이미지를 갖게 된 소녀들은 성공한 엘리트로, 보다 상냥한 여직원으로, 보다 섹시한 연애 파트너로, 보다 멋진 소비자로 행복한 삶을 살겠다며 성형수술을 하고 남편감 사냥에 나서며 회사에 헌신하고 다시 남자와의 불타는 연애를 꿈꾸었다. 보다 민주적인 사회를 만들려는 운동에 참여할 때도 "나는 페미니스트는 아니지만…"이라는 말을 꼭 붙이곤 했다.

지금 여성들은 노동시장에 나왔지만 여전히 여권신장은 되지 않은 국가에서 살고 있다. OECD 국가 중 남녀평등지수 꼴찌, 급속한 고령화와 저출산, 만혼과 비혼, 여성 혐오 등에서 일등을 다투는 나라에서 말이다. 그런데 "페미니즘은 필요 없다"던 여성들이 움직이기 시작했다. 일본에서는 "내 아이가 보육원 입원 제비뽑기에서 떨어졌다. 일본은 뒈지라!"라는 엄마들의 해시태그 운동이 벌어졌다. 남자처럼 일하면서 가정도 아이도 가질 수 없는 노동조건, 아니면 일회용으로 폐기처분되는 불안정한 노동조건을 간파한 여성들은 이제 더 이상 그 국가에 헌신하지 않겠다고 선언하기 시작했다. 아이를 키우는 일에 돈도 노력도 투자할 생각이 없는, 아이에게 관대해 보이지만 실은 '아이를 싫어하는' 일본 사회의 민낯을 이제는 가릴 수 없게 된 것이다.

나 역시 물밑에서 커다란 해일이 일고 있음을 느낀다. 페미니즘으로 찾아나선 여자들을 이곳저곳에서 만나고 있다. 그들은 파루디가 정의한 페미니즘에 고개를 끄덕거리는 사람들이다. 파루디는 "페미니즘은 여성들에게 공적인 정의와 사적인 행복 중 하나를 선택하도록 강요하지 말 것을 요구한다. 페미니즘은 여성의 정체성을 그 문화와 남성들이 규정하는 것이 아니라 여성 스스로가 규정할 자유를 누릴 수 있어야 한다고 주장한다."고 쓰고 있다. 최근 일기 시작한 '나는 페미니스트입니다' 운동을 보면서 베티 프리단의 『여성의 신비』(1963, 여성들은 남편과 육아에서 벗어나 사회경제적 활동을 통해 자아실현을 해야 한다고 주창) 이후 미국의 가정주부들이 사회로 쏟아져 나오면서 다시 불붙은 제2의 페미니스트 운동 못지않은 거센 운동이 우리

사회에 일어날 것 같은 예감이 든다. 생산주의 산업화 세대로서 페미니스트 운동을 벌였던 나는 이들 소비사회가 키웠고 정보사회의 감각과 신자유주의의 생존논리에 익숙한 세대가 일으킬 돌풍이 어디로 튈지 잘 모른다. 하지만 이런 역사적 시기에 칠순의 오래된 페미니스트로서 긴 안목은 갖고 있지 않을까 싶다. 일중독의 강성 페미니스트와 인터넷 시대에 태어난 넷페미스트 간의 거리는 분명 아주 멀다. 그럼에도 불구하고 나와 그들은 페미니스트로서 무언가를 즐겁게 해볼 수 있지 않을까? 이제는 앞장서는 주인공이 아니라 찾아오는 후배들의 이야기를 듣고 한두 마디 건네며 생기를 불어넣는 요정 같은 역할을 하고 싶다. '다락방의 현자' 정도?

조만간 우에노 선생을 만나 이런 이야기를 나눌 수 있으면 좋겠다. 사실 우에노 선생의 결론은 쓸쓸했다. 요즘 인문사회 저서들 대부분이 그렇듯. 그녀는 젊은 사람들에게 "내일의 일본을 끌고나갈 당신들"이나 "우리의 자손들을 키워달라"는 말은 하지 않겠다고 했다. 그냥 살아남으라고 했다. 국가가 국민을 지켜주지 못했던 패전 후에도, 정부가 제 기능을 못했던 쓰나미와 원전사고 후에도, 남자들이 서로 싸우거나 넋을 놓고 있는 동안에도 아이를 업고 부모의 손을 잡아끌고 안전한 곳을 찾아 도망친 것은 여성들이었음을 상기시키면서 그녀는 가라앉을 배인 일본에서 도망치고 싶다면 도망치라고 했다. 그러나 만일 떠날 수 없다면 세상을 바꾸려는 곳에 힘을 보태보라고.

이 책이 나온 지도 5년이 지났다. 지금 그녀는 좀 다른 생각을 하고 있을까? 선생이 십 년 전에 열었던 여성포털 WAN은 잘 운영되고 있는지 궁금하다. 한일 페미니스트들 간의 플랫폼을 그곳에 지어 보자고 해놓고서 아직 그 약속을 지키지 못하고 있다. 국경을 넘어선 동아시아 페미니스트 플랫폼이 만들어질 때가 무르익은 것 같다. 자동번역기도 꽤 잘 해내고 있지 않은가? 부단히 국가 권력과 싸우며 아직도 상당한 자치권을 지키고 있는 제주도, 설문대 할망의 신화가 살아 있는 여자들의 섬 제주도에서 조만간 만나 올레길도 걷고 회포를 풀자는 통문을 보내볼까 싶다. 10대부터 70대까지 페미니스트 세대를 연결하는 자리가 되면 더욱 좋겠지.

2018년 5월 27일 제주에서

조한혜정 씀